학교 속 문해력 수업

과학적 읽기와 비판적 사고를 기르는

학교 속 문해력 수업

박제원 지음

서문

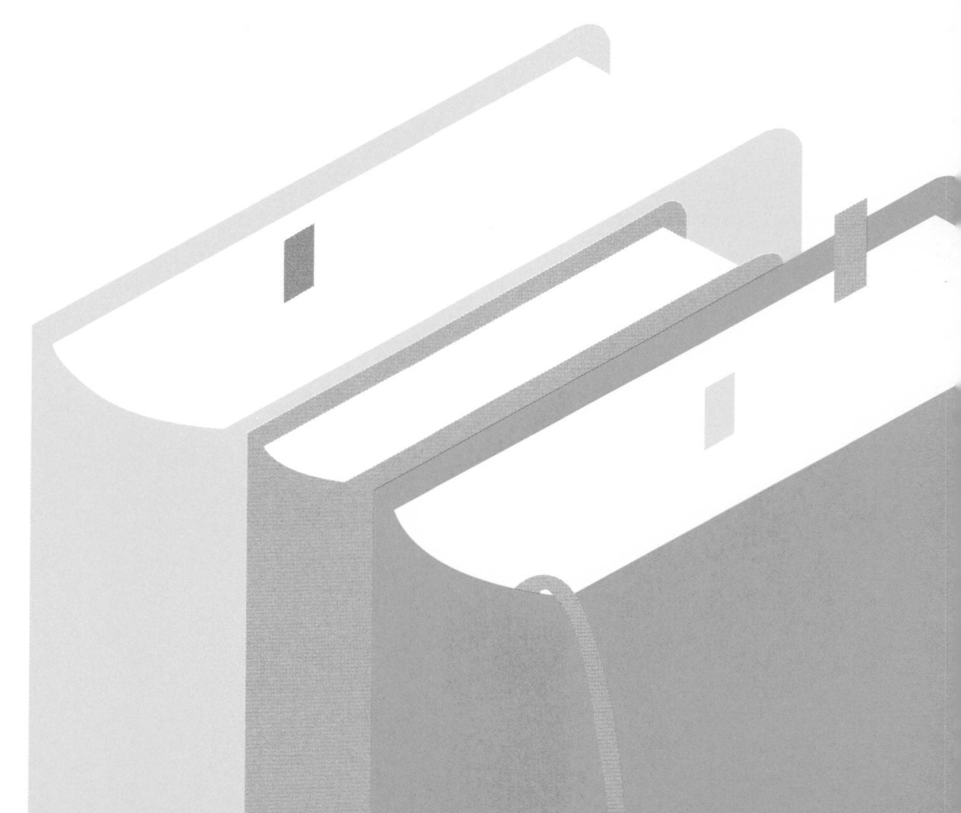

EBS에서 2021년에 방송한 〈당신의 문해력〉은 우리 사회에 대단한 반향을 일으켰다. 부모 세대 대부분은 방송을 보기 전까지는 아이들의 문해력이 교사의 수업을 이해하지 못하거나 누군가의 도움이 없이는 교과서마저 읽지 못할 수준으로 낮아졌다고 생각하지 않았다. 단어 또한 일부 어려운 한자어로 된 단어만 이해하지 못하는 줄 알았다. 그러나 다큐 영상이 드러낸 현실은 매우 충격적이었다. 보편적으로 쓰이는 단어인데도 이해하지 못하는 아이들이 한두 명이 아니었으며, 일부 부모들은 자녀의 문해력 향상을 위해 학원을 찾아다니며, 직접 문해력 교육을 하겠다고 문해력 강좌를 듣거나 문해력 비법이라고 알려진 책을 읽고 있었다.

아이들의 문해력 저하는 심각한 문제이다. 학교 학습에서 누적된 결손을 초래하며 성인이 직업에서 갖춰야 할 역량을 방해한다. 그렇다고 해서 현재 학교 교육의 방향이 문해력 향상에 우호적인 것도 아니다. 문해력을 측정하는 주요 도구였던 중간고사, 기말고사와 같은 지필 고사의 비중은 줄어들었고, 배움의 과정을 중심에 두고 평가하는 수행평가는 늘었다. 수업도 학생 간에 토론, 토의, 프로젝트 등 협업으로 해답을 찾아내는 활동형 수업이 큰 비중을 차지하며, 문해력을 튼튼하게 하는 데 효과적이라고 알려진 지식 위주 교육은 일방적이고 낡은 주입식 교육으로 받아들여졌다.

조희연 서울시 교육감은 지식의 양을 늘리는 것은 중요하지 않다고, 지능화된 기계가 대신 맡아줄 것이며 인공지능 시대에 과거의 낡은 교육은 더 이상 쓸모없고, 그것을 뛰어넘어야 한다고 말했다.[1] 또한 김석준 전 부산시 교육감은 지식의 시대가 끝나고 생각의 시대가 왔으며 많이 아는 것이 힘이 아니라 새로운 것을 상상해 내는 능력이 힘이라고 말했다.[2] 김병우 전 충청북도 교육감은 20세기 우등생은 정답 외우기 선수였으며 공부하는 기계였지만 21세기 교육은 정답의 노예가 아니라 해답의 주인을 키워야 한다며 협동력, 창의력, 비판적 사고력, 소통 능력과 같은 미래의 역량을 길러야 한다고 말했다.[3]

이 책은 이러한 문제의식에서 출발하여 뇌과학에 기반을 두고 문해력을 높이는 방법을 쓴 책이다. 문해력은 그리 만만하게 길러지지 않는다. 글을 읽고 이해하는 과정은 단순하지 않고 뇌에 기반을 둔 정교하고 조직적인 인지 활동이다. 뇌과학자들 또한 독서는 눈으로 글을 읽는 활동이 아니라 뇌의 사고 활동이며 문해력은 뇌에 정보를 입력할 때 조직화하는 부호화 능력과 뇌에서 정보를 자주 인출하는 횟수에 따라 그 수준이 정해진다고 말한다. 그러므로 독자는 주먹구구식 독서법과는 다르게 "어떻게 해야 뇌가 독서에 관심을 보이며, 뇌의 인지 부담을 줄일 수 있을까?"를 알아야만 실제로 문해력을 높일 수 있다.

또한 독자 중에 과학적 독서법이 실린 책이나 강좌를 찾아

보는 등 적극적인 독자들도 있지만, 대개 책 읽는 과학적 방법을 잘 알지 못하거나 잘못된 방식으로 책을 읽는다고 보고 썼다. 더 나아가 독서법에 관한 책은 많지만 "책을 읽는 방법을 굳이 남으로부터 배워서까지 읽어야 하는가?"로 받아들이는 독자들까지 고려했다. 특히 아이들이 오랫동안 많은 책을 읽더라도 뜻대로 되지 않고 의외로 문해력이 낮아진 원인을 밝히려고 했다.

이 책은 크게 7장으로 구성되어 있다. 1장에서는 한국에서 문해력이 낮은 실태를 보여줌으로써 문해력에 대한 문제를 제기하고 왜 문해력이 삶에서 필수적인 능력이 되어야 하는가에 대해 살펴보았다. 2장에서는 뇌의 구조와 작용을 설명하고 뇌 기반 독서법으로 책을 읽어야 하는 당위성을 설명하였다. 3장에서 5장까지는 아이에게 책을 읽으려는 마음이 들게 하고, 책을 읽을 때 글이 이해되는 과정을 뇌과학에 따라 논리적으로 짚어보았다. 6장과 7장은 조금 특별한 장으로 비판적 사고를 다룬다. 초등학교 3학년 무렵이 되면 보통 아이들은 글을 해독하고 유창하게 읽는다. 그러나 전두엽 등 문해력에 관련된 뇌는 아직 충분히 성숙하지 못하였으므로 아이가 글을 이해하고 사고력을 확장하는 데 한계가 있다. 사춘기에 접어드는 초등학교 고학년이나 중학생 무렵에 이를 때 전두엽은 가파르게 성장하므로 아이는 이때 비교적 어려운 글을 읽고 이해하는 인지 구조를 갖추게 된다. 그러므로 문해력은 더욱 중요해지며 부모나 교사는 아이가 비판적 사고에 관심을 두고 비판적으로 책을 읽도록 도와줘야 하며 아이 또한 비판적 사고의 틀에 맞춰 글을 읽으려고 노력해야 한다. 즉, 문제를 파악하고, 관련 정보를 찾아 분류하고, 어휘의 의미를 분명하게 이해하고, 문장 간의 관계를 통해 글을 해석하고, 숨어 있는 가정을 추론하고, 글의 주제를 이해하고, 글쓴이의 주장이 옳은지, 옳지 않은지를 평가하는 방식으로 글을 읽음으로써 문해력이 높아지도록 해야 한다. 이런 측면에서 6장과 7장은 글을 정확하고 빠르게 독해할 수 있는 훈련 방법을 구체적으로 제시하였다. 특히 국어 교과에서 제시문 수준이 어려워지는 고등학교 학생에게 큰 도움이 될 것으로 기대한다.

이 책이 나오기까지 너무나 많은 분의 도움을 받았다. 가장 먼저 아내 김소영 선생님과 아들 강희, 딸 서연, 그리고 세 분 누님과 매형의 뜨거운 응원이 있었다. 무한한 감사를 드린다. 교육 동지로서 늘 함께해 주시는 김한길 선생님, 이정민 선생님, 전현숙 선생님과 수년 전에 아이들에게 비판적 쓰기인 논술을 가르칠 때 조언해 주시고 함께해 주신 김대필 선생님, 양봉만 선생님, 정선아 선생님, 최봉석 선생님, 전라북도 교육청 정책연구소의 최은경 장학관님, 전주시 교육지원청의 심인영 장학사님과 전청 장학사님, 전주 중앙중학교에 재직 중인 정옥희 교장 선생님에게도 깊은 감사를 드린다.

마지막으로 아빠가 언제 어디서든 늘 함께하겠다는 말을 보고 싶은 내 아들, 박강희에게 다시 전하며 이 책을 영전에 바친다.

2022년 7월 25일

차례

5장

문해력 비법인 인지 역량을 높여라

비판적으로 보고, 듣고, 생각하라

7장

비판적으로 읽고 또 읽어라

문해력은 논술의 힘

한국에서 대학 입학전형의 역사를 보면 현행 수능은 1994년 도입되었으며, 1997년 처음으로 수시전형이 도입되어 실시되었다. 1997년 도입될 당시 모집 비율은 전체 모집 정원의 1.4%에 불과했지만 2002학년도부터 본격적으로 늘어났다. 지금의 대입전형 요소인 논술, 심층 면접 등 다양한 전형 방식도 그해 도입됐다.

수시모집 비율은 2007학년도에 절반을 넘어섰고 2020학년도엔 80%에 이를 정도로 커졌다. 특히 2007학년도부터 2015학년도까지 수도권 주요 대학의 수시모집에서 논술전형은 가장 많은 인원을 뽑았고 논술 실력만 보장된다면 얼마든지 상위권 대학에 진학할 수 있었으므로 수험생에게 큰 매력이었다. 예컨대 2014학년도 수시모집에서 논술시험을 시행했던 대학은 전국적으로 29개 대학으로 수도권에 몰려 있었으며 연세대는 수시와 정시를 합친 전체 모집 정원의 24%, 고려대 37%, 서강대 33%, 성균관대 37%, 중앙대 31%, 한양대 29%를 뽑을 정도였다. 2015학년도에 들어와서도 크게 상황은 달라지지 않았다. 서울대가 2015학년도 대학 입학전형에서 논술시험을 폐지함에 따라 향후 논술전형이 크게 줄어들 것으로 예상되었지만, 수도권 주요 대학은 전년에 비해 선발 인원을 5~10%만 줄였으며 2010년대 거의 내내 수시전형에서 가장 많은 학생을 선발했다. 2010년대 후반에 이르러 논술전형의 비중은 상당히 줄었지만 지금도 서울의 주요 대학은 논술전형으로 입학생을 적지 않게 선발하고 있으며 많은 응시자가 지원한다.

나는 2003년 사회 교사로 임용된 이후에 소위, 논술 광풍의 중심에 서 있었다. 국어 교사는 아니었지만, 문해력을 인정받아 소속 학교와 전북의 몇 개 고등학교에 출강하여 논술을 가르쳤다. 그러나 교육부나 17개 시도 교육청뿐 아니라 다수 학교는 논술 교육에 상당한 어려움을 겪었다. 교육 당국은 논술에 효과적으로 대응하지 못하는 미숙한 정책을 남발했고, 많은 교사 또한 초중고나 대학에서 비판적으로 사고하거나 비판적 쓰기 등을 제대로 배우지 않은 탓에 각종 연수에 참여하여 논술의 개념과 원리를 배웠지만, 논술 지도에 어려움을 겪었다. 그러다 보니 논술 교육은 학교에 정착되지 못했고 학생들과 학부모들은 논술의 비법을 찾기 위해 학원을 전전했다.

공교육 논술을 지원하려는 학교 밖의 흐름도 있었다. 2006년, 〈중앙일보〉는 전국에서 논술 교육에서 우수하다고 알려진 교사 33인을 선정하여 '공교육 논술지원단'을 구성했고 2006년 11월

23일 〈중앙일보〉 대회의실에서 토론회를 개최했다. 오후 6시 30분부터 열린 토론회는 19명의 교사가 참여하여 오후 11시 30분까지 5시간 동안 진행되었고, 교사들은 학교에서 논술 교육의 문제점을 진솔하게 지적하고 다양한 해법과 방안을 제시했다. 특히 사교육조차 제대로 발달하지 못한, 수도권을 벗어난 지역의 어려움을 생생하게 토로했다.

나는 전북에서 유일하게 '공교육 논술지원단'에 선발되어 참여했다. 그리고 토론회에서 "공교육에서 논술을 책임지려면 논술 교육에서 학생들에게 서울대 권장 도서 100권 등 많은 책을 무분별하게 권장하는 논술 지도를 그만하자."라고 제안했다. 특히 "교사 자신이 고전 등을 읽지 않았는데도 학생들에게 권장 도서 목록을 추천하고 피드백하지 않는 논술 교육은 학생들에게 아무런 도움이 되지 않는다."라고 지적했다.

공교육 논술 교사 19명 '마라톤 토론'

전국 일선 고교의 논술 담당 교사들이 공교육 논술의 문제점과 고민, 열정을 쏟아냈다. 23일 오후 6시 30분부터 〈중앙일보〉 대회의실에서 열린 토론회는 오후 11시 30분까지 5시간 동안 진행됐다. 교사들은 진솔하게 학교 현장의 문제점을 지적하고 이를 극복하기 위한 다양한 해법과 방안도 제시했다.

이날 토론에는 부산·광주 등 지방에서 참석한 교사들도 함께하며 지방의 어려움을 생생하게 전달했다. 〈중앙일보〉는 전국의 논술 담당 교사 19명이 장장 5시간 동안 벌인 '마라톤 토론회' 내용을 ▶공교육 논술의 문제점과 교사들의 고민▶각 학교의 다양한 시도▶대학·학부모·언론에 대한 바람▶교사들의 자성 등 4개 분야로 정리했다.

"논술 비법 알려 달라는데 비법이 어딨나!"

'최고'들이 말하는 학교 현장의 고민

엘리트 교사들이 말하는 학교 논술 문제점

▶논술을 입시 평가 도구로 사용
▶자주 바뀌는 주요 대학 논술 유형이 혼란 초래
▶출제·채점 과정의 투명성·객관성 미흡

▶논술 시행 10년간 준비 소홀
▶논술 교육 의지·마인드 부족
▶논술에 대한 개념조차 미확립

▶선진국 두 배 가까운 교과목, 토론식 수업 시간 부족

▶연수 기회 및 공통 교재 부족

▶일부 학생만 한정된 논술 수업 불가피

〈중앙일보〉에 모인 교사 19명의 토론 과정에서는 공교육 논술의 문제점과 한계가 고스란히 드러났다. 논술 교육이 뭔지에서부터 교사들의 의견이 엇갈렸다. 일부 교사는 "사교육이 공교육보다 논술에서 앞선다는 걸 인정하자."라고 주장했지만 다른 교사들은 "우리가 제대로만 한다면 논술은 절대로 사교육이 공교육을 앞지를 수 없다."라고 말했다.

◆ 논술의 개념부터 헷갈린다=일부 교사는 논술을 '대입을 위한 특별한 수업'으로 받아들였다. 다른 교사들은 '자기주장을 논리적으로 말하는 방법과 태도를 가르치는 것'으로 이해했다. 토론이 진행되면서 교사들은 "논술이 대입에서 차지하는 비중을 무시할 수는 없지만, 논술은 특정 교과목이라기보다는 논리적 사고의 방법"이라는 쪽으로 의견을 수렴해 갔다.

▶박제원=논술에 대해 누구는 글쓰기라고 하고 일부는 사고력의 영역이라고 한다. 논술은 학생들에게 종합적이고 비판적으

> 로 사고하는 방법을 가르치는 것이다. 교사가 얼마든지 수업시간에 다양한 방법으로 아이들에게 종합적 사고능력을 길러줄 수 있다. 서로 흩어져 있는 지식을 모아 종합할 수 있는 능력을 교사들도 가르칠 수 있다.
>
> 〈중앙일보〉 2006년 11월28일자

2007년 9월 10일부터 〈조선일보〉, 〈디지틀조선일보〉, 〈이데일리〉, 〈이데일리TV〉, 〈네이버〉가 공동 주최하고 금융감독위원회가 후원한 제9회 경제유니버시아드 대회가 열렸다. 경제유니버시아드는 미래의 경제 주역인 대학(원)생들과 고등학생들에게 다양한 경쟁 부분을 통해 실질적인 경제와 경영 분야에 대한 이해와 지식을 습득할 수 있는 기회를 제공하는 대회였다. 내가 소속된 학교의 제자였던 박진훈 학생(당시 고2)이 전국 143개교, 604명이 참여한 '경제논술 경시대회'에서 예상을 뒤집고 1등상인 대상을 차지했다. 박진훈 학생은 남원 용성중학교 출신으로 논술 교육을 공교육이든 사교육이든 전혀 받지 않았고, 오직 내가 경제 수업에서 1년 동안 가르쳤던 논술의 원리만으로 최고상인 대상을 받았다. 이 사건은 전북 지역에서 크게 관심을 불러

일으켰다. "학교는 논술 교육을 제대로 할 수 없으며 사교육에 의존해야만 하고, 외고, 자사고, 과학고 등에 재학 중인 상위 엘리트 학생만 그나마 논술 수업에 적응하고 상위권 대학에 진학할 수 있다."라는 미신을 깨뜨렸다. 특히 1등상인 대상 이외에 최우수상 등을 수상한 16명의 학생은 전국적으로 모집하는 자사고, 외국어 고등학교 학생으로 일반고 학생은 1명도 없었다.

제2회 전국 고교 경제논술대회 완산고 박진훈 군 대상

제2회 전국 고교 경제논술대회에서 전주 완산고 박진훈(2년)이 금융감독위원장상인 영예의 대상을 차지, 29일 63빌딩 별관에서 열리는 시상식에서 200만 원의 장학금을 받았다. 〈조선일보〉, 〈디지틀조선일보〉, 〈이데일리〉, 〈네이버〉가 공동주최하고 금융감독위원회가 후원한 이번 대회에서 박 군은 전국 143개교 604명과 경쟁을 벌인 끝에 최고 실력을 선보였다. 도 교육청 관계자는 "특목고, 자사고 학생들이 대거 참가한 가운데 열린 이번 대회에서 공교육만 받아온 학생이 최고상을 받은 것은 큰 의미가 있다."라고 강조했다.

〈전북일보〉 2007년 11월 30일자

경제유니버시아드 대상에 한국항공대 이한솔 씨

젊은이들이 경제 지식을 겨루는 제9회 경제유니버시아드(〈조선일보〉·〈디지틀조선일보〉·〈이데일리〉·〈이데일리TV〉·〈네이버〉 주최, 삼성·SK에너지·POSCO·동부화재·교보생명·이트레이드증권·현대상선 협찬)의 시상식이 29일 서울 63빌딩 별관 엘리제홀에서 열렸다. 대학생 부문 대상은 한국항공대학교 이한솔 씨(경영학과)가, 고등학생 부문(경제논술 경시) 대상은 완산고등학교 박진훈 군이 각각 차지했다.

◆고교생 경제논술경시= ◇ 대상 - 박진훈(완산고) ◇ 최우수상 - 명지호(대전외국어고) ◇ 우수상 - 유인창(상산고), 이종호(명덕외고), 임정은(동산고), 현재훈(유성고), 김혜인(한국외대 외고) ◇ 장려상 - 박지수(대원외고), 임사랑(동산고), 김민석(상산고), 김혜지(한국외대 외고), 이정민(고양외고), 함건(상산고), 박예슬(명덕외고), 박한솔(상산고), 송유진(이화여자고), 이시하(대일외고)

〈조선일보〉 2007년 11월 29일자

나는 2010년 가을에 무료로 논술 수업을 하겠다고 무작정 거리로 나섰다. 전라북도, 전주시, 전라북도 교육청 등 국가 기관에서 나에게 논술 수업을 해달라고 요청하거나, 논술 수업의 대가를 주겠다고 제안하지 않았지만 1992년 공공법인인 한국예탁결제원에 입사하여 다니다가 2003년에 교사로 전직하면서 "교육을 통해 더 좋은 세상을 만들겠다."라는 첫 마음이 나를 움직였다. 당시를 돌이켜 보면 논술을 통해 신입생을 모집하는 대학이 증가하자 전북 지역의 학부모는 주말이나 방학만 되면 자녀의 논술 실력 향상을 위해 돈 보따리를 싸서 들고 서울로 향했으며 강남의 학원은 지방에서 올라간 학생들로 북새통이었다. 공교육에서 논술을 소화하기 어려운 데다 실력 있는 강사는 지역에 거의 없었으므로 논술 교육은 더 취약했다.

개인적 친분이 있던 지역 언론사인 〈새전북신문〉을 찾아갔다. 그리고 학생들의 비판적 사고와 논리적인 글쓰기, 창의적인 문제 해결 등을 위해 무료 논술특강을 하고 싶으니 논술 수업을 할 장소를 알아봐줄 수 있느냐고 요청했고, 전북고등학교에 문서를 보내 논술 수업을 받고자 하는 학생을 공개 모집했다. 많은 학교에서 100여 명에 가까운 학생들이 지원했다. 그러나 내 힘만으로 모두를 가르칠 수 없어 30명만 선발하였고 매주 토요일 오후에 3시간씩 1년 6개월 동안 수업을 했다. 더 나아가 수업에 참여하지 못한 학생들을 위해 〈새전북신문〉에 매주 1회씩 강의의 내용을 요약, 연재했다. 그렇게 2011년 11월 말까지 1년 6개월의 시간이 흘러갔다. 무료 논술 수업에서의 내 수업 방식은 뒤에 자세하게 설명하겠지만, 학생들에게 문해력과 비판적 사고를 높일 수 있는 원리를 가르치고 글을 쓰게 하는 것이었다.

이듬해인 2012년, 나는 전주 시내 일반계 고등학교인 K고등학교에 고3 대상 방과 후 수업 논술 강사로 초빙되었다. 3월부터 매주 주말에 15명 남짓 되는 K고등학교 학생들에게 주당 1회 3시간을 수업했다. 학교마다 5월, 10월 무렵에 중간고사와 7월 무렵에 기말고사가 있었으므로 수능 이후 11월 셋째 주와 넷째 주에 치르는 논술시험을 볼 때까지 대략 25회, 총 100시간 남짓 수업을 했다. 물론 다수 학생은 고1, 고2까지 학원이나 학교에서 논술 수업을 들어본 적이 없는 그야말로 논술에서 초보 학생들이었다. 2012년에도 방과 후 수업으로 K고등학교 고3 학생 20명에게 논술을 가르쳤으며, J여고에서 방과 후 수업 요청이 들어와 10여 명 학생을 주말에 가르쳤다.

내게 논술을 배웠던 학생들의 대입 진학 결과는 놀라웠다.

서울 소재 주요 대학인 연세대, 고려대, 성균관대, 서강대, 한양대, 중앙대에 20명 남짓 합격했다. 이 숫자는 서울 강남의 목동이나 대치동에서 논술을 배운 학생의 합격률을 능가하는 40%에 가까웠다. 특히 연세대, 고려대, 성균관대 학생이 다수였다. 그러다 보니 전북에서 많은 학부모가 나에게 관심을 가졌고, 입소문은 소리 소문도 없이 주위로 번졌다. 부작용도 일부 있었다. 어떤 사교육 학원은 나와 무관한데도 자기 학원을 추천하는 듯 소문을 내어 학원생을 유치하려고 했고 전혀 예상치 못했던 그들의 행위에 대해 엄중하게 항의했다. 2014년 무렵에 나는 건강 문제 등 개인 사정으로 인해 논술 수업을 그만두었다.

한참 시간이 지난 지금, 논술 수업 경험담을 쑥스럽지만 공개한 취지는 논술을 한번도 공부해 본 적이 없는 학생들에게 문해력을 높이고, 대입 논술전형에서 높은 합격률을 낸 원리(굳이 비법이라고 하면 비법)를 이 책, 《학교 속 문해력 수업》에 썼기 때문이다. 즉, 나는 학생들에게 이 책의 6장과 7장에 제시된 방법을 따라 글을 읽고 주제를 찾아내도록 논술을 가르쳤다. 물론 이 훈련은 쉽지 않았으며 대부분 학생은 처음에 무척 힘들어했다. 내 수업을 듣기 전까지, 주로 문단 단위로 글을 읽고, 주제를 찾아왔던 학생들에게 문장을 기본 단위로 해서 문장 간, 문단 간 관계를 통해 주제를 찾아내게 하였더니 "글이 쉽게 읽히지 않는다."라고 하소연했다.

나는 그때마다 문장의 의미를 곰곰이 생각해 보라고 했다. 문장은 "글쓴이의 생각이나 감정을 말과 글로 표현할 때 완결된 내용을 나타내는 언어단위이고 문장 자체로서 하나의 글이므로 문장 간의 관계를 통해 글을 해석해야만 글쓴이의 생각이나 감정을 이해할 수 있다."라고 설명했다. 마치 고대 그리스와 로마의 사상과 예술에 내재한 '인문주의(Humanism)'를 복원하는 르네상스(Renaissance)에서 근대의 역사가 시작되었듯이 "문장을 중심으로 글을 해석하는 글 읽기의 원형을 복원하는 방법만이 문해력을 높이면서 글을 논리적으로 잘 쓸 수 있다."라고 학생들에게 힘주어 강조했다.

3월부터 시작된 논술 수업이 5월 무렵이 되자, 많은 아이의 글을 읽는 방법이 확연히 달라졌다. 그리고 아이들은 이제야 논술 수업에서 내 의도를 알았다는 듯이 "선생님, 제시된 글에서 저자의 글 쓴 의도를 확실하게 이해할 수 있었어요." "글을 읽으면서 어휘의 중요성을 깨달았고, 예전에는 뜻을 몰랐던 어휘를 문장이나 문단의 맥락으로 대충 짐작하곤 했는데 이제는 사전에서 찾아야 한다고 생각해요."라는 이야기를 한 명씩 한 명씩 말하기 시작했다.

더 놀라운 일이 생겼다. 학생들이 문장 간의 관계를 파악하자 수업에서 쓰기의 원리를 특별하게 가르치지 않았는데도 글을 일관되게 썼다. 즉, 이 책의 6장과 7장에서 제시된 방법에 따라 글의 구조를 학습하고 기억한 학생들이 전제와 근거 및 결론이 명료하게 드러난 논리적 답안을 제출하기 시작했고, 친구의 답안이 좋은 논증으로 되어 있는가를 피드백해 주는 등 비판적 사고력이 높아졌다.

학생들이 논술의 기본원리를 이해하자 내가 수업에서 비판적 사고의 원리를 가르치는 시간은 점점 줄어들었다. 반면에 학생들의 논술 성취 수준을 확인하면서 더 높은 수준의 문해력이 요구되는 글을 동서양 고전에서 발췌하고, 논의 구조가 다양한 패턴으로 구성된 문제를 만드는 시간은 늘어났다. 예컨대 민주주의를 주제로 정하고 마키아벨리의 《군주론》, 루소의 《사회계약론》, 토크빌의 《미국의 민주정치》, J.S.밀의 《자유론》, 맹자의 《맹자》에서 발췌한 제시문에 대해 '요약·비교', '비교·설명', '비교·설명·비판', '설명·비판·대안 제시' 등을 해보라는 문제를 풀도록 했으며 예시 답안을 제공함으로써 스스로 자기 답안을 평가하도록 했다. 더 나아가 수업 시간은 주로 논술 문제로 발췌했던 글이 쓰인 역사적, 사회적 배경을 설명하고, 현대 사회문제에 대한 문제의식을 일깨우는 데 할애했다. 즉, 학생들에게 고등학교 교육과정이나 교과서에서 중요하게 다뤘던 주제를 심화 학습함으로써 문해력의 근간인 배경지식 수준을 높이고, 학교에서 배웠던 지식을 새로운 상황에 적용하는 전이 능력을 높이려고 했다.

내가 이 책의 6장과 7장에서 제시한 방법에 따라 논술 수업을 했지만 독창적이지 않다. 이미 많은 비판적 사고 연구자들이 사고 기술로 제시한 방법이며 나는 고작 빌려 썼을 뿐이다. 그러므로 독자 또한 2장부터 제시된 뇌과학의 원리를 꼭 기억하면서 책을 읽을 때 비판적으로 사고하고, 비판적으로 글을 쓰면 누구든지 문해력을 높일 수 있다.

이 책에서 아쉽거나 미진한 점도 있다. 뇌과학에 기반하여 과학적 읽기 방법을 설명하려고 원고를 집필하였으므로 6장과 7장에서 비판적 사고와 비판적 읽기를 설명했지만 세세하게 다루지 못하였다. 그러므로 논증이 중심인 비판적 사고의 원리를 더 깊게 공부하려는 독자들이나 대입 수능을 준비하는 고등학생이라면 비판적 사고나 LEET(법학적성시험)와 관련된 책을 읽기를 바란다. 특히 최근에 수능 국어영역에서 고난도 문제가 1~2문항 출제되어 수험생들이 어려움을 겪는데 LEET에 나온 문제를 풀어보면 도움이 될 것으로 본다. 책을 읽으면서 묵묵히 지식과 사고 원리를 배우되 정면을 향하면서 원칙을 지키는 것, 주변의 소리에 귀를 기울이되 무게 중심을 과학적 읽기에 두는 것, 이보다 더 확실하게 문해력을 높이는 방법은 없다. 그래야만 독자는 책을 읽으면서 우리 사회가 무엇을 고민하고 있는가를 차근차근 짚어가는 비판적 사고, 종합적인 사고를 갖출 수 있으며 문해력 또한 단단하게 만들 수 있다.

문해력은 후마니타스를 기르는 힘이다

Humanitas

1장

문해력은 후마니타스를 기르는 힘이다. 문해력의 비밀은 뇌에 숨겨져 있다. 스스로 혼자 끝까지 견디고 읽게 하라. 마음에 글을 새기려는 첫 마음을 잃지 않게 하라. 문해력 비법인 인지 역량을 높여라. 비판적으로 보고, 듣고, 생각하라. 비판적으로 읽고 또 읽어라. 문해력은 후마니타스를 기르는 힘이다. 문해력의 비밀은 뇌에 숨겨져 있다. 스스로 혼자 끝까지 견디고 읽게 하라. 마음에 글을 새기려는 첫 마음을 잃지 않게 하라. 문해력 비법인 인지 역량을 높여라. 비판적으로 보고, 듣고, 생각하라. 비판적으로 읽고 또 읽어라. 문해력은 후마니타스를 기르는 힘이다. 문해력의 비밀은 뇌에 숨겨져 있다. 스스로 혼자 끝까지 견디고 읽게 하라. 마음에 글을 새기려는 첫 마음을 잃지 않게 하라. 문해력 비법인 인지 역량을 높여라. 비판적으로 보고, 듣고, 생각하라. 비판적으로 읽고 또 읽어라.

책을 왜 읽어야 하는 것일까? 무엇이 우리를 독서의 길로 들어서게 하는 것일까?
정보를 검색하는 속도의 시대에 많은 시간을 들여서 책을 읽는 사람은
어쩌면 바보라고 볼 수 있지 않을까?
나는 로마 철학자 키케로가 말했듯이 인간에 대한 진심 어린 호의인
'후마니타스(Humanitas)'를 기르기 위해서라고 생각한다.

한국인의 문해력은 나쁘다

문해력 혹은 리터러시(literacy)는 보통 글을 읽고 이해하는 능력을 일컫는다. 그러나 그 의미는 시대 흐름에 따라 끊임없이 확장되었다. 고대에는 문학에 대한 지식 능력으로, 중세에는 라틴어를 읽고 쓰는 능력으로, 근대에는 모국어를 읽고 쓰는 능력으로 받아들여졌다.[1]

현대에 들어와 문해력은 한 측면에서만 논의되지 않는다. 사회구조가 디지털 구조로 빠르게 변화됨에 따라 문자에 해당하는 텍스트의 범위가 넓어졌다. 그러다 보니 카메라를 증강된 눈으로 받아들여 사진과 동영상을 텍스트로 받아들이고 문해력에 매체 정보의 신뢰도를 확인하는 능력을 집어넣었다. 국제연합교육과학문화기구(UNESCO)는 문해력을 다양한 맥락과 연관된 인쇄 및 필기 자료를 활용하여 정보를 찾아내고, 이해하고, 의미를 창조하고, 소통하고, 계산하는 힘으로 본다. 국제학업성취도평가(PISA)는 문해력을 '읽기 영역'으로 한정하지 않고 '수학 리터러시', '과학 리터러시'를 포함한다. OECD(경제협력개발기구) 교육 2030프로젝트에서는 문해력을 시각적, 청각적, 공간적 매체 및 전자 텍스트를 사용하여 의미를 구성하는 종합적 능력으로 본다. 예컨대 문해력은 컴퓨터 문해력, 미디어 문해력, 정보 문해력, 수 문해력. 과학적 문해력 등 다양한 문해력으로 구분된다. 사회적, 정치적 이데올로기 측면에서 문해력을 정의하기도 한다. 글이 정치적으로 누구의 이익을 대변하는가, 윤리적으로 어떤 의도로 쓰였는가 등을 분석하고 판단하는 능력이 곧 문해력이다.[2] 그러므로 문해력은 글을 읽고 이해하는 능력만이 아니라 삶의 다양한 분야에서 요구되는 비판적 사고력이다.

한국인의 문해력이 나쁘거나 낮아진다고 한다. 주위에 읽고 쓰지 못하는 아이들이 많지는 않지만 쉬운 글은 읽어도 어려운 글은 이해하지 못하는 아이나 성인을 보는 일은 드물지 않다는 것이다. EBS는 2021년 중학교 3학년을 대상으로 문해력 수준을 평가했는데 충격적이었다. 무려 27%의 학생이 교과서를 이해하는 적정 수준에 미달했으며, 11%의 학생들은 초등학생 수준의 문해력을

보였다.[3]

PISA 읽기 영역의 경우에 교과서를 이해할 수 없을 정도로 낮은 문해력을 보여주는 2수준 미만 학생은 2006년 18.2%에 불과했으나 2018년에는 34.7%로 늘어났다.[4] 특히 기초학력 미달 학생으로 분류되는 1수준 이하는 2006년에 5.7%에서 2018에는 15.1%로 급증했다.[5]

성인이라고 크게 다를 바가 없었다. 2008년 국립국어원 조사를 보면 우리 국민 중 한글을 깨치지 못한 문맹률은 1.7%로 낮았지만, 성인 960만 명은 실질 문맹자였다. 이들 중에 기초적 읽기, 쓰기, 셈하기를 하지 못하는 비문해 성인 인구는 311만 명인 7.2%였고 문자를 해독하더라도 병원이나 약국에서 처방된 투약설명서를 이해하지 못하는 등 일상생활이 불편한 인구는 217만 명인 5.1%였다. 또한 일상생활에 큰 불편은 없더라도 보험 규정을 이해하는 등 공공 경제생활에서 읽기, 쓰기, 셈하기가 어려운 성인 인구는 432만 명인 10.1%였다.[6]

2013년에 OECD가 실시한 국제성인역량조사(PIAAC)에서도 한국인 16~65세의 언어능력은 평균인 3수준 이하가 91.5%로 나타났다.[7] 다수의 성인은 전문 서적이나 생활 규범 등 비교적 복잡한 텍스트를 읽었을 때 잘 이해하지 못한다는 뜻이다.

교사들도 학생들의 문해력 수준이 눈에 띄게 낮아진다고

본다. 구미 봉곡초등학교 교사들은 초등교육에서 낮은 문해력으로 인한 학력 저하와 학습 격차를 우려한다.[8]

> 초등교육은 문해력이 전부라고 생각한다. 국어능력이 바탕이 된 상태에서 중학교를 보내는 것이 초등교육이 해야 할 일이라고 생각된다. 교과서에 나오는 제재를 이해하고 분석할 수조차 없는 아이들이 우리 반에 많다. 우리 반만 그런가? 문해력이 바탕이 되지 않으니 프로젝트 수업이 어렵다. 예를 들어 프로젝트 수업 후 평가할 때 참 재미있었다, 즐거웠다 등 단순한 표현밖에 되지 않는다. 더 깊게 읽고, 제대로 자기를 표현하는 능력을 길러주고 싶다. 사회나 과학 프로젝트를 할 때 학생들에게 사료, 텍스트를 주면 이해하지 못한다. 다음 단계를 가야 하는데 갈 수가 없다. 교사는 조급해지고 결국 아이들이 해결해야 할 것들을 교사 주도로 설명하고 있을 때가 있다. 프로젝트를 수행할 바탕이 약하다. 늘 대충 이렇게 하면 되겠지 하고 수업을 진행하였는데 안 될 것 같다는 죄책감이 들었다. 읽기 능력을 기르는 방식을 알고 가르쳤으면 좋겠다. 제대로 된 읽기 능력을 가르치기 위해선 어떻게 수업을 해야 하나? 아직 나는 모르겠다. 그냥 해서 좋았다는 보여주기 방식의 수업이 아니라 일상 수업에서 문해력이 증진되는 수업을 경험해 보고 싶다.
>
> 출처: 〈좋은 Gyo6 나눔〉, 서투른 독자에서 진실한 작가가 되기까지

고등학교에 재직 중인 홍수봉 교사는 학생들이 글자를 읽을 수 있지만, 글의 의미를 이해하지 못해 사회, 역사, 과학 교과서를 혼자 읽지 못한다고 말한다. 그는 수업에서 벌어진 웃지 못할 사건을 한 예로 든다.

> 언젠가 모의고사를 본 뒤 한 아이가 문제가 잘못되었다면서 시험지를 들고 뛰어나왔습니다. '기차의 기적 소리'라는 내용이 들어간 시였는데 '기적'의 뜻을 '미라클(miracle)'이라고 생각한 것이죠. 또 어떤 학생은 '머리에서 서리가 내렸다'는 문장을 보고 "머리에서 서리가 내리는데 왜 여름이에요?"라고 질문한 적도 있습니다.[9]

한국인의 문해력이 나쁘지 않다는 반론도 있다. 실질적 문맹을 우려할 수 있지만, 언론이 지나치게 불려서 퍼트린 이야기라는 것이다. 2013년 OECD가 발표한 PIAAC에서 16~65세 한국인 평균 문해력은 최저 수준이 아니라 273점으로 OECD 평균이었다. 한국과 유사한 문해력을 지닌 국가는 캐나다와 영국이었으며 독일과 프랑스 같은 선진국은 한국보다 평균 문해력이 낮았다. 특히 16~24세 한국인 문해력은 OECD 4위였다. 더 나아가 PIAAC를 근거로 16~65세 한국인의 언어능력 수준에 대해 91.5%를 평균 이하로 본 것도 판단 기준이 적절하지 않을 수 있다. PIAAC에서 정의하는

4.5수준의 읽기 능력은 복잡한 지문 독해를 요구하는 스킬로 대부분의 조사 대상 국가에서 10% 내외를 차지하는 최상위 집단을 보여준다. 즉, 3수준을 평균으로 잡아 한국인 다수를 실질 문맹자로 보는 것은 부풀려졌다고 볼 수 있다. PIAAC를 해석하고 정리한 보고서인 〈한국인의 역량, 학습과 일〉만 보더라도 상위 3, 4, 5위 수준에서 OECD는 50%, 한국은 49.8%로 차이가 없다.[10]

국제학업성취도평가(PISA)를 보더라도, 2018년 조사에서 만 15세 한국 청소년 읽기 평균 점수는 OECD 국가 중 다섯 번째로 높다. OECD 평균 점수는 487점이고 한국은 514점이었다. 물론 한국의 읽기 점수는 2006년 556점에서 2018년 514점으로 하락했다. 그러나 OECD 회원국 읽기 점수 평균이 2015년 493점에서 2018년 487점으로 하락한 것과 비교하면 한국은 같은 기간 517점에서 514점으로 하락했을 뿐이다.[11]

이처럼 한국 청소년들이나 성인들의 문해력이 낮다고 우려하는 건 적어도 통계수치로는 지나치다고 볼 수 있다. 그러나 문해력 지표 연간 추세를 보면, 실제의 문해력 수준을 보여주는 절대 수준은 분명하게 하락하고 있으며 고난도 텍스트를 잘 읽지 못하는 것은 명백한 사실이다. 특히 다수 청소년은 텍스트를 대충 훑어 읽는 습관에 빠져 있고 글을 읽을 때 집중력도 부족하다. 더 큰 우려는 텍스트를 이해하지 않았는데도 더 깊이 읽으려고 노력하지 않고서 얕고 간단한 정보 습득에만 머무르려고 한다.

SNS에 게시된 글을 읽고도 잘 이해할 수 없어 엉뚱한 댓글을 다는 사람도 늘어났다. 2019년에 영화 〈기생충〉과 관련된 댓글 논란이 있었다. 영화평론가 이동진은 〈기생충〉을 보고 SNS에 "상승과 하강으로 명징하게 직조해 낸 신랄하면서 처연한 계급 우화"라는 한줄평을 남겼다. 그랬더니 젊은 층 네티즌들은 "국어영역 1등급인데도 이런 말 처음 들어봐요." "어려운 말 써서 꼭 잘난 체해야 하나요."라고 댓글을 쓰면서 이동진 평론가를 현학적이라고 빈정댔다. 그러나 장은수 평론가가 지적하듯이 "평론가가 자신의 느낌을 효과적으로 전달하기 위한 언어의 선택은 문제가 없으며, 오히려 '명징과 직조라는 낱말도 제대로 모르는 무지'를 더 큰 문제"라고 봐야 한다.[12]

낱말에 대한 무지는 초중고 수업에서도 드물지 않다. EBS가 방송한 〈당신의 문해력〉 다큐멘터리에는 고등학교 2학년 사회 수업 장면이 등장한다. 교사는 수업에서 영화 〈기생충〉을 소개하기에 앞서, 제작 초기에 그 영화의 가제(假題)는 〈데칼코마니〉였다고 설명했다. 그러자 학생들은 하나같이 가제의 의미를 몰라 어리둥절하며, 교사가 그 뜻을 묻자 교실 한편에서 바닷가재인 '랍스터(lobster)'라는 대답이 나왔다. 그뿐만 아니었다. 교사의 설명 중에 '양분(兩分)', '위화감(違和感)'이라는 용어가 나오자 그 의미도 전혀 알지

못했다.[13]

어휘나 문장의 의미를 이해하지 못하는 현상이 학교에서만 일어나는 것은 아니다. 학력이나 스펙이 높은 기업 성원들마저 직무 자료를 분석하거나, 보고서를 쓸 때 자주 어려워한다. 실제로 일부 대기업은 신입사원을 채용할 때 텍스트 읽기와 분석 능력이 좋은 지원자를 선호하며 대학에 문해력 교육을 위탁하거나 사내 직무연수로 문서를 읽고 작성하는 과정을 개설한다.

디지털 문해력도 우려할 수준이다. 디지털 문해력은 현대 사회에서 소홀히 볼 수 없다. 기술 발전과 정보 홍수로 인해 학습해야 할 필수적인 소통 능력이다. 다양한 매체로부터 쏟아지는 정보 중에 가짜 뉴스 등에 휘둘리지 않고 필요한 정보를 선별하려면 메시지를 이해하고 조직할 수 있어야 한다. 2018년 호주 빅토리아주 멜버른에 소재한 디킨스대학교는 새로운 직업인 '디지털 리터러시 학습설계사'를 뽑는 공고를 냈다. 학생들이 디지털 리터러시를 키울 수 있도록 온라인 프로그램 및 인터랙티브 프로그램을 설계하고 개발하며 관리하는 역할을 하는 전문 직업이 생겨난 것이다. 이로 보듯 현실은 인터넷과 디지털 기술을 기반으로 하는 과잉 정보로 가득 차 있으므로 정보를 선별하고 관리하는 능력이 중요한 시대이다.[14]

그러나 한국의 디지털 문해력 수준은 OECD에서 가장 낮다. 학교에서 인터넷 정보의 편향성 여부를 판단하는 교육을 받았다는 비율도 OECD 평균에 못 미친다. OECD가 발표한 〈피사(PISA) 21세기 독자: 디지털 세상에서의 문해력 개발〉 보고서를 보면 한국의 만 15세 학생(중3, 고1)들은 사기성 전자우편(피싱 메일)을 식별하는 역량 평가에서 멕시코, 브라질, 콜롬비아, 헝가리 등과 함께 최하위 집단으로 분류되었다.[15]

요컨대 국제기관이 평가한 한국인의 문해력 순위는 여전히 상위권이지만 글이나 디지털매체의 정보를 깊게 이해하는 능력은 점점 낮아진다고 보아야 한다. 즉, 한국인의 문해력이 나빠진다는 우려는 지나치지 않다.

문해력에 대한 미신

독서 능력은 하찮지 않으며 문해력에서 플랫폼 역할을 하는 것을 부인할 수 없다. 인류는 책을 통해 각자의 머릿속에 간직했던 고유한 경험을 타자와 공유해 왔으며, 책이 보급됨으로써 새로운 지식이 만들어졌고, 인류 전체의 지식 총량도 늘어났다. 기원전 약 3500년 전에 메소포타미아 지역에서 수메르인이 쐐기문자로 기록한 점토판만 봐도 알 수 있다. 최초의 책으로 알려진 이 점토판에는 개인과 집단의 경험이 천문학, 철학, 의학, 문학, 수학으로 분류되어 기록되어 있으며, 그 지식이 주위로 전파됨으로써 찬란한 고대 문명이 발달했다.

우리는 넓은 세상을 두루 여행하며 주위 경관을 감상한다.

그러나 여행만으로 지역의 고유한 역사나 사회, 경제적 현실을 모두 알 수 없으며 100년, 1000년 전의 지역 실태는 사실적으로 볼 수도 없다. 반면에 책에는 그 지역의 과거 모습이나 당시 사람들이 겪었던 기쁨, 슬픔, 고통 등이 생생한 현실인듯 담겨 있다.[16] 그러므로 책을 읽게 되면 몸짓, 영상, 음성으로 넘볼 수 없는 인류의 유구한 자취를 더듬을 수 있다.

흔히 목표를 성취하지 못한 사람들은 타인의 의견을 맹목적으로 따르며, 비현실적으로 판단한다고 알려져 있다. 즉, 사고력이 부족하다는 것이다. 그런데 이 문제도 독서로 해결할 수 있다. 책에는 삶의 복잡한 문제들이 현실감 있게 표현되어 있으므로 독서를 통해 삶의 지혜를 찾아낼 수 있다. 물론 웹툰, 동영상, 영화로도 사고력을 높일 수 있다. "왜 그걸 복잡하게 책으로 읽어, 영상으로 잘 나와 있으니까 영상을 보면 되지."라고 말하는 사람도 있다. 그러나 영상 정보를 대표하는 유튜브의 한계는 기술적으로도 너무나 명백하다. 깊이 있는 논의나 강연 등을 보여주는 영상도 있지만, 책이나 영화 소개에서 보듯이 짧은 동영상이 대부분이다. 특히 제작자가 최선을 다해 5분짜리 동영상을 만든다고 해도 짧은 분량으로는 사건의 복잡성과 다면성을 제대로 표현할 수 없다. 그러므로 한 주에 몇 번씩 업데이트되는 콘텐츠를 보는 시청자는 주제를 깊이 이해할 수 없다.[17] 즉, 유튜브 시청자가 해당 사건을 보는 사고는 자연히

얕아질 수밖에 없다. 그러나 책은 사건을 여러 측면에서 사실적이고 비판적으로 볼 수 있게 한다. 책에는 사건의 발단에서 결말에 이르기까지의 과정이 상세하게 들어 있으므로 독자는 자신의 관점과 처한 상황에 따라 사건을 재해석할 수 있다. 더 나아가 저자나 비평가가 놓치고 있는 새로운 결론도 추측할 수 있다. 독서는 깊은 생각을 통해 아이에게는 사회로 나가서 마주치게 될 문제들을 해결하는 힘을 길러주며 성인에게는 시시각각 닥쳐오는 과제에 대해 더 나은 대안을 찾게 도와준다. 그러므로 책은 세상에 대한 넓은 시야, 비판적 사고나 창의적 사고를 길러주고 미래지향적이고 합리적인 대안을 모색하는 최고의 도구이다.

수많은 문해력 연구자가 지적하듯 책과 영상매체 간의 사고력 차이는 말과 글의 관계에서 발생한다. 말은 생물학적 본능이므로 자연스럽게 습득되며 동영상은 말이 발달하는 능력에 맞춰진 미디어이다. 반면에 글을 이해하는 문해력은 순수하게 사회적, 문화적 훈련으로만 발달한다. 그러므로 독서는 영상보다 인지적으로 수고스러운 작업이지만, 주어지는 보상은 클 수밖에 없다.[18] 이 점에서 수준 높은 영상을 만들려는 제작자는 다양한 분야의 많은 책을 읽어야 한다. 인류가 쌓아온 지식이 주로 텍스트로 되어 있는데도 그걸 무시하고 좋은 영상을 제작하겠다는 의도는 착각일 뿐이다.[19] 그러나 문해력은 문자 정보만이 아니라 영상 정보를 이해하는 능력이다.

청소년들만 보더라도 주로 영상으로 정보를 검색하며, 유튜브를 검색엔진으로 쓰며, SNS를 통해 소통한다. 즉, 청소년들은 어렸을 때부터 자주 동영상을 접했으며, 일상에서 동영상을 익숙하게 활용하는 디지털 네이티브 세대이다. 그리고 인류는 소통 수단을 하나로 고정하지 않고서 소리, 말, 그림, 글자, 다중 텍스트로 바꾸면서 역사 발전을 해왔으므로 이런 현상은 비정상적이지도 않다. 그러므로 1996년에 뉴 런던 그룹은 〈하버드 에듀케이션 리뷰〉에서 '멀티리터러시', 즉 '다중 문해력'을 새로운 문해력 개념으로 제시한 바 있다. 교통과 통신의 발달, 국가 간의 자유로운 왕래, 언어와 문화의 섞임, 미디어의 변화 등이 일상이나 직업 세계에서 변화를 초래했고, 문해력을 문자 기반 텍스트로만 구성할 수 없다고 본 것이다. 더 놀랄 만한 일도 있다. 뉴 런던 그룹이 미래에는 책을 읽고 이해하는 능력은 소리와 이미지, 공간과 제스처 등을 포괄하는 다중 문해력의 하위 분야로 바뀔 수 있다고 예측한 것이다.[20]

독서량으로 문해력을 평가하는 것도 일종의 미신이다. 많은 책을 읽었다고 해서 문해력이 자동으로 늘지 않는다. 수십 권 책을 읽은 아이라도 낮은 문해력을 보일 수 있다. 반면에 쉬운 책부터, 책이 부담스럽다면 짤막한 글부터 차츰차츰 읽는 아이들의 문해력이 높을 수 있다.

다독 자체가 나쁘다는 비판이 아니다. 한 권이나 소수의 책을 읽어서는 다양한 삶의 모습을 이해할 수 없으므로 다양한 분야의 많은 책을 두루두루 읽어야 한다. 일본의 유명한 독서운동가였던 하시모토 다케시 선생은 《은수저》라는 책으로 6년 동안 정독 수업을 했지만, 학생들에게 다양한 책을 읽히는 다독을 병행했다. 일본 작가의 작품만 아니라 쥘 르나르의 《홍당무》 같은 외국 문학도 선택하여 수업에 활용했다. 중학교 1학년은 나쓰메 소세키의 《도련님》이나 아쿠타가와 류노스케의 《랴쇼몽》처럼 읽기 쉬운 책을 읽게 했다. 학년이 올라갈수록 수준을 높여 《고사기》나 우에다 아키나리의 《우게쓰모노가타리》 같은 일본 고전을 읽게 하였다. 이런 독서 프로그램을 어려워하는 학생들이 적지 않았지만, 다양한 책을 접하는 다독이 중요하다고 보았기 때문에 책 읽기를 강행한 것이다.[21] 또한 전문 분야의 지식을 이해하거나 관련된 책을 쓰려고 해도 많은 책을 읽어야 한다. 톨스토이는 우리가 잘 아는 《전쟁과 평화》를 쓰기 위해 작은 도서관 하나 정도 분량의 책을 읽었다고 한다. 일본 최고의 저널리스트로 알려진 다치바나 다카시는 한 권의 책을 쓸 때 큰 주제는 약 500여 권, 작은 주제는 약 100여 권 정도의 책을 읽었다고 한다.[22]

다만 다독이 문해력을 평가하는 권위 있는 지표로 쓰이지 않아야 한다. 몇 년 동안 도서관에 다니면서 일만 권의 책을 읽었다고 하거나 1년에 천 권씩 꾸준하게 읽는다는 작가들을 매체에서 보는 일은 드물지 않지만 따르지 않아도 된다. 책은 수많은 정보와 자료를 제공하는 생각 도구에 불과하다. 독서의 본질은 자신이 경험하지 못한 새로운 생각을 만나거나 편견과 고정관념을 깨는 데 있다. 그런데도 다독을 문해력 지표로 두게 되면 많은 책을 빠르게 읽어야 한다는 심적 부담감으로 인해 독서의 본질은 해쳐질 수밖에 없다.

문해력을 개개인의 역량으로만 보는 시각도 미신이다. 빈곤이 가지지 못한 자의 책임이 아니듯이 문해력을 본인 책임으로 돌리는 관점은 지나치게 안이하고 위험하다. 가정환경만 보더라도 부모의 낮은 소득, 과도한 부모의 학습 압력, 아동기 때부터 부모에 의해 형성된 독서에 대한 잘못된 습관 등은 문해력 문제를 일으킨다. 실제로 지능, 배경지식, 경험, 기억력이 부족하거나 부정적 정서에 눌려 있는 아이는 가정환경이 열악하다. 이 문제에 대해 청주교육대학교 엄훈 교수는 "문해력이 낮은 아이에게 더 많은 학습지원을 해주어야 한다."라고 지적한다.

그는 문해력 환경이 갖춰지지 않으면 발아 조건이 되지 않아 식물의 싹이 돋지 않는 것처럼 아이들에게 기초적인 읽기 능력인 발생적 문해력도 아예 자라지 않을 수 있다고 말하며 그 책임을 가정에 물어서는 안 된다고 했다. 적어도 공교육의 시스템이 나라의

학교라면 그 아이들을 도와줄 책임이 있다는 것이다.[23]

사회적, 문화적 환경도 무시할 수 없다. 가까운 거리에 마을 도서관이 있는가, 도서관에 가면 읽을 만한 책을 추천할 사서가 있는가, 사서 선생님과 친해져서 말을 나눠볼 수 있는 기회가 주어져 있는가, SNS를 한다면 책을 읽는 사람이나 책 이야기를 하는 사람과 대화를 나누는가, 읽고 쓰기나 깊은 생각을 하는 습관이 얼마나 일상에 녹아 있는가, 문해력 향상을 위해 쓸 수 있는 정부 예산이 얼마나 되는가 등은 문해력과 밀접하다.[24] 현실적으로도 소득 격차가 낮은 국가는 소득 격차가 큰 국가에 비교해 상대적으로 문해력 수준이 높다. 2003년 버뮤다, 캐나다, 이탈리아, 노르웨이, 스웨덴, 미국 등 6개 국가의 16~65세 성인들을 대상으로 국제성인문해력 조사를 실시했다. 그랬더니 문서 문해력은 소득 격차가 낮은 노르웨이, 버뮤다가 높았으며 미국과 이탈리아는 낮았다. 수량 문해력도 소득 격차가 낮은 스웨덴, 노르웨이가 높았으며 미국과 이탈리아는 낮았다.[25]

책을 왜 읽어야 하는가

사람에 따라 책을 읽는 목적은 다르며 한두 가지도 아니다. 예컨대 기분 전환이나 지루함에서 벗어나기 위해 책을 읽는 사람도 있고, 과제를 해결하기 위해 책을 읽는 사람도 있다. 하지만 가장 많은 대답은 독서를 통해 습득한 지적 능력으로 인해 부자가 되거나 높은 지위를 얻거나 유명해지는 등 성공할 수 있으므로 책을 읽는다는 것이다. 이런 세태를 반영한 탓인지 모르지만 베스트셀러 작가 이지성은 《리딩으로 리딩하라》에서 고전을 많이 읽으면 천재가 되고 성공한다고 말한다.[26] 그의 충고를 모두 틀렸다고 할 수 없다. 동방의 성인으로 불리는 공자는 가난한 환경에서도 “열 가구의 작은 마을에는 반드시 나만큼 충직하고 진실한 사람이야 있겠지만 나처럼 학문을 사랑하는 사람은 없을 것이다."라고 말하면서 독서를 포기하지 않았다. 그러다가 나이 서른에 삶의 성공이 찾아왔다. 우리가 아는 《논어》의 〈위정편(爲政篇)〉에 나오는 '이립(而立)', 즉 30세가 되어서 주위에 흔들리지 않았다는 의미는 이때부터 제자를 받아들일 정도로 학문적 경지를 인정받아 성공했다는 뜻이다.[27]

그러나 책을 읽어야만 꼭 성공하는 것은 아니다. 이지성 작가는 "아인슈타인이 책을 읽지 않은 탓에 고등학교에서 퇴학을 당했고, 다시 고등학교를 들어갔지만 대학입학시험에서 낙방을 했으며, 대학교 졸업 후에도 별 볼일 없는 학점과 그저 그런 졸업논문으로 인해 조교 자리조차 따내지 못하였고, 지도교수와 반목하다가 박사학위논문을 중도에 때려치웠고, 생계를 위해 초라하기 그지없는 여러 일자리를 전전했다"라고 말했지만, 사실이 아니다. 아인슈타인은 대부분 학생이 한두 과목을 싫어하는 것처럼 그리스어와 라틴어 과목을 싫어했지만, 중간 성적인 2수준이었고 학습부진아도 아니었다. 더 나아가 아인슈타인의 성공에 독서가 도움이 되었겠지만, 오직 독서를 통해서만 성공하지도 않았다.[28]

책을 왜 읽어야 하는 것일까? 무엇이 우리를 독서의 길로 들어서게 하는 것일까? 정보를 검색하는 속도의 시대에 많은 시간을 들여서 책을 읽는 사람은 어쩌면 바보라고 볼 수 있지 않을까? 나는 로마 철학자 키케로가 말했듯이 인간에 대한 진심 어린 호의인 '후마니타스(Humanitas)'를 기르기 위해서라고 생각한다. 자신을 더욱 인간답게 만들기 위해, 추한 자신을 벗어나 위대한 인간으로 변신하기 위해, 세속적인 인간의 즐거움을 추구하면서도 새로운 문명을 상상하고 창조하기 위해, 타인을 배려하고 공감하는 인간으로 성장하기 위해 책을 읽고 문해력을 길러야 한다. 그래야만 우리는 타인을 대접하고 보호하며, 타인으로부터 대접받고 보호받는 인간다움을 잊지 않고 살아갈 수 있다.

외롭지 않고 즐겁게 살 수 있다

고대 그리스 철학자 중에 에피쿠로스(Epikouros)가 있다. 그는 소크라테스, 플라톤, 아리스토텔레스의 절제와 금욕만을 강조하던 철학을 받아들이지 않고 쾌락을 좋은 것이라고 선언했다. 즉, 즐거운 삶이 좋은 삶이라고 이곳저곳에서 말하고 다녔다. 그러자 숨어서 일상의 소소함이나 육체적 행위를 즐겼지만 부도덕하지 않을까 우려하던 당시의 대중들이 열광했다. 오늘날로 따지면 도올 김용옥 선생이나 유시민 작가처럼 스타가 된 것이다.

그는 즐거운 삶을 위해서는 과거를 후회하거나 미래를 걱정하지 않아야 하며, '착한아이증후군(Good boy syndrome)'도 버리고, 더 나아 보이는 쾌락을 추구하기 위해 이곳저곳을 찾아다니지도 말라고 했다. 심지어 우리가 살아 있는 한 죽음은 없고, 우리가 죽으면 삶은 존재하지 않으므로 죽음에 대한 두려운 생각도 아예 하지 말라고 했다. 요컨대 높은 지위, 많은 부, 남들에게 자랑하려는 욕망을 버리고 일상에서 다른 사람과 어울려서 서로 사랑하고 우정을 추구하는 삶이 최고라는 것이다.

하지만 정호승 시인의 〈수선화에게〉[29]를 보면 고대 그리스 때나 지금이나 사람들의 삶은 그리 즐겁지 않은 듯하다. 시를 보면 현대인들은 타인과 만나서 어울려 살아야 하는데 외로워서 눈물을 흘리고, 오지 않는 전화를 기다리고, 감정을 공유하지 못한 채로 살고 있다. 그래서 시인은 외로우니까 사람이며 외로움은 오히려 삶을 견디는 힘이라고 말한다. 에피쿠로스가 인생의 목표는 일상에서의 소소한 즐거움이라고 한 것에 비교하면 현대인은 참 불행한 삶을 산다.

독서는 우리를 이런 외로움의 굴레에서 벗어나서 만남의 광장으로 나아가게 하는 최고의 수단이다. 사람에 따라, 상황마다 대화 주제는 스포츠, 텔레비전 프로그램, 주식, 낚시, 정치, 국제 등 다양하지만 삶의 광장에서 벌어지는 대화에 끼려면 무조건 책을 읽어야 한다. 그래야만 타인과의 만남을 통해 인생의 목표인 즐거운 삶을 누릴 수 있다. 특히 상대의 기분을 맞춰주는 대화는 언제든 할 수 있지만 금방 식상하고 유치해지는 탓에 오랫동안 지속되지 않는다. 어제 프로 야구 경기에서 누가 승자였는지, 낚시에서 얼마나 많은 물고기를 잡았는지는 잠시 수닷거리가 되지만, 그 취미에 푹 빠져 있지 않다면 이 주제만으로 공감대를 형성할 수 없다. 즉, 만남과 대화를 끌어갈 수 없는 것이다. 더 나아가 대통령 선거나 세월호 참사와 같은 주제로 대화를 하려면 책이나 신문, 잡지를 많이 읽고 보통 수준의 지식을 갖고 있어야 한다. 그렇지 않고서는 상대방을 만나더라도 만남의 즐거움을 느끼지 못하며 만남이 더 외로워지는 악순환만 반복될 것이다.

휴대폰 게임 자체를 문제라고 볼 수 없다. 하지만 타인과 만남으로 얻는 기쁨과 비교할 수 없으며 중독에 빠진다면 삶에 아무런 도움이 되지 않는다. 오히려 외로움에서 벗어나기 위해 많은 시간을 헛되이 쓰고 있을 뿐이다. 여행 등 직접 체험 또한 외로움에서 벗어나 즐거울 수 있지만, 독서를 통해 생각하는 힘이 뒷받침되지 않으면 여행을 다녀온 후에, 그곳의 풍경 이외에는 타인에게 말할 것이 없다. 예컨대 책을 잘 읽지 않는 사람이 제주도를 여행하면서 맛집이나 관광지 몇 군데를 가보게 되면 제주도 곳곳의 신비로운 모습을 찾겠다는 여행을 다시 계획하기란 쉽지 않다. 그러다 보니 외로움은 가시지 않고 여행마저 허무해진다.

책을 읽는 것은 복잡한 과제를 수행하기 위해서만은 아니다. 책을 읽으면 읽을수록 지식이 늘어나므로 어디에서 누굴 만나도 풍부한 화제로 주눅 들지 않고, 만남을 주도하고, 점점 자신과 대화하는 사람이 많아짐에 따라 더 큰 즐거움을 맛볼 수 있다. 즉, 왕성한 독서로써 폭넓은 지식을 쌓으려고 할 때 에피쿠로스가 대중들에게 외치던 풍요로운 인생을 경험할 수 있다.

상상력을 계발할 수 있다

우리는 소설을 읽거나 영화를 보면서 종종 상상하곤 한다. 소설에 나오는 특정한 장소를 가지도 않았는데 마치 간 것처럼 느끼며 영화에 몰입하다 보면 자신이 주인공이 된 것처럼 감정적 반응을 보인다. 특히 아이들은 재미있는 책을 읽을 때 자주 상상의 날개를 펴기 때문에 부모나 교사에게 엉뚱해 보이는 질문을 하는 적도 있다. 이처럼 상상력은 실제로 경험하지 않은 현상이나 사물에 대하여 마음속으로 그려보는 능력이다.

인간은 처음부터 상상하는 생명체로서 존재하지 않았다. 인류학자들은 지구상의 인류(Homo)는 대략 25종이 살았으며, 사피엔스만이 상상력을 갖게 되었고 현생 인류의 조상이 되었다고 본다. 이 사건은 당시로서는 놀랄 만한 일이었다. 사피엔스는 동시대에 네안데르탈인과 공존했지만 신체 조건에서 경쟁 상대가 되지 못하였다. 그러던 사피엔스에게 인지 혁명, 즉 '이전 인류나 네안데르탈인에게는 없던 직접 보거나 만질 수 없는 허구의 대상을 존재하듯이 상상하는 표상 능력'이 생긴 것이다. 상상력의 힘은 엄청났다. 아프리카 한구석에서 생존에 급급하던 사피엔스는 사물에 혼령이 깃들어 있다고 믿는 등 상상력으로 집단의식을 키움으로써 신체적으로 월등한 네안데르탈인과의 경쟁에서 승리할 수 있었다. 즉, 상상력은 인류의 진화를 이끈 힘이었다.

상상력이 없으면 인간의 생존도 불가능했을 것이다. 예컨대 미국 샌프란시스코 캘리포니아(UCSF) 연구진의 쥐를 이용한 미로 연구에 따르면 호랑이 같은 맹수에 쫓길 때 오른쪽 길과 왼쪽 길로 되어 있는 갈림길에서 상상력은 안전한 길을 선택하도록 도와준다. 즉, 뇌에서 정보를 처리하는 곳은 해마인데 해마는 길을 선택했을 때의 시나리오를 과거의 경험이나 가치를 토대로 상상한 후에 결정을 내린다.[30] 그러므로 상상력은 일상에서 위험을 회피하게 해주는 필수적 사고 본능이다.

독서는 상상력을 발휘하게 해주는 최고의 방법이다. 뇌는 정보를 이미지로 기억하는데 실제로 경험해서 만들어진 이미지와 뇌 속에서 형성된 상상의 이미지를 차별하지 않는다. 그러므로 책을 읽게 되면 뇌는 간접경험을 직접경험으로 착각하여 새로운 시냅스를 만들거나 기존의 시냅스를 강화한다. 물론 영상 정보나 음성 정보도 상상력을 불러일으킨다. 하지만 그 힘은 독서에 비교할 수 없을 만큼 작다. 일본 도호쿠대학 가와시마 류타 교수는 책을 읽을 때와 읽지 않을 때 뇌가 어떻게 변하는가를 실험했다. 실험 결과는 놀라웠다. 비디오게임을 할 때는 뇌 대부분이 활성화되지 않았고 만화책을 읽을 때는 뇌의 일부분만 활성화되었지만, 줄글로 된 책을 읽자 뇌 전체가 활성화되었다.[31] 그러므로 독서를 해야만 상상력을 의미 있게 높일 수 있으며 TV나 스마트폰으로 동영상을 볼수록 뇌는 영상 처리에 급급한 나머지 상상력을 발휘하지 못한다.

문명을 창조할 수 있다

창의력은 새롭고, 독창적이고, 유용한 것을 만들어내는 능력 또는 전통적인 사고방식을 벗어나서 새로운 관계를 창출하거나 비일상적인 아이디어를 내놓는 능력이다. 하지만 '새로운', '비일상적인' 등의 용어에서 확인할 수 있듯이 문장만으로 분명하게 정의하기는 어렵다. 그렇더라도 창의적인 사람은 그렇지 않은 사람보다 목표에 대한 동기가 충만하며, 더 많이 성취하고, 국내외적으로 실제로 성공한 사람이 많다.

창의력을 뇌과학으로도 밝힐 수 있다. 인간의 뇌는 동물의 뇌와 다르게 대뇌피질이 훨씬 크다. 그래서 본능적인 행동을 억누르고 더 많은 자료를 수집하며, 다양한 가능성을 고려하고, 기다림 또는 행동을 선택하고, 가수 싸이의 말춤을 따라 추는 등 다양한 계획을 세우고 하나를 선택하여 행동하는 것이다. 또한 대뇌피질의 앞부분인 전전두엽이 다른 동물에 비해 전두엽에서 차지하는 비중이 압도적으로 높다. 그래서 뇌는 "어때? 어땠을 것 같아? 어떨 것 같아?"라는 현재, 과거, 미래의 결과를 비교하는 질문과 모의실험을 통해 효율적인 결과를 예측한다.[32] 즉, 창의력은 뇌가 효율적으로 계획을 수립하고 가치 있는 특이한 결과물을 내놓는 능력이다.

창의력을 높이는 방법은 명확하다. 우선 지식이나 정보를 많이 갖고 있어야 한다. 그래야만 뇌는 특이한 정보를 접할 때, 기존의 정보와 결합하여 새로운 것을 내어놓는 능력이 높아진다.[33]

새로운 정보를 많이 받아들이는 노력도 빼놓을 수 없는 작업이다. 뇌는 정보를 수용하거나 인출할 때 대상의 특징을 찾아내 전체로 통합하려는 생존 습성을 갖고 있다. 예컨대 길게 늘어진 코로 코끼리를, 줄무늬로 얼룩말을 판단하려고 하거나 타인에 대한 인식도 얼굴 전체가 아닌 눈매, 코의 모양, 얼굴의 윤곽 등 어떤 특징을 패턴으로 파악한다. 그러므로 새로운 정보를 주기적으로 제공하지 않으면 정보를 찾거나 생각 사이의 연관성을 만드는 데 뇌는 허덕일 수밖에 없다. 마치 준비된 사람에게만 기회가 찾아오듯 뇌는 새로운 정보가 없으면 패턴을 꼼꼼하게 찾는 힘이 부족해진다. 하지만 한 분야에 치우친 정보만을 받아들이면 낯선 정보가 부족

하므로 복잡한 문제를 해결하는 해법을 찾지 못할 것이고 오히려 문제 해결은 더디어질 것이다.[34]

1989년 심리학자 존 헤이스(John Hayes)는 창의력이 뛰어났던 과학자, 문학가, 예술인 등 100명의 일생과 그들이 도출해 낸 산출물을 분석한 결과, 창의력은 고도의 지적 산물이라는 결론을 도출하였다. 즉, 지식과 집념, 의지력, 집중력, 결단력, 추진력 등 인지적 성향이 창의력의 요소이며 창의적 문제 해결을 위한 1만 시간의 법칙을 제시함으로써 지식이 창의력의 핵심 요소라는 것을 밝혀냈다.[35]

애플의 창업자 스티브 잡스(Steve Jobs)는 2001년 처음 출시된 '아이팟'을 설명하면서 이렇게 말했다.

> 창의력은 그저 이것저것을 연결하는 일이다. 창의적인 사람에게 어떻게 그걸 해냈느냐고 물으면 그는 자신이 실제로 하지 않아 약간의 죄의식을 느낄 수 있다. 그들은 단지 무언가를 봤을 뿐이다. 얼마 지나지 않아 그것이 분명해 보이면 자신의 경험을 연결해 새롭게 합성했을 뿐이다.[36]

자본주의의 황금기인 포디즘 시대를 열었던 헨리 포드(Henry Ford)의 혁신적인 자동차 생산방식에도 계보가 있다. 모델 T자동차를 생산할 때 컨베이어벨트 시스템을 도입했는데 사실 새로운 방식은 아니었다. 19세기 초 이미 미국의 발명가 엘리 휘트니(Eli Whitney)가 호환 가능한 부품으로 이뤄진 무기를 제작해 미군에 공급했고, 포드는 이런 아이디어를 자동차를 대량으로 생산하는 방식에 적용했을 뿐이다. 18세기 담배 공장의 작업 속도를 높이는 데 공헌했던 '일괄 작업' 방식도 생산 공정에 차용했고, 한 공장에서 모든 부품을 결합하는 조립 라인을 설치한 것도 19세기 말부터 돼지 도축장에서 쓰던 방식이었다. 포드는 나중에 자신의 성공 비결에 대해 이렇게 말했다.

> 나는 어떤 새로운 일도 하지 않았다. 몇 세기 동안 다른 사람이 발견한 방식을 활용해 단지 여러 부품을 자동차로 조립했을 뿐이다.[37]

요컨대 우리가 창의력을 과학적으로 이해하면 독서를 통해 창의력을 높인다는 말을 받아들일 수밖에 없다. 즉, 책을 좋아하고 넓고 깊게 이해하는 사람일수록 새로운 정보를 많이 받아들이므로 창의력이 뛰어날 수밖에 없다. 그러므로 활동 중심 수업인 문제 해결 학습, 프로젝트 학습, 토론이나 토의 수업 등도 독서 등을 통해 풍부한 지식을 학습해야만 우리 아이들의 창의력을 높일 수 있다.

공감하는 힘을 기를 수 있다

공감은 다른 사람의 감정, 의견, 주장에 대해 자기도 그렇다고 느끼는 기분이다. 공감은 정서적 공감과 인지적 공감으로 구분된다. 정서적 공감은 상대방의 처지를 느끼지만 실제 상황을 이해할 수 없는 공감으로 뇌에서 전전두엽 뒤쪽에 있는 전대상 피질이 주도한다. 예컨대 기초생활수급자로 지내던 일가족이 동반자살한 뉴스를 들었을 때 자살한 이유를 알지 못하지만 슬퍼한다면 당신은 정서적 공감을 하고 있다. 인지적 공감은 당신이 상대방의 처지를 느끼지는 못하지만, 그의 고통을 이해함으로써 생기는 공감으로 전전두엽이 주도한다. 예컨대 자살한 일가족의 고통을 느끼지는 못하지만, 한국 사회의 극심한 빈부격차 탓이라고 안타까워하는 공감이다.

공감은 자기도 모르는 사이에 자동으로 일어날 수 있지만 단순한 반사작용은 아니다. 타인을 느끼고 이해하는 이 선한 능력은 훈련을 통해 계발할 수 있다.[38] 부모나 교사들은 아이들에게 "어떤 사람이 너에게 그런 짓을 하면 기분이 어떨 것 같아?"라는 말을 자주 한다. 자선단체와 사회운동가들도 대중으로부터 선한 행동을 끌어내기 위해 공감을 이용한다.[39]

두 공감의 발달 정도는 불균등하다. 정서적 공감이 더 발달된 사람은 상대방의 기쁨이나 슬픔을 느끼지만, 감정을 과대평가하거나 과소평가할 수 있다. 반면에 인지적 공감이 더 발달된 사람은 상대방의 느낌이 무엇이고, 그 원인까지도 이해하지만, 자신의 공감을 제대로 표현할 수 없다. 그러므로 공감 능력에서 어느 면이 부족한가를 생각해 보고 보완하여 균형을 맞추려고 해야 한다.

독서는 공감 능력을 높이는 최적의 활동이다. 사건과 사물을 타인의 눈으로 바라보고 세세하게 그의 처지를 짐작하게 해줌으로써 주위 사람을 유연하고 깊은 생각으로 대하게 한다. 영국 셰필드 외곽에 5~11세 아동들이 다니는 백 초등학교(Beck Primary School)가 있다. 교사인 에이미 윌러비는 학교 강당에 7~8세의 아이 36명을 모이게 했다. 그중 절반은 다른 아이들에 비해 유독 공감 능력이 좋았으며 나머지 아이들은 공감 능력이 다소 떨어진 아이들이었다. 아동문학가인 앨런 맥도널드는 아이들을 한자리로 모이게 하면서 다른 사람의 감정을 파악하는 데 도움을 줄 의도로서 몇 가지 프로그램을 진행했다. 예컨대 누군가 기르던 고양이가 죽었을 때 위로하는 방법, 특정 감정들을 표현하는 단어와 표정을 나열한 뒤 어울리는 것끼리 잇기, 특정 감정의 역할을 연기하기 등이 주요 내용이다. 하지만 주 프로그램은 고전동화 《염소 삼형제》에서 유래된 맥도널드의 저서 《트롤들아, 집에 가》를 함께 읽으면서 공감 능력을 높이는 것이었다. 즉, 앨런은 공감 능력이 뛰어난 아이들과 부족한 아이들이 함께 책을 읽게 한 후에 "트롤은 기괴하고, 피부가 딱딱하고, 못생기고, 아둔하다는 수식어 이외에 그들을 표현하는 수식어가 있을까?" "트롤은 새로 온 선생님들을 깨울까?" "트롤과 친구가 되고 싶어 하는 사람이 있다면 좋은 생각이 아니라고 말려야 할까?" 라는 질문을 하면서 아이들의 공감 능력을 키워준 것이다.[40]

이로 보듯 책은 타인의 마음을 비춰주고 그를 이해하게 해주는 일종의 영사기이다. 수필, 자서전은 타인의 삶을 체험할 수 있는 이야깃거리이고, 소설을 읽으면 등장인물을 통해 세상 사람들의 생각이나 입장 등을 짐작할 수 있다. 조정래가 쓴 대하소설 《태백산맥》에는 1948년 여수, 순천에서 일어난 10.19사건을 배경으로 김범우, 염상진, 염상구, 하대치 등 이념과 삶의 방식이 다른 여러 인물이 등장한다. 지금 우리는 그 시대에 살지 않지만 이 소설을 통해 사람들의 감정이나 심리 상태를 의사 체험함으로써 타인의 고통을 어루만져줄 수 있으며 고통의 원인을 헤아릴 수 있다.

요컨대 독서는 공감의 폭을 깊고 넓게 하며, 공감의 원인을 찾아내서 나의 공감을 상대방에게 온전히 느끼도록 하는 필수적 힘이다.

교양 있는 인간으로 성장할 수 있다

원래 교양은 18세기 후반 독일에서 본격적으로 논의되기 시작했는데 개인이 미숙한 상태에서 성숙한 상태로 발전되는 모습을 의미했다. 교양을 뜻하는 영어 'Culture'의 원뜻은 '경작(耕作)'이고, 독일어 'Bildung'은 '형성'이라는 뜻임을 보아도 알 수 있듯이, 교양은 잠재력을 개발하고 완전한 인격체로 성장하도록 하는 폭넓은 지식이다. 교양과 전문지식을 구분하는 경계를 쉽게 지을 수 없지만 보통 '박학다식(博學多識)', 즉 널리 배워서 학식이 많은 사람을 교양인이라고 부른다.

교양 교육하면 떠오르는 나라는 영국이다. 교양인을 지칭하는 '젠틀맨'이라는 단어는 교육을 잘 받은 특정 계급을 지칭하는 용어였다가 영국인들을 나타내는 의미로 바뀐 것이다. 그만큼 영국은 교육에서 교양 교육을 중시한다. 아이들은 초등학교 때부터 지속적으로 자신의 의견을 말과 글로 표현하고 다른 사람과 교류할 수 있는 능력을 갖추도록 배운다. 특히 수업은 책을 얼마나 많이 읽었냐보다 책을 읽으면서 얼마나 생각했느냐에 중점을 두고 이루어지므로 어떤 책을 읽어도 책 내용에 대해 "왜"라고 질문을 하며 읽는다. 그래서 영국 학교는 어렸을 때부터 책 읽기 교육을 강조한다. 학생들은 항상 책 한 권과 학교와 집에서 읽은 책에 대해 기록하는 독서 카드를 가방에 넣고 다닌다.[41]

책을 읽지 않고는 진정한 교양인이 될 수 없다. 영상이나 음성으로도 지식을 얻을 수 있지만 깊은 지식을 얻기는 어려우며, 지식을 광범위하게 얻기 위해 삶의 모든 것을 직접 체험할 수 없다. 한국의 산에 대하여 박학다식한 사람이 되고 싶다고 해서 모든 명산을 일일이 찾아가 직접 보고, 타인에게 그 산과 주위를 설명하는 것은 불가능하다. 그렇다면 유명한 산에 대한 신뢰할 수 있는 책을 읽어 기본 자료를 습득한 후에 산을 올랐을 때 체험을 더하여 설명하면 교양 있는 사람으로 인정받을 수 있다. 더 나아가 교양 있는 사람이란 영국 교육에서도 보듯이 비판적으로 사고할 수 있는 사람이다. 세상에 떠도는 정보를 무조건 받아들이고 유일한 해답인 것처럼 믿는다면 교양 있는 사람이라고 할 수 없다.

교양의 중요성은 톨스토이를 통해서도 알 수 있다. 19세기 중반에 활동한 톨스토이는 청년 시절부터 농노해방에 힘을 쏟았다. 하지만 당시의 낡고 억압적인 정치적 상황으로 그의 생각을 쉽게 이룰 수 없었다. 이런 상황을 안타깝게 생각한 톨스토이는 당시로선 상당히 파격적인 결정을 내린다. 그의 뜻을 이해하지 못하는 가족과 말다툼을 한 뒤, 자기 집에서 일하던 농노들을 전부 불러 모았다. 그 자리에서 희망에 찬 목소리로 "3년간 부부 한 쌍마다 매년 은으로 26루블어치를 징수하되 그 이후에는 토지를 여러분이 소유하도록 하겠소!"라고 말했다. 톨스토이는 좋은 제안이라고 생각했지만 놀랍게도 농노들은 이 제안을 거부했다. 곧 황제가 대관식에서 토지를 분배하고 농노를 해방하겠다는 칙령을 발표한다는 헛소문을 믿었기 때문이다.[42] 결국 농노들은 교양이 없었으므로 현실을 제대로 해석할 안목이 없었고, 삶을 바꿀 좋은 기회를 놓치게 되었다.

이로 보듯 책을 읽지 않는 사람은 사물이나 사건을 바라보는 시야가 좁으므로 현재 논의 중인 문제에 대한 정보만 가지고 우왕좌왕할 뿐이다. 즉, 그의 생각으로는 세상의 흐름과 돌아가는 상황을 이해할 수 없으므로 문제를 해결하는 힘이 되지 못한다. 톨스토이 사례에서 보듯 농노들은 일상에서 배운 많은 경험적 지식이 있었지만, 수박 겉핥기 수준의 지식이었으므로 삶의 힘이 되지 못하였고 진정한 교양인으로 성장할 수도 없었다. 이런 일이 톨스토이 당시의 러시아에서만 생기지는 않는다. 요즘에도 인터넷으로 정보를 검색하면 충분하다고 생각하는 사람이 많다. 그러나 냉철한 판단력, 수준 높은 지적 능력이나 분별력이 없는 사람의 경우에 출처도 근거도 불확실한 정보를 인용할 수 있으므로 해로울 뿐이다.

요컨대 독서를 통해 다양한 지식을 취사선택하고, 지식을 논리정연하게 정리하는 사고력을 높여야만 주체적이고 능동적인 삶을 살면서도 시행착오를 줄이는 교양인으로 살 수 있다.

2장

문해력의 비밀은 뇌에 숨겨져 있다

문해력은 후마니타스를 기르는 힘이다. 문해력의 비밀은 뇌에 숨겨져 있다. 스스로 혼자 끝까지 견디고 읽게 하라. 마음에 글을 새기려는 첫 마음을 잃지 않게 하라. 문해력 비법인 인지 역량을 높여라. 비판적으로 보고, 듣고, 생각하라. 비판적으로 읽고 또 읽어라. 문해력은 후마니타스를 기르는 힘이다. 문해력의 비밀은 뇌에 숨겨져 있다. 스스로 혼자 끝까지 견디고 읽게 하라. 마음에 글을 새기려는 첫 마음을 잃지 않게 하라. 문해력 비법인 인지 역량을 높여라. 비판적으로 보고, 듣고, 생각하라. 비판적으로 읽고 또 읽어라. 문해력은 후마니타스를 기르는 힘이다. 문해력의 비밀은 뇌에 숨겨져 있다. 스스로 혼자 끝까지 견디고 읽게 하라. 마음에 글을 새기려는 첫 마음을 잃지 않게 하라. 문해력 비법인 인지 역량을 높여라. 비판적으로 보고, 듣고, 생각하라. 비판적으로 읽고 또 읽어라.

독서와 사고력과의 관계를 보더라도 뇌 구조에 기반을 둔 독서를 해야 한다. 책을 읽어 얻고자 하는 이해력이나 창의력은 뇌에서 시냅스가 형성되어 발현되는 능력이다.

뇌 기반 독서법으로 책을 읽어야 한다

많은 사람이 책을 읽어야 하는 것을 알고, 서재에 사놓은 책도 최소 10여 권은 되지만 책을 읽지 않는다. 이런 문제는 대부분 문해력이 낮거나 제대로 된 독서법을 알지 못한 채로 무턱대고 책을 읽어온 탓이다. 즉, 책을 읽어 이해하기란 쉬운 일이 아니고, 상당한 시간과 노력이 요구되는데도 독서가 취미라고 하면서 책을 읽을 줄 안다고 착각한다. 더 나아가 책을 처음부터 끝까지 읽고 제대로 이해하는 사람은 좀처럼 주위에서 만나기 어렵다. 이런 현실인데도 책을 어떻게 읽어야 하는가를 고민한 후에 책을 읽는 사람은 드물다. 특히 어릴 때부터 책을 읽어온 사람일수록 자신의 독서법을 완벽하다고 생각하고 있으며 다른 독서법을 알려고 하지 않는다.

독서법, 즉 '정독, 다독, 남독 등 중에 무엇이 가장 문해력을 높일 수 있는가?'에 대한 고정된 정답은 없다. 이 물음은 메인 메뉴를 알려주지 않고서 가장 맛있는 반찬을 고르라는 질문과 비슷하다. 한식인가, 양식인가, 중식인가에 따라 어울리는 반찬이 달라지듯 독서의 목적이나 텍스트의 종류에 따라 다양한 독서법이 존재한다. 미국의 철학자 모티머 애들러(Mortimer Adler)도 독서의 목적이나 독자의 문해 수준에 따라 3단계 독서법을 제시한 바 있다. 1수준은 '개관 독서'로 대충 읽기, 훑어 읽기, 개관 읽기, 골라 읽기를 뜻한다. 2수준은 '분석적 독서'로 철저하게 읽기, 꼼꼼하게 읽기, 씹어서 소화되도록 읽기라고 할 수 있다. 3수준은 종합독서법으로 하나의 주제를 가지고 여러 권의 책을 비교하면서 읽는 주제별 독서이다.[1]

그러나 많은 독서법 책은 역사적 위인이나 유명한 사람이 권장하는 독서법을 소개하면서 그 방법을 무조건 따르라고 쓰여 있다. 예컨대 인문 고전을 즐겨 읽었던 위인을 들면서 인문 고전을 탐독하면 그들처럼 될 수 있다고 쓰여 있다.

이런 충고를 보편적이고 합리적인 방법으로 볼 수 없다. 저자는 개인적 체험을 일방적으로 소개할 뿐이지 그 방법이 독자 대부분에게 좋다는 과학적 근거는 단 한 줄도 제시하지 않는다.[2] 어쩌면, 어릴 적부터 유명한 독서법으로 아이에게 책을 읽혔는데도 문해력이 늘어나지 않았다는 학부모들의 하소연도 이런 근거 없는 독서법을 따랐다고 볼 수 있다.

과학적 독서법은 존재하며 분명하다. 어떤 요리를 하든지 간에 단맛을 내려면 설탕, 짠맛을 내려면 소금이나 간장, 신맛을 내려면 식초를 넣어야 하듯이 책은 독서 원리를 따라서 읽어야 한다. 학습과학 분야의 권위자인 하워드 존스(Howard Jones)는 뇌의 주의를 끌고, 뇌에서 새로운 지식이 형성되고, 형성된 지식이 통합하여 응고되는 과정을 학습으로 본다.[3] 또한 학습이 뇌의 정신 활동이라면 문해력을 높이는 진정한 독서법은 다독이나 정독 등 독서법의 종류가 아닌, 뇌의 구조와 작용을 염두에 둔 독서법으로 볼 수 있다. 그러므로 이런 독서법으로 책을 읽어야만 탁월한 문해력을 갖출 수 있다. 스웨덴 출신의 심리학자 안데르스 에릭슨(Anders Ericsson)은 "전문가의 지위는 자신의 분야에 많은 시간을 보낸다고 해서 얻어지지 않으며 그 시간을 얼마나 효율적으로 보냈느냐에 달려 있다."라고 말했다.[4]

독서와 사고력과의 관계를 보더라도 뇌 구조에 기반을 둔 독서를 해야 한다. 책을 읽어 얻고자 하는 이해력이나 창의력은 뇌에서 시냅스가 형성되어 발현되는 능력이다. 예컨대 아이가 사과, 복숭아, 수박에 관한 책을 읽은 후에 공통점과 차이점을 설명했다면 비교 시냅스가 형성된 것이다. 새로운 아이디어를 고안하는 창의력도 뇌 바깥에서 만들어지는 특이한 능력이 아니다. 최초로 김치 파스타를 개발한 요리사는 자신의 뇌에 형성된 김치와 파스타에 관련된 시냅스를 겹쳐서 새로운 시냅스를 만들어낸 것이다. 즉, 창의력은 지식에 기반을 둔 기억의 융합으로 축적된 지식이다.

문해력은 시냅스 네트워크와 패턴에 달려 있다

뇌는 호두처럼 생긴 축축하고 연약한 덩어리로 복잡한 실타래처럼 가느다랗고 기다란 뉴런 다발이다. 뇌의 무게는 약 1.4kg으로 전체 체중의 2%이지만 몸 전체 에너지의 약 20%를 소비하는 중요한 신체 부위이다. 뇌세포는 대략 1조 개로 신경세포인 뉴런(neuron)이 800 ~ 1000억 개 정도이고 나머지는 뉴런과 뉴런을 연결하고 해로운 물질을 걸러주는 교세포이다.[5]

뉴런은 신경세포체, 수상돌기, 축삭돌기로 되어 있다. 신경세포체는 배움의 결정적 요소인 단백질을 합성하고, 수상돌기는 다른 뉴런으로부터 오는 신호(정보)를 받아들이고, 축삭돌기는 받아들인 신호를 다른 뉴런으로 내보내는 역할을 한다. 즉, 시각이든 청각이든 모든 정보는 수상돌기가 탐지하여 전기 신호로 바꾼 후에 신경세포체의 세포핵으로 이동하고 이어진 축삭돌기를 따라 다른 뉴런으로 이동한다. 이처럼 두 뉴런 간에 연결된 모습을 '신경회로의 형성', 즉 '패턴화' 또는 '네트워크화'라고 부른다.

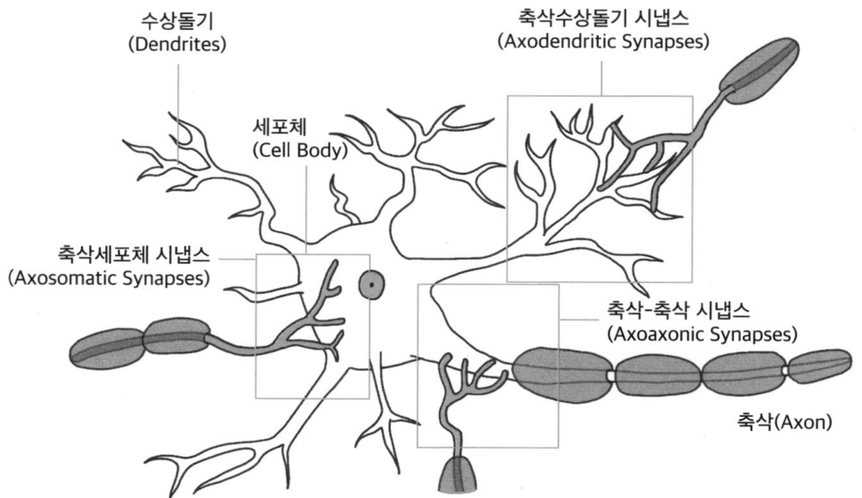

정보는 한 뉴런의 축삭돌기에서 다른 뉴런의 수상돌기로 바로 전달되지는 않는다. 자극이 뉴런 축삭돌기의 말단에 도달하면 시상하부에서 아드레날린, 아세틸콜린, 도파민, 세로토닌 등 화학물질이 시냅스 틈으로 방출되며, 이 신경전달물질이 이웃한 뉴런을 흥분시키거나 억제함으로써 정보가 전달된다.

시냅스가 없으면 일상에서 모든 활동이 가능하지 않다. 시냅스 덕분에 감각기관에서 뇌로 들어온 온갖 정보가 처리될 수 있고, 수십 년 동안이나 정보를 기억하거나 필요할 때마다 끄집어내며, 글을 읽고 이해하며, 누구도 생각하지 못한 창의적 방식으로 정보를 조합한다.[6] 즉, 먹고, 마시고, 숨 쉬고, 잠자는 활동만 아니라 추억, 연민, 사랑, 공감, 배움 등도 그 출발점은 시냅스이다.

그러다 보니 시냅스에 대한 미신이 있다. 인간의 뇌는 3세 무렵에 완성된다는 말은 대표적 미신이다. 이 미신은 개인의 시냅스 수치를 모두 같다고 보고 만들어졌다. 뇌에서 시냅스의 개수는 적지 않다. 한 개의 뉴런은 최소 약 1천 개, 최대 약 1만 개의 수상돌기 가지를 뻗을 수 있고, 뉴런은 1000억 개이므로 뇌에는 약 100조에서 최대 1000조 개에 달하는 시냅스가 만들어질 수 있다. 그러나 이런 수치는 단순하게 계산된 것이다. 유전자는 불확실한 환경변화에 대응할 수 있도록 시냅스를 과잉 형성한 다음에 시간이 흐르면서 꼭 필요한 시냅스 중심으로 정교화, 조직화한다. 즉, 영유아기에는 유전자의 프로그래밍에 따라 자동으로 시냅스가 형성되며, 2세는 성인만큼, 3세는 성인의 2~3배만큼 많은 시냅스가 만들어진다.[7] 그 이후에는 경험과 학습을 통해 시냅스는 강화되거나, 재배열되거나, 다시 연결되거나, 사라진다. 예컨대 출생 후 6개월 동안에는 초당 10만 개의 시냅스가 생성되지만, 이후에는 속도가 줄어들고, 뇌에 존재하는 시냅스라도 초당 10만 개씩 사라지며, 뉴런 간에 겹쳐 연결된 시냅스도 있다. 즉, 적절한 자극이 주어지는 시냅스는 강해지거나 재생되며, 반대의 경우에 시냅스는 약해지거나 재배열된다.

그러므로 개인마다 시냅스의 개수는 유동적이고, 시냅스의 패턴이나 네트워크는 곧 개인의 고유성을 설명하기 때문에 시냅스 개수가 아닌, 형성된 모습이 중요하다. 즉, 시냅스 가지치기인 시냅스의 강화나 약화, 패턴화, 네트워크 형성 과정에 주목해야 한다.[8] 특히 부모나 교사는 시냅스는 도덕적으로 좋고 나쁨을 구별하여 가지치기가 이루어지지 않는 것을 잊지 않아야 한다. 예컨대 부모나 교사가 게임만 하는 아이를 방치하면 아이의 뇌에서는 게임 관련 시냅스만 생성되거나 튼튼해지고 책 읽는 시냅스는 만들어질 수 없다. 그러므로 개인의 정체성이나 도덕성은 시냅스 가지치기의 결과물이며 "세 살 버릇 여든까지 간다."에서 보듯이 아이의 성장에는 가정이나 사회의 가르침과 배움이 중요하다.

시냅스는 대뇌피질인 전두엽, 두정엽, 측두엽, 후두엽 및 그 안쪽 변연계에 속한 시상하부, 편도체 등과 밀접한 관련을 맺으면서 변화한다. 나무가 주위 환경과 조화를 이루면서 자라고 점점 풍성한 숲으로 성장하듯이 뇌 부위의 발달에 맞춰 회로를 이루거나 패턴이나 네트워크를 형성하면서 점차 고유한 시냅스로 형성된다.

전두엽은 뇌의 앞쪽에 있고 대뇌피질에서 가장 넓은 부위로 말하기, 읽기, 쓰기, 듣기 등에 관여하며 분석, 논리, 추론, 평가, 창의력, 문제 해결 등 고등사고력을 책임진다. 부위 앞쪽일수록 추상적인 사고를, 뒤쪽일수록 구체적인 사고를 담당한다. 예컨대 법이나 도덕 등 사회적 규칙에 대한 학습은 앞쪽에서 하며 의식주와 관련된 학습은 뒤쪽에서 한다. 특히 전두엽의 앞쪽 부위인 전전두엽은 생존에 도움이 되는 쪽으로 삶의 계획을 세우고 집행하는 실행기능을 담당하는 인간의 고유성을 보여준다. 인간의 전두엽은 전전두엽이 대부분을 차지할 정도로 비대하지만, 원숭이는 전두엽의 절반 정도, 다른 포유류는 매우 작은 부분에 불과하다. 전두엽과 변연계가 연결되는 부위에 있는 안와전두엽은 감정 조절과 밀접하다. 안와전두엽이 정상적으로 발달한 사람은 편도체가 짜증이나 화를 내라는 신호를 보내더라도 쉽게 전두엽으로 전달하지 않고 감정을 통제하도록 한다.

전두엽은 서서히 발달하다가 취학 전 5 ~ 6세부터 사춘기에 속도가 높아지며 20세 무렵에 완만해지면서 25세쯤이면 발달이 멈춘다. 그러므로 초등학생들이 자기중심적으로만 문제를 바라보거나 청소년들이 자기감정에 휩쓸려 무분별하게 판단하고 행동하는 것은 비정상적이지 않다. 또한 부모나 교사도 이 시기 아이들이 충동적으로 행동하지 않도록 적극 관심을 두면서 힘써 보살펴줘야 한다. 전두엽의 능력을 높이는 최고의 방법은 읽기, 쓰기, 말하기, 직접경험이다. 예컨대 TV 대신 책을 읽고, 책을 읽더라도 생각하며 읽고, 단순히 글을 베끼는 것보다 시, 수필 등을 창작해 봄으로써 문장을 생각하고 구성하고 적절한 단어를 통해 표현하며, 토론이나 토의를 통해 자주 말하며, 앞으로 일어날 일에 대해 계획을 세우고, 자료 수집, 분석을 통해 결론을 찾아내봄으로써 예측 가능성을 높여보는 것이다.

두정엽은 대뇌피질의 위쪽인 정수리에서 뒤통수 부근에 있으며, 앞쪽은 몸의 통증, 압박감, 온도 등에 대한 정보를 감지하고 주변 환경에 맞춰 손과 발, 머리의 위치를 계속 파악한다. 뒤쪽은 수나 공간을 파악하는 수학적 추상력과 연관되어 있다. 우리가 걸으면서 발을 헛디디지 않거나 몸을 리듬을 유지하며 움직이는 것은 두정엽 덕택이다. 또한 두정엽은 10세 무렵부터 급속도로 발달하므로 초등학교 3~4학년 시기부터 아이에게 악기를 가르치거나 수학교육을 받게 하는 것이 좋다. 특히 측두엽과 맞닿은 쪽에 있는 각회는 시각 정보를 청각 정보로 바꿔서 측두엽의 베르니케영역으로 보낸다. 이외에 글을 쓸 때는 청각 정보를 시각 정보로 바꾸거나, 정밀하고 세밀한 자극을 선택하여 집중하게 하거나, 불필요한 뉴런을 없애는 기능도 한다.

측두엽은 귀의 좌우 위쪽에 있으며 주로 청각 정보를 처리한다. 측두엽 안쪽에 있는 해마는 전두엽의 지시에 따라 외부에서 들어온 정보를 정리, 정돈, 편집하여 대뇌피질 이곳저곳에 분산하여 저장하게 한다. 특히 좌측 측두엽에 있는 베르니케영역은 낱말을 이해하게 한다. 또한 출생 후부터 초등학교 무렵까지 계속 발달되기 때문에 부모는 아이들이 받아들이는 청각 자극을 유아기부터 신경을 써야 하며, 초등학교에 입학하게 되면 독서나 토론을 통해 어휘력이나 배경지식을 쌓을 기회를 늘려줘야 한다.

후두엽은 대뇌피질 뒤쪽에 있으며 주로 시각 정보를 처리한다. 공간 감각은 두정엽에서 처리되지만 공간 기억은 후두엽의 역할이다. 이 부위는 생후 3~4개월부터 발달하며 13세 무렵인 초등학교 6학년부터는 속도가 빨라진다. 그러므로 이 시기부터 아이의 공간지각능력이 높아지도록 도표나 도형 등 그림 과제를 본격적으로 학습하게 하는 것이 좋다.

만 6세 이후에 글자를 가르쳐야 한다

뇌 부위의 발달에 따라 외부 자극을 민감하게 받아들이는 시기는 다르므로 시냅스 형성 속도도 성장 단계에 따라 다르다. 신생아 무렵의 뉴런은 미성숙하며, 뉴런끼리 잘 연결되어 있지도 않고, 대뇌피질은 대부분 활동이 없이 조용하다. 그러나 아동기에 들어서면 뉴런은 엄청나게 빠른 속도로 연결되며, 청소년기에는 뉴런 간에 연결되는 속도는 느려지지만, 기존에 연결된 시냅스는 빈번하게 바뀐다.[9] 그러므로 시기에 맞춰 아이들에게 글자를 배우게 하고, 책을 읽게 하며, 독서 습관을 들여야 한다.

아이의 독서 습관은 초등학교에 입학하는 만 6세 이후인 아동기 무렵에 들이는 것이 효과적이다. 그 시기는 자극에 대해 더 민감하게 반응하므로 시냅스 형성이 빈번하고 기존에 만들어진 시냅스도 비교적 쉽게 재배열할 수 있다. 하버드대학교 심리학과의 스티븐 핑커(Steven Pinker) 교수는 언어능력과 관련된 시냅스는 생후 8개월 무렵부터 본격 발달하며, 10개월 무렵 최대치가 되었다가, 36개월 무렵부터 급속도로 줄어들지만 12세까지 유지되므로 12세 이전에 독서 습관을 길러야 한다고 충고한다.[10] 뇌의 구조를 보더라도 나이 들어가면서 독서 습관을 들이기는 무척 어렵다. 뇌는 새로운 것을 학습할 때 먼저 우측 뇌가 활성화되고 점차 익숙해지면 좌측 뇌로 옮겨가는 경향이 있다. 그런데 독서 습관을 들이지 않은 성인은 책을 읽더라도 늘 새로운 학습으로 받아들이므로 우측 뇌만 활성화될 뿐이며 책 내용이 좌측 측두엽의 베르니케영역으로 잘 넘어가지 않는다. 예일대학교 셸리 셰이위츠(Sally Shaywitz) 교수는 청소년을 대상으로 이를 증명하는 실험을 했다. 청소년에게 책을 읽게 했을 때 독서 습관이 들여진 아이는 언어중추가 있는 좌측 측두엽이 바로 활성화되었지만, 책을 잘 읽지 않는 아이는 우측 뇌가 먼저 활성화되었다.[11]

그렇다고 하더라도 만 6세 이전인 3~4세부터 글 읽기를 억지로 가르치지 않아야 한다. 부모 중에 상당수는 아이들에게 더 많은 책을, 더 어린 시기에 읽도록 지도하는 것이 효과적이라고 믿는다. 초등학교에 들어가기도 전에 자녀에게 한글을 깨우치게 하고, 사설학원을 통해 영어를 배우게 한다. 하지만 만 6세 미만의 아이에게 글자를 가르치는 것은 생물학적으로 매우 위험하다. 미국 터프츠대학교의 매리언 울프(Maryanne Wolf) 교수는 《책 읽는 뇌》에서 너무 이른 시기에 무리하게 행해지는 문자 교육을 비판한다. 글을 읽는 능력은 뇌의 학습역량이 진화하는 과정에서 생겨난 독특한 능력으로 자연스럽지 않고 학습으로만 습득할 수 있다. 영국 케임브리지대학교의 우샤 고스와미(Usha Goswanmi) 교수 연구팀은 세 가지 언어를 대상으로 5세 무렵부터 글자를 읽혀 책을 읽은 아이들과 7세 무렵부터 글자를 익힌 아이들의 학업성취도를 비교했다. 그 결과 글자를 일찍 배운 아이들의 학업성취도가 훨씬 낮았다. 이 실험은 아이들의 뇌에 별도의 글자 회로가 갖춰져야만 책 읽기가 가능하며, 너무 빨리 시작하는 글자 교육은 오히려 아이의 뇌 발달에 독이 될 수 있음을 보여준다.[12]

물론 만 5세 무렵의 아이들은 문장, 문단, 통사구조를 익힐 수 있다. 그러나 각회와 같이 시각, 언어 및 청각 정보를 빠른 속도로 통합시키는 역할을 하는 주요 뇌 부위들은 아직 미엘린화가 충분하게 되어 있지 않으므로 글자가 아닌 소리를 통해 언어구조를 배우는 것이다. 다시 강조하지만, 책을 붙잡고 글자라는 상징체계를 시각적으로 파악하고 그 의미를 인지하기에는 5~7세 아이들의 뇌는 아직 여물지 않았다.[13]

부모나 교사는 만 6세 무렵에 아이에게 글자를 가르치지 않았거나, 독서 습관을 들이지 않았더라도 낙담하지 않아도 된다. 뇌는 시냅스 가지치기라고 알려진 신경망 구조가 바뀌는 '가소성'을 지니고 있다. 외부의 자극이 달라지면 새로운 시냅스가 만들어지며, 이미 만들어진 시냅스라도 자주 사용될 때만 강화되고, 좀처럼 쓰지 않으면 사라져버린다. 그러므로 만 6세가 한참 지났어도 아이가 글자를 배워 자주 주변을 관찰하고 문답, 발표, 쓰기 등으로 지식과 정보를 기억에서 끄집어내는 훈련을 반복하면 높은 문해력을 가진 아이로 성장할 수 있다.

뇌는 생각하는 용도로 설계되지 않았다

세계 문학 작품 중에서 기억에 대해 가장 유명한 이야기는 아마도 프랑스 소설가 마르셀 프루스트의 소설《잃어버린 시간을 찾아서》에 나오는 구절일 것이다.

> 달콤한 작은 마들렌 부스러기가 화자의 입천장에 닿자, 곧 그는 어린 시절의 따뜻한 추억여행을 시작한다. 베어 문 한 입이 언제나 온화한 아주머니, 오래된 회색 집 정원과 마을을 지나 그의 생애에서 경험했던 즐거운 기억을 불러일으킨다.[14]
>
> 출처:《교육과 뇌 과학》Kathleen Scalise, Marie Felde 지음, 김정희 옮김, 시그마프레스, 2018

이 소설처럼 과거를 회상할 수 있는 탓에 기억이 중요한 것만은 아니다. 기억 능력이 낮을수록 삶은 번거롭다. 예컨대 요리할 때 매번 같은 레시피(recipe)를 참고하거나 컴퓨터로 문서 작업을 할 때도 사용법을 잘 기억하지 못해 늘 찾아봐야 한다면 얼마 지나지 않아 지칠 것이다. 미국의 인지과학자 대니얼 윌링햄(Daniel Willingham)은 우리의 삶이 대부분 기억에 의존하는 것을 뇌의 원리를 통해 보여준다.

> 인간은 호기심이 많지만 생각하는 재주는 뛰어나지 못하다. 사람들이 자주 생각하지 않는 까닭은 뇌는 생각하는 용도로 설계되지 않았고 오히려 생각하는 수고를 덜어주도록 만들어져 있다. 인간의 생각, 즉 정신 활동은 어렵고 속도도 느리고 믿을 만한 작업도 아니며 적절한 인지적 조건이 뒷받침되지 않으면 뇌는 싫어한다. 우리는 기억에 주로 의존하여 하루하루를 무사하게 보낼 수 있고 수백 가지 결정을 한다. 자주 부딪치는 문제는 언젠가 풀어본 문제이므로 예전 방식처럼 다시 풀면 된다.[15]
>
> 출처:《왜 학생들은 학교를 좋아하지 않을까》 대니얼 윌링햄 지음, 문희경 옮김, 부키, 2011

인간에게 기억이 없다면 일상에서 책을 읽는 등 기본적인 생활은 거의 불가능하고 더 나아가 후손들에게 빛나는 문명을 남겨줄 수도 없다. 그러므로 모든 아이는 책을 읽고 글자를 해독하고 글을 유창하게 읽고 이해할 수 있는 기억의 힘을 기본적으로 갖고 태어났다. 그런데도 책을 읽을 때 집중하지 못하거나 딴짓을 하는 아이들은 의외로 많다. 그 원인은 다른 데 있지 않다. 책을 읽을 때 기억을 인출해야 하는데 잘되지 않는 탓이다. 그러므로 부모나 교사가 기억의 개념을 이해하고, 아이가 기억을 잘 인출할 수 있도록 독서 지도를 하면 독서를 힘들어하는 아이조차 문해력을 높일 수 있다.

기억은 무엇인가

뇌과학자들은 수백 년에 걸쳐 기억의 형태를 연구해 왔지만, 풀리지 않은 미스터리들이 많다. 뇌에는 정보를 저장하는 특별한 공간이 없는 것으로 알려져 있고, 기억이라 불리는 것들이 뇌의 어느 곳에 저장되어 있는지를 아직 정확하게 알지도 못한다. 다만 해마가 정보를 가공하여 대뇌피질에 새겨 넣는 과정에서 시냅스가 발화되고 서로 연결이 이루어지면 기억이 형성된 것으로, 더 많은 시냅스가 발화되면서 연결되면 기억이 저장된 것으로 본다.

기억의 구조가 전자 형태인지. 분자 형태인지도 확실하지 않으며 기억에 대한 정의도 통일되어 있지 않다.[16] 국어사전에는 기억을 '이전의 인상이나 경험을 의식에 간직하거나 도로 생각해 냄'으로 정의하고 있다. 인지과학이나 교육 뇌과학을 보면 주위 세상으로부터 정보를 받아들여 처리하고 저장하였다가 나중에 이를 인출하는 과정(MEMO,2015), 정보를 장기간 유지하는 과정(Matlin,2005), 우리가 과거 경험에 관한 정보를 현재에 사용하기 위한 수단(Sternberg, 1999)으로 보고 있다.[17] 즉, 기억은 정보가 입력되고 출력되는 일련의 연속적인 과정이다.

기억은 크게 작업기억과 장기기억으로 구분된다. 작업기억은 뇌의 포스트잇 메모지라고 불리며 새로운 정보가 뇌로 들어올 때 능동적으로 처리하는 작업대이자 작업 과정이다. 쉽게 이해하면 일상에서 특정한 과제를 처리하는 정신활동이라고 볼 수 있다. 컴퓨터에서 전원이 켜져 있는 동안 정보를 처리하고 전원을 끄면 갑자기 정보가 사라져버리는 RAM으로도 비유될 수 있다.

작업기억은 전두엽, 측두엽의 해마, 베르니케영역, 변연계의 편도체 등이 관여하는 일종의 정보 처리 시스템이다. 전두엽의 앞쪽인 전전두엽은 작업기억을 통제하고 조절한다. 어떤 정보가 작업기억에 있어야 하는지를 골라, 그 신호를 편도체로 보낸다. 그러면 편도체는 바로 옆의 해마로 보내 처리하도록 한다.

해마는 귀 뒤쪽 측두엽 깊숙한 곳에 있는 새끼손가락 모양의 두께 1cm, 길이 5cm 정도인 뇌 부위로 그리스 신화에 나오는 바다의 신 포세이돈이 타고 갔던 괴물, 해마와 비슷하다고 하여 이름이 붙여졌다.[18] 이 부위는 작업기억에 있는 정보를 뇌의 어떤 부위에서 처리하는 것이 효율적인가를 정해 그곳으로 보내는 역할을 한다. 즉, 중요한 정보가 뇌에서 잘 처리되고 오래 기억되도록 정보를 배분한다. 예컨대 국어, 영어 수업에서 배우는 사실적 지식이나 개념적 지식은 전두엽과 좌측 측두엽으로 보내고, 축구나 배구 등 몸의 움직임이나 수학에서 배우는 수나 공간과 관련된 추상적 지식을 공간 감각과 수학적 추상력을 담당하는 두정엽으로 보낸다.

새로운 정보나 경험은 반드시 해마라는 출입문을 거쳐야 한다. 그러므로 이 부위가 없어지면 새로운 정보를 기억할 수 없다. 실제로 발작 증세를 보이던 헨리 구스타프 몰래슨(Henry Gustav Molaison)이라는 환자에게 해마를 제거하는 수술을 하였더니, 수술 전의 경험은 대부분 기억했지만 새로운 정보는 몇 분 이상 기억되지 않았다.

작업기억 용량은 생애 10년쯤인 아동기까지 급격하게 늘어나며 평균 25세의 성인은 최대 5 ~ 6개 항목으로 알려져 있다. 그러나 30세가 넘어서면 3 ~ 4개 항목으로 되는 등 나이가 들수록 서서히 용량이 줄어든다.[19] 작업기억 용량은 같은 또래더라도 차이가 존재한다. 예컨대 학습 등으로 해마를 자주 사용하면 용량은 커지지만, 학습하지 않거나 주위 정보에 대해 주의를 집중하지 않으면 점점 작아진다. 그러므로 부모나 교사가 아이의 작업기억 용량을 고려하지 않고 독서량을 정하거나 과제를 내주는 것은 별 효과가 없다. 예컨대 초등 1~2학년 학생들이 교사가 내준 책 읽기 등 과제를 해오지 않을 때 "과제를 잊어버렸나요?" "과제는 꼭 기억해야 하는 거잖아요." "칠판에 선생님이 정리한 내용을 참고하라고 했죠?" 라는 지시를 반복하거나 독서 수량을 제한하는 것은 아이들의 작업기억 용량이 작은 탓일 수 있다. 또한 작업기억 용량이 넉넉한 아이에게 너무 쉬운 책을 읽으라고 하면 지루해하거나, 일찍 과제를 끝마친 후에 자주 딴짓을 할 수밖에 없으며, 반대로 작은 아이에게 어려운 책을 읽으라고 하는 것은 흥미를 잃게 하고 좌절감만 들게 할 뿐이다. 그러므로 작업기억을 고려하지 않는 독서법으로 책을 읽게 해봤자 문해력에 별 도움이 되지 않는다.

작업기억은 정보를 부호화로써 처리하는 것을 좋아한다. 뇌에 들어온 정보를 이미 알고 있는 지식과 연결하여 기억하려고 한다. 특히 조직적으로 정보를 처리하는 '의미 부호화'는 정보 처리 속도에 결정적인 영향을 준다. 예컨대 상대의 전화번호를 보거나 들었을 때 끝 네 자리 번호가 '9292'이고 '구이구이'라는 고깃집을 기억한다면 서로 연결하여 외우는 것이다.[20] 따라서 글이 음소로 구성된 것을 알고, 음소를 조합·분류·조작할 수 있는 해독 능력이 있더라도 글을 조직화해야만 신속하고 정확하게 읽을 수 있다.

작업기억은 삶에 도움이 되는 정보일수록 우선 처리한다. 예컨대 등산 중에 넘어져서 허리를 다친 정보, 원의 방정식과 관련된 정보 중에 등산의 위험성에 대한 정보를 우선으로 기억한다. 그러므로 부모나 교사는 뇌가 긴급하고 필수적인 정보를 우선으로 받아들이는 것을 활용하여 아이의 흥미, 적성, 수준, 상황 등에 맞춰 책을 읽혀야 한다.

작업기억은 개인적으로만 중요하지 않다. 언어, 수학, 역사, 예술에 이르는 모든 학습 분야에 영향을 미치므로 일국의 교육 불평등에도 크게 영향을 끼친다. 예컨대 초등학교에서 작업기억 용량이 부족한 탓에 문해력이 낮은 아이는 학업성취도도 낮고, 중고등학교 등 상위 학교로 갈수록 더 낮아질 가능성이 크다. 그러므로 국가는 초등학교 때부터 학습전문가를 교육과정에 지원함으로써 학습 수준이 낮은 아이들을 별도로 지원하는 등 문해력 격차를 적극적으로 줄여줘야 한다.

뉴질랜드에는 문해력 발달 프로그램인 '리딩 리커버리(Reading Recovery)'라 불리는 수업이 있다. 이 수업은 초등학교 2학년 중, 읽기를 어려워하는 아이들이 하루 30분씩 전문교사와 일대일 개별화 수업을 1년간 90시간에서 최대 120시간까지 하는 프로그램이다. 이 프로그램의 목표는 아이의 읽기 능력을 평균 수준으로 끌어 올려주는 것이고 실제로 이 수업에 참여한 아이들 10명 중

7~8명은 학교 수업을 잘 따라갈 수 있는 수준으로 읽기 능력이 향상되었다.[21]

국내에서도 몇몇 시도교육청이 운영하는 '기초학력 전담 교사제'가 있다. 2020년부터 시행 중인 이 프로그램은 문해력, 수해력이 낮은 초등학생을 보통 학력 수준으로 끌어올리는 목표를 지향한다. 아이가 초등학교에 입학한 후에는 학습 격차 없이 같은 출발점에 서도록 도와줌으로써 교육의 평등을 실현하려는 것이다. 2021년에 경북은 58명, 전남은 48명, 충북은 40명, 광주는 6명의 전담 교사를 배치하여 개별화 수업을 진행했다. 특히 2020년 맨 먼저 시행한 전남교육청은 뉴질랜드 못지않은 탁월한 성과를 내었다. 첫해인 2020년에는 77%의 학생이, 2021년 전반기에는 51%의 학생이 보통 학력 수준에 도달하여 담임선생님과 함께하는 교실 수업으로 돌아갔다.[22]

장기기억은 통상 기억이라고 불리며, 며칠이나 몇 개월 또는 몇 년 이상 지속되는 기억이다. 예컨대 음소들이 만들어내는 여러 소리에 대한 지식, 수학 공식 등은 통상 장기기억에 들어 있다. 우리가 어린 시절에 겪었던 특별한 사건을 평생에 걸쳐 기억하는 것도 장기기억 덕택이다. 장기기억은 절차기억과 서술기억으로 나뉜다. 절차기억은 신체적인 움직임과 기술 습득에 관련된 무의식적인 기억이다. 즉, 말로 설명하기는 어렵지만 어떻게 하는 줄을 아는 기억이다. 이 덕분에 우리는 일상에서 크게 주의를 집중하지 않고도 양치질을 하거나 자전거를 타거나 공을 던지게 된다. 서술기억은 개인적 경험인 일화기억과 사실적 지식이나 개념적 지식과 관련된 의미기억으로 나눠진다. 일화기억은 생활에서 경험하는 자질구레한 내용이 무의식적으로 기억된 것이다. 반면에 의미기억은 이름이나 숫자, 날짜, 사실 등 정보에 주의를 집중하여 기억한 것이다. 서술기억이 우리 삶에 끼치는 영향력은 매우 크다. 우리는 서술기억 탓에 한국의 수도가 어디인지, 어젯밤에 무엇을 했는지, 첫사랑이 누구였는지를 회상해 낼 수 있다.

특히 의미기억은 문해력과 밀접하다. 통상 의미기억을 구성하는 사실적 지식과 개념적 지식이 장기기억에 많을수록 문해력이 높다. 그러므로 부모나 교사는 의미기억이 잘 형성되도록 과학적 학습기억을 기반으로 아이들을 교육해야 한다.

기억을 믿을 수 없다

20세기를 대표하는 지성인 버트런드 러셀(Bertrand Russell)은 "기억은 신뢰할 수 없는 인상"이라고 했다.[23] 과거에 어떤 사건이 확실하게 일어났다고 믿더라도 현재 기억과 같다는 증거가 없다는 뜻이다. 영국의 심리학자인 프레더릭 버틀렛 경(Sir Frederic Bartlett)도 "기억은 사회적이고 문화적인 현상이지, 절묘한 정확성을 가진 사건은 아니라고 믿는다."라고 했다.[24] 이 견해는 기억이 완전하게 잘못되었거나 무가치하다는 것이 아니다. 핵심 내용은 잘 기억되지만, 세부 사항에 대한 기억은 잘못될 수 있으며, 불완전한 기억은 비정상적이지 않고 당연하다는 것이다.

뇌과학을 보면, 해마 기능에 문제가 없더라도 기억은 원래 정교하게 저장되지 않으며 왜곡이 일어난다. 이에는 몇 가지 이유가 있다. 뇌는 외부의 정보를 사진이나 동영상처럼 사실적으로 반영하여 저장하지 않는다. 그렇게 하려면 너무 많은 에너지를 소모해야 하므로 최소의 에너지를 쓰려는 뇌의 생리에 어긋난다. 그러다 보니 시각이든 청각이든 모든 감각을 빠짐없이 저장하지 않으며 자신에게 의미 있다고 판단되는 것만 주로 선택하거나 핵심만 발췌하여 대략적인 인상만 기억에 남긴다. 예컨대 사람들에게 '사탕' '맵다' '설탕' '시다' 등 단어를 들려주고 시간이 지난 후에 '달다'라는 단어가 있었느냐고 물어보면 많은 사람이 "그렇다"고 대답하곤 한다. 그 단어를 듣지 못했지만, 사탕이나 설탕 등 단맛과 관련된 단어들을 들었으므로 착각하게 된 것이다.[25]

뇌는 종종 개인적 경험이나 가치관, 이해 수준, 감정, 판단능력 등에 따라 자신에게 유리하도록 편향된 해석을 한다. 즉, 자신이 경험한 사건 일부를 바탕으로 상상을 덧붙여 하나의 건축물을 완성한다. 이런 착각에 대해 하버드대학교 대니얼 색터(Daniel Schacter) 교수는 "정보에 색을 입히거나 왜곡하는 현상이 벌어짐으로써 초기부터 잘못된 정보가 기억에 저장된다."라고 지적한다.[26] 즉, 편도체는 주로 부정적인 감정을 덧붙여 대뇌피질로 정보를 전달하여 장기기억에 저장하게 하지만 떠올리기 싫은 나쁜 기억을 의도적으로 잊거나 왜곡한다.

일본의 거장(巨匠) 구로자와 아키라 감독은 1950년에 기억의 오류를 통해 인간 내면의 추악함을 보여주는 영화 〈라쇼몽(羅生門)〉을 제작했다. "인간은 이성적이고 합리적인 동물이다."라고 받아들이는 통념에 대해 단지 "자신에게 유리한 쪽으로 합리화하는 동물"일 뿐이라고 비판한다.

라쇼몽의 줄거리는 이렇다. 어느 날 아내를 말에 태우고 가던 사무라이가 산적을 만나 그의 아내는 남편이 보는 앞에서 산적에게 강간당하고 사무라이는 죽는다. 그런데 법정에 잡혀온 산적, 강간당한 아내, 무당의 입을 통해 자신을 변호하는 죽은 사무라이의 기억은 모두 다르다. 산적은 사무라이의 아내를 탐냈는데 그녀 역시 기꺼이 그를 받아들였다고 했다. 그 후 여인이 사무라이 남편을 죽여달라고 해서 정정당당하게 승부를 겨뤄 그자를 죽였는데, 결투 후에 보니 여인은 이미 달아나버렸다고 한다. 사무라이의 아내는 강간당한 후 남편이 자신을 보는 눈빛이 경멸하는 눈빛이었고, 치욕과 분노 때문에 자신이 남편을 죽였다고 한다. 죽은 사무라이는 아내가 산적과 통정 후 산적에게 자신을 죽이라고 요구했다고 한다. 그런데 살인으로 얻을 게 없다고 생각한 산적은 달아나버렸고, 아내 역시 달아나버려 자살을 했다는 것이다. 영화는 누구의 진술이 진실인지를 관객들에게 쉽게 말해주지 않는다.

진실이 없는 것이 아니다. 미궁에 빠지는 듯이 보였던 이 사건은 결국 현장을 목격한 한 나무꾼의 진술로 인해 그들 모두가 '거짓말'을 했다는 것이 드러난다. 다만 산적은 자신의 명성을 높이는 쪽으로, 여인은 정절을 지키지 못한 자신을 감추려고, 죽은 사무라이는 무사로서 자존심을 지키는 쪽으로 변명한 것으로써 자기 합리화에 급급한 기억의 불완전성을 보여준다.

기억이 떠올려질 때도 오류가 생긴다. 기억을 떠올리는 것은 경험할 당시에 서로 연결되었던 시냅스들이 다시 합쳐지는 것이다. 그런데 기억이 특정한 공간에 저장되지 않았으므로 저장할 때와 다르게 시냅스들이 합쳐지면 기억은 왜곡될 수밖에 없다. 예컨대 범죄 수사 과정에서 수사관이 증인에게 그럴듯한 시나리오를 들려주면 그게 진실이 아닌데도 마치 옳은 것처럼 기억이 바뀔 수 있다. 일상에서도 누군가 증거를 들면서 "그럴 리가 있나요. 이렇게 된 것 아닙니까?"라고 설명하면 원래의 기억이 바뀌기도 한다.[27]

기억의 불완전성이 꼭 나쁜 것만은 아니다. 핵심만 기억하는 방식은 진화에 유리하다. 특히 위험에 처했을 때 신속하게 대응할 수 있으므로 한편으로는 필수적이다. 예컨대 커다란 곰을 만났을 때 곰에 대한 상세한 부분들을 모두 기억할 필요는 없으며 그럴 여유도 없다. 다음에 곰을 만날 경우, "큰 곰을 만나면 화나게 해서는 안 된다. 그렇지 않으면 그 곰이 나를 해칠 것이다." 등 어떻게

대응할 것인가만 기억하면 된다.[28]

아무튼 기억은 흔들리는 갈대와 같고, 저장에서부터 인출까지 모든 과정에서 불안정하다. 그러므로 자신이 옳다고 확신하는 기억이라도 잘못될 수 있음을 받아들여야 한다.[29]

망각은 기억을 버리거나 못 찾는 증상이다

망각은 뇌 용량을 비워두기 위해 정보를 버리는 것으로 무의식적으로 일어난다. 종종 믿기 어려울 정도로 쉽게 망각하는 사람을 주위에서 보지만, 기억상실이 아니라면 원인은 명확하지 않다. 몇 개의 유력한 가설을 소개하면 다음과 같다.

1800년대 후반 독일의 헤르만 에빙하우스(Hermann Ebbinghaus)는 아주 오랜 시간에 걸쳐 의미라고는 전혀 없는 단어들(캘, YAT, DAX 등)을 암기했다. 그 후 몇 시간에서 몇 달에 이르기까지 외운 단어를 얼마나 많이 잊어버렸는지를 알아보는 테스트를 했다. 그랬더니 거의 모든 단어를 망각했으며 매일 헛소리들을 외웠다는 것을 깨닫게 되었다. 실험 결과를 보면 보통 24시간이 지나면 배운

것의 약 70%를 잊고, 비록 망각 속도가 느려지더라도 일주일 후에는 대략 20% 정도만 기억으로 남아 있었다. 그러므로 시간의 흐름을 망각의 원인으로 볼 수 있다.[30]

같은 시간이더라도 그 시간 내에 겪은 경험의 양에 따라 망각 수준은 차이가 난다. 심리학자 젠킨스(Jenkins)와 달렌바흐(Dallenbach)는 기억 실험을 했다. 피험자를 두 집단으로 나눠 무의미한 철자 10개 항목을 학습하도록 하였는데 한 집단은 이른 아침에, 다른 집단은 늦은 밤에 학습하도록 했다. 학습 직후 기억 검사를 하고 두 집단 모두 1, 2, 3, 4, 8시간 후에 얼마나 기억하고 있는지를 확인했다. 실험에서 야간 학습 집단은 잠을 자다가 깨어나 검사를 받고, 주간 학습 집단은 일상적인 활동을 하다가 검사를 받게 했다. 그 결과, 시간이 지남에 따라 두 집단 모두 회상율이 감소했지만, 더 많은 경험을 한 주간 학습 집단의 망각율이 야간 학습 집단에 비해 높았다.[31]

뇌에서 기억이 형성될 때에 중요한 역할을 하는 단백질이 부족하면 쉽게 잊어버린다는 가설도 있다. 학습자가 새로운 정보를 기존의 정보에 연결하는 등 능동적으로 받아들이지 않으면 망각 속도는 빨라진다고 본다. 또한 같은 사물을 반복적으로 본 후에 그 이미지를 떠올리려고 하면 중복되는 부분은 더 뚜렷하게 기억되지만 그렇지 못한 이미지는 망각된다고 보기도 한다.

기억 자체가 사라진 것이 아니라 장기기억에 접근할 수 없는 탓에 기억하지 못한다는 가설도 있다. 즉, 기억을 저장할 때 썼던 단서가 인출 시점에서 주어지지 않는 탓에 망각된 것처럼 보인다. 예를 들어 학교에서 시험을 치르는 학생들은 객관식 선다형 문제의 경우에 선택지라는 단서가 주어지므로 비교적 잘 맞히지만, 서술형 문제는 단서 없이 해답을 찾아야 하므로 상대적으로 잘 맞히지 못한다.

과거의 학습이 새로운 학습을 간섭하거나 새로운 학습이 과거의 학습을 간섭하여 기억을 방해하는 탓이라고도 한다. 예컨대 한국사 수업에서 학생들이 고종의 아관파천을 통해 친러시아파가 정권을 장악했다는 내용을 학습한 후에 곧바로 일본이 을미사변으로 정국을 되돌린 사실을 학습한다면 기억에서 혼동이 일어날 수 있다.

망각의 원인이 무엇이든지 간에 뇌는 새로운 정보를 학습하고 기억하려는 가소성과는 정반대로 불필요하다고 생각하는 정보를 빨리 잊도록 프로그램화되어 있다. 아파트에 설치된 쓰레기 적하장이 크고 넓더라도 어느 정도 쓰레기가 모이면 처리해야 하듯이 뇌 역시 제한된 인지적 자원을 조심해서 사용하고 재활용하도록 설계되어 있다. 그러므로 부모나 교사는 망각을 자연스러운 결과로 받아들여야 하고 아이가 배운 내용을 잊어버렸다고 해서 심하게 질책하지 않아야 한다. 다만 뇌가 기억해야 하는 내용을 쉽게 버리지 않도록 의식적으로 통제할 필요는 있다. 예컨대 아이들이 읽은 책 내용을 얼마나 오랫동안 기억하는지를 종종 확인하고, 아직 필요한 정보를 쉽게 잊지 않도록 기억 시간을 늘리는 방법 등을 모색해야 한다.

3장

스스로 혼자 "끝까지" 견디고 읽게 하라

문해력은 후마니타스를 기르는 힘이다. 문해력의 비밀은 뇌에 숨겨져 있다. 스스로 혼자 끝까지 견디고 읽게 하라. 마음에 글을 새기려는 첫 마음을 잃지 않게 하라. 문해력 비법인 인지 역량을 높여라. 비판적으로 보고, 듣고, 생각하라. 비판적으로 읽고 또 읽어라. 문해력은 후마니타스를 기르는 힘이다. 문해력의 비밀은 뇌에 숨겨져 있다. 스스로 혼자 끝까지 견디고 읽게 하라. 마음에 글을 새기려는 첫 마음을 잃지 않게 하라. 문해력 비법인 인지 역량을 높여라. 비판적으로 보고, 듣고, 생각하라. 비판적으로 읽고 또 읽어라. 문해력은 후마니타스를 기르는 힘이다. 문해력의 비밀은 뇌에 숨겨져 있다. 스스로 혼자 끝까지 견디고 읽게 하라. 마음에 글을 새기려는 첫 마음을 잃지 않게 하라. 문해력 비법인 인지 역량을 높여라. 비판적으로 보고, 듣고, 생각하라. 비판적으로 읽고 또 읽어라.

요컨대 아이에게 책 읽는 동기를 유발하려면 독서를 생각만 해도 즐겁고,
열정이 솟구치는 활동으로 받아들이도록 해야 한다.
그래야만 아이가 하고 싶은 일이 있으면 아침 일찍이라도
이불을 박차고 일어나듯이 스스로 책을 읽으려고 한다.

독서는 생각만 해도 즐거워야 한다

동기란 목표를 성취하기 위해 나아가는 힘이다. 전날 늦게까지 일하고도 다음 날 새벽 운동을 위해 일찍 일어나거나, 프로젝트를 끝내기 위해 밤샘 작업을 하는 계기가 바로 동기다. 인간은 선천적으로 잠재적 동기를 부여받았지만, 항상 동기가 유발되지는 않는다. 어떤 행동으로 주어지는 보상의 종류와 양, 실제로 보상을 얻을 수 있다는 확신이 뇌하수체에서 도파민을 분비되도록 하고, 대상회의 전대상 피질로 들어오도록 해야만 동기는 유발된다. 예컨대 음식이 맛있다고 기억해야만 그 음식을 생각만 해도 도파민은 분비되며, 칭찬을 들어본 적이 있어야만 칭찬받은 행동을 다시 하도록 자극한다. 그러므로 직장에서 윗사람이 "나 때는 말이야!"를 입버릇처럼 내뱉으면서 "요즘 직원들은 과제를 적극해 내려는 동기가 없어!"라고 아랫사람을 꾸짖는 모습은 잘못된 판단일 수 있다. 진짜 문제는 직원들의 동기를 끌어내기에는 상사의 리더십이 부족하거나 보상 체계 등 근무 환경 탓일 수 있다.

동기에는 차별이 있다. 내재적 동기는 좋은 동기이지만 외재적 동기는 나쁜 동기이다. 내재적 동기는 스스로 자발적으로 목표를 성취하려는 의지이지만 외재적 동기는 보상과 처벌에 기초한 부정적 억압이다. 즉, 일종의 협박으로 유발된 동기라 잘 유지되지 않고, 길게 보면 목표 성취에도 부정적이다. 교사가 외재적 동기를 통해 독후감 숙제를 낼 때 학생은 어떻게 해서든지 숙제를 해오겠지만 독서의 매력을 느낄 수 없고 문해력도 길러지지 않는다. 오히려 쥐어짜듯 독후감을 썼던 기억으로 인해 학교를 졸업하면 그나마 남아 있던 독서 의욕도 눈 녹듯이 사라져버릴 수 있다.

미국 로체스터대학교 교수인 에드워드 데시(Edward Deci)는 1960년대 말 소마(Soma) 퍼즐 실험을 했다. 실험에 참여한 대학생을 두 집단으로 나눠 '소마'라는 블록 퍼즐을 풀게 했다. 한쪽 그룹에는 형상 하나를 완성할 때마다 1달러씩 주기로 했지만, 다른 쪽에는 아무런 보상을 하지 않았다. 처음에는 돈을 받는 그룹 학생들이 퍼즐을 완성하려고 더 노력했지만, 보상을 없애자 이내 흥미를 잃어버리고 퍼즐 푸는 시간도 짧아졌다. 그러나 퍼즐 자체를 즐긴 그룹 학생들은 게임을 할수록 퍼즐을 푸는 데 흥미를 보였고, 몰두하는 시간도 길어졌다. 즉, 이 실험은 진정한 동기는 돈이라는 외부 보상보다 '즐거움'에서 유발되며 더 뛰어난 성과를 내는 것을 보여준다.[1]

요컨대 아이에게 책 읽는 동기를 유발하려면 독서를 생각만 해도 즐겁고, 열정이 솟구치는 활동으로 받아들이도록 해야 한다. 그래야만 아이가 하고 싶은 일이 있으면 아침 일찍이라도 이불을 박차고 일어나듯이 스스로 책을 읽으려고 한다. 또한 세상의 모든 부모나 교사는 아이를 책상에 앉힐 수는 있어도 도파민 등 긍정적 느낌을 주는 신경전달물질이 뇌에서 분비되지 않으면 독서 동기를 일으킬 수 없는 것을 잊지 않아야 한다.

아이가 읽고 싶은 책을 고르게 해야 한다

인간은 아무런 이득이 없더라도 본인이 원하는 것을 선택하려고 하며, 자신이 선택권을 쥐고 있다고 느낄 때 어려움에 닥치더라도 쉽게 이겨낸다. 어떤 내재적 동기라도 자유의지의 뒷받침이 없이는 일어나거나 유지될 수 없다.

책을 읽는 동기를 유발하기 위해 먼저 할 일은 아이 스스로 책을 고르게 해야 한다. 부모나 교사가 일방적으로 책을 고르면 아이는 "왜 그 책을 읽어야 하는가?"를 도무지 이해할 수 없다. 하지만 스스로 고른 책은 너무 재밌어 시간 가는 줄 모르고 읽는 아이들이 많으며 "아무 일도 하지 않고 오직 책만 읽으면 안 될까?"라고 묻기도 한다.

아이에게 책 선택권을 주면 책을 끝까지 읽게 하는 능동적 주의도 발휘된다. 주의는 두 가지로 구분된다. 하나는 다소 지루하고 어려운 과제를 수행할 때 발휘되는 초점성 집중력이다. 이 주의는 아이에게 평범한 것에서도 세세한 부분까지 관심을 기울이며, 무심코 지나쳤던 일상에서도 새롭고 신기한 것을 찾아내며, 어려운 책이라도 끝까지 읽는 힘을 유지하도록 한다. 반면에 수동적 주의인 반응성 집중력이 있다. 이 주의는 아이들이 게임을 하는 등 쾌락적 자극이 주어질 때 발휘되며 독서에 부정적인 주의이다. 두 주의는 뇌에서 작동하는 부위도 다르다. 능동적 주의는 기억, 판단, 의사결정과 관련된 전두엽이 주도하지만, 수동적 주의는 두정엽과 측두엽이 담당한다. 그런데 지금의 아이들은 비디오 게임을 즐기며 디지털 환경에 적응하면서 자랐으므로 한 가지 주제에 집중하는 능동적 주의를 발휘하는 데 어려움을 겪는다. 더 나아가 주의 지속 시간에 대한 연구를 보더라도 주의력은 '자신의 나이×1분' 정도이므로 10세의 아이는 고작 10분 정도만 주의를 유지할 수 있다.[2] 그러므로 아이에게 책 선택권을 주지 않으면 내재적 동기는 충분히 일어나지 않는다.

2021년 EBS는 〈당신의 문해력〉이라는 프로그램을 제작했다. 이 프로그램은 한국 초중고 학생들의 낮은 문해력을 보여줌으로써 많은 사회적 관심을 불러일으켰다. 그런데 이 프로그램에서 주목할 장면이 있다. 제작진이 책맹을 탈출하려는 아이들에게 가장 먼저 한 일은 읽고 싶은 책을 직접 서점에서 고르게 한 것이었다.[3] 부모나 교사의 눈에는 아이 스스로 책을 고른다고 하니 수준이 낮거나, 별 도움이 되지 않는 책을 선택하지 않을까 걱정할 수 있다. 그러나 비도덕적이거나 정서적으로 해로운 책만 아니라면 걱정하지 않아도 된다. 아이는 본능적으로 삶에 도움이 된다고 여긴 책을 고르며, 스스로 선택한 탓에 더 많은 정보를 수용하려고 책을 읽을 것이다. 초등학교 3학년에게 '책 선택이 독서 능력에 주는 효과'에 대한 설문조사를 실시했는데 스스로 책을 선택한 아이는 주어진 책만 읽는 아이보다 정보를 탐색하는 능력이 뛰어났다. 책을 덜 뒤적거리고, 불필요한 정보를 더 많이 걸러냈으며, 주요 개념을 단서로 필요한 정보를 잘 찾아냈다.[4]

아이가 어떤 책을 골라야 하는지 모르겠다면 매체나 유명한 평론가에 의해 필독서로 추천되는 책을 참고할 수 있다. 부모나 교사 자신이 인문, 사회, 과학, 예술 등 아이에게 도움이 될 만한 책을 직접 읽어보고, 책 목록을 만들어서 아이에게 추천할 수도 있다. 이때 아이가 속한 학교급에 따라 난이도를 다르게 한 책 목록을 만들면 더 유용하다. 하지만 필독서이든 부모나 교사가 작성한 책 목록이든 간에 그중에서만 책을 골라야 하는 것은 아니다. 아이에게 추천된 책 모두는 좋은 책일 수 있으나 흥미와 관심을 끌지 못하면 동기 유발에 별 도움이 되지 않는다. 아이에게 나쁜 책을 읽혀서는 안 된다는 선입견으로 선택 범위를 제한하여 책을 고르게 하고 그 책을 억지로 읽게 하면 아이의 편도체는 독서를 더욱 부정적으로만 받아들일 뿐이다.

요컨대 책 내용이 아이의 발달에 부정적이지 않으면 스스로 책을 고르게 하고, 나중에 책의 가치를 판별하도록 맡겨두는 것이 동기 유발에 좋다.

감정 조절 능력을 길러줘야 한다

근대 이전까지 감정은 학습과 별개이거나 학습의 방해 요소로 여겨져 왔다. 하지만 오늘날 교육 신경 뇌과학은 학습이 즐거운 느낌으로 기억되어 있어야만 실제로 학습이 이루어짐을 밝혀냈다.

흔히 감정이나 느낌을 같게 받아들이지만, 서로 다르다. 감정은 특정한 상황이나 사건에 반응해 몸 전체에서 일어나는 신체적 감각으로 심장의 두근거림, 피부의 얼얼함, 가쁜 호흡, 배 속의 울렁거림 등이다. 그러나 느낌은 이런 신체적 감각들을 설렘, 열광, 감동, 무서움, 불안, 불길한 예감 등으로 해석한 기분이다.[5]

뇌하수체는 도파민, 세로토닌, 엔도르핀 등 여러 신경전달

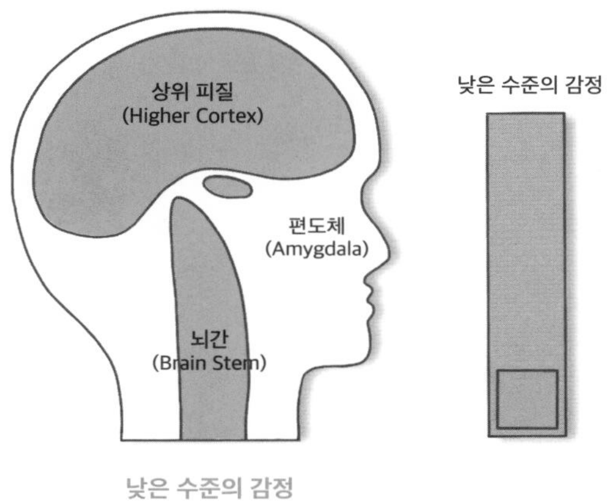

낮은 수준의 감정
(차분함, 느긋함)

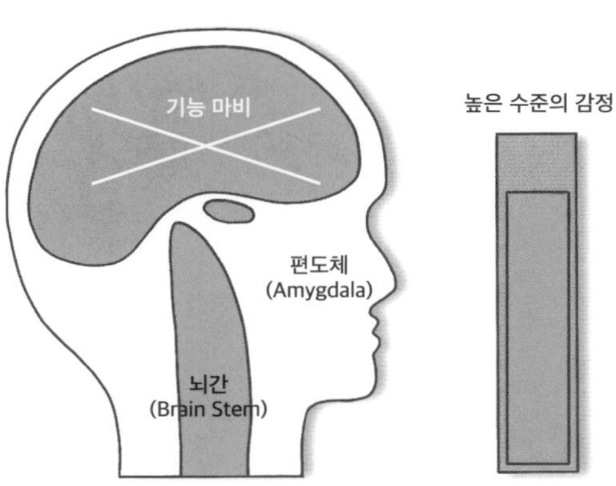

높은 수준의 감정
(화, 두려움, 흥분, 열애, 질투, 혐오, 짜증)

물질을 분비하여 감정이 생기게 하는 곳이며, 시상을 둘러싼 시상하부는 신경전달물질의 분비량을 조절하여 감정의 폭과 세기를 결정한다. 특히 해마의 끝부분에 있는 아몬드 모양의 신경핵 집합체인 편도체는 공포, 불안, 지겨움 등 주로 생존을 위협하거나 불쾌했던 느낌을 기억해 두었다가 다시 같은 상황에 부닥치면 즉시 벗어나도록 신호를 보내준다. 즉, 전전두엽이 시상에 모인 정보를 부정적으로 판단하면 즉시 편도체로 보내고, 곧바로 시상하부는 코르티솔 등 스트레스 호르몬을 분비하여 맥박수를 올리고 해마에서 그 정보를 우선 처리하도록 지시한다.

이 과정이 꼭 좋지만은 않다. 과도하게 분비되는 스트레스 호르몬은 전두엽을 혼란스럽게 하여 본능적으로 몸이 과잉 반응하는 '편도체 하이재킹(Amygdala Hijacking)'을 일으킨다. 별로 위협적이지 않거나 충분히 생각하고 대응해도 늦지 않는데 성급한 행동을 하게 한다. 그렇다고 해서 우리는 부정적인 느낌을 의도적으로 회피할 수 없다. 삶은 기쁨, 슬픔, 즐거움, 고통이 교차하는 여행이며 공포, 분노, 불안 등은 피할 수 없는 생존 본능이다. 더 큰 문제는 부정적인 느낌을 고의로 자주 회피하면 편도체 역할이 위축됨으로써 겉으로는 침착하고 안정되게 사는 것처럼 보여도 실제로는 지루하고 답답하게 살 뿐이다.

미국 UCLA 대학교의 인지 사회 연구소는 분노를 직접 말로 표출할 때 뇌의 활동이 어떻게 달라지는지를 실험했다. 그랬더니 느낌이 발생하는 편도체의 활성도는 약해졌지만, 전두엽의 활성도는 강해졌다. 즉, 분노를 표출한 피실험자들에게서 이성적 판단 능력이 높아진 것이다. 실제로 피실험자들도 자신의 분노를 말로 표출한 후에 그 느낌이 확연하게 줄었다고 응답했다.[6] 다만 분노는 이성과 감정이 조화를 이룬 상태에서 표출되어야 한다. 아리스토텔레스의 저서 《니코마코스 윤리학》을 보면 "누구나 분노할 수 있다. 그러나 옳은 목적을 위해, 합당한 때에, 알맞은 정도로, 적당한 사람에게 분노하는 일은 쉽지 않다."라고 쓰여 있다. 즉, 타인에게 부정적 느낌을 드러내더라도 공동체에서 시민정신을 높이는 방향으로 적절하게 표현하는 것이 우리에게 남겨진 과제이다.

독서를 싫어하는 아이들은 즐겁게 책을 읽은 경험이 없다고 볼 수 있다. 이 아이들의 편도체에는 독서에 대한 부정적 기억만 새겨져 있으므로 아무리 책을 읽으라고 말해봤자 흘려들을 뿐이다. 책을 펼칠 때마다 반사적으로 과거의 불쾌한 기억이 떠오르고 이 상황을 아이 혼자 의지만으로 극복할 수 없다. 그런데도 부모나 교사가 책을 읽으라고 강요하면 아이는 아예 거부하거나, 친구와 놀러 가기로 했다고 거짓말을 하거나, 책 읽을 시간이 되었어도 게임을 멈추지 않거나, 심한 아이는 두통이나 복통을 호소하게 된다. 그러므로 아이가 책을 읽게 하려면 부모나 교사는 인지적 태도와 정서적 태도 사이에는 틈이 있음을 알아야 한다. 의사가 심혈관질환을 앓는 환자에게 채식의 이점과 당분간 육식을 금지하라는 조언을 했다고 하자. 그렇다면 환자는 인지적으로는 채식이 좋다고 받아들이고 육식을 줄이고 채식을 늘리려고 할 것이다. 그러나 그 변화는 환자에게 쉽지 않으며 우리 또한 그 환자가 곧바로 육식을 채식으로 바꿀 것이라고 기대하지 않는다. 즉, 정서적 태도는 인지적 태도에 우선하며 부모나 교사는 정서적 태도를 바탕으로 차츰 인지적 태도를 개선하도록 독서 지도를 해야 한다. 특히 청소년기가 지나기 전까지 대부분 아이는 자기중심으로 세상을 바라본다. 내 주관이나 행동은 무조건 옳으며 타자의 생각이나 처지를 이해하려고 하지 않는다. 그러므로 부모나 교사가 아이의 감정과 말에 공감해 주고, 아이가 겪는 문제에 대해 함께 해결책을 찾아보려고 하고, 아이에게 적절한 자율성과 책임감을 부여해 줄 때 아이의 독서 동기는 조금씩 천천히 높아진다.

유창하게 책을 읽는 뇌를 보더라도 정서의 중요성을 알 수 있다. 우리가 책을 읽으면 뇌는 정보에 대한 느낌을 형성하며 느낌을 이미지로 나타낸다. 즉, 대뇌변연계에 기쁨, 혐오, 공포, 성취감 등 느낌이 생기게 함으로써 정보에 대한 이해를 촉진하거나 지체시킨다.[7]

감정 조절의 효과를 전 세계 수십만 학교에서 운영되는

SEL(Social Emotional Learning)에서도 확인할 수 있다. 이 프로그램은 학교폭력을 예방하고, 학생들의 자기인지 능력을 높이고, 혼란스러운 감정과 충동을 통제하며, 학업성취도를 개선했다고 알려져 있다. 수학이나 과학 같은 과목처럼 운영 방식도 정규 교육과정이며 학생들은 SEL에서 일정 수준의 점수를 획득해야만 졸업한다. 미국 일리노이주는 유치원부터 고등학교까지 별도로 'SEL 학습 특별 기준'을 운영한다. 이 기준에 따라 초등학생들은 자신의 감정을 파악하고 정확하게 분류하며 조절하고 감정이입 수업을 통해 몸짓, 음색 등 타자와 비언어적으로 소통하는 방식을 배운다. 중학생은 자신이 받는 스트레스의 원인이 무엇인지, 혹은 자신이 최고의 성과를 거두는 데 어떤 요인이 작용하는지를 분석하도록 배운다. 고등학생은 타자와 갈등이 일어났을 때 상대 의견을 경청하고 말하기, 서로 이익이 되는 방향으로 문제를 해결하기 위해 협상하는 능력을 배운다.[8]

독서를 싫어하는 아이에게 책을 읽힐 수 없다는 뜻은 아니다. 독서 의욕이 정서적 태도에 의해서만 결정된다면 책 읽기를 싫어하는 아이들은 한 줄도 읽지 않거나, 읽은 내용을 기억할 수 없어야 한다. 하지만 그들은 많든 적든 책을 읽으며 읽은 내용 일부를 기억한다. 이 사실은 아이가 독서를 몹시 싫어하려면 독서에 대한 부정적 느낌이 지워지지 않을 만큼 강렬해야 하는 것을 시사한다.

요컨대 책 읽기를 싫어하는 아이에게 책 읽는 느낌이 좋아지도록 감정 조절 능력을 키워주는 것이 훨씬 낫다. 늑대를 위협적인 존재로 느끼면 심박수는 빨라지지만, 우스운 존재로 느끼면 늦춰지듯이 우선 책 읽기를 싫어하는 느낌이 즐거운 느낌으로 바뀔 수 있게 해줘야 한다. 예컨대 부모나 교사는 아이가 책을 읽기 전에 서로 눈을 마주치거나, 손을 잡아주거나, 안아주거나, 하이파이브를 하는 등 친밀하고 편안한 느낌이 들게 하는 것이 좋다. 하루가 끝날 때 그날의 느낌을 말이나 글로 표현해 보도록 하거나, 텔레비전이나 신문을 보다가 언뜻 스치는 느낌을 음미해 보도록 하거나, 미래에 대한 긍정적인 비전을 제시하고 목표에 도달할 수 있다고 말해주거나, 일상에서 부족하다고 생각하는 부분을 찾아내어 아이가 부모의 진정성을 느끼도록 해주는 것이 더 나은 방법이다. 특히 자존심이 부족한 아이들은 이유 없이 화가 치밀어 오르고, 항상 덫에 걸린 느낌 속에서 열등감에 빠져 있는 것을 잊지 않아야 한다. 그러므로 그들에게 한마디를 하더라도 세심하고 따뜻하게 표현함으로써 마음에 상처가 나지 않도록 해야 한다.[9]

느리게 이해하더라도 기다려줘야 한다

부모나 교사는 책을 읽히기 전에 그 책이 아이의 꿈이나 목표에 얼마나 도움이 되는가를 설명해 주는 것이 좋다. 예컨대 초등학교 고학년에 올라가는 아이라면 유명한 과학자, 발명가, 작가를 비롯해 천재들도 처음에는 책 읽기를 어려워했고, 똑똑해지기 위해 얼마나 많은 책을 읽으려고 노력했는지에 대해 차분히 이야기해 준다. 책 내용을 일부 설명해 주거나 핵심 질문을 통해 아이의 호기심을 끌어내는 방법도 좋다. 예컨대 아이에게 고대 중국 춘추시대 사상가였던 순자의 자연관이 나온 책을 읽으라고 했다고 하자. 그렇다면 순자가 살던 당시의 시대적 배경을 미리 설명해 주거나, 어릴 적 읽은 동화에서 하늘은 어떤 존재였느냐고 질문하거나, 책에 치세(治世), 난세(亂世), 길흉화복(吉凶禍福) 등 한자로 된 낱말이 나올 경우에 그 의미를 물어보고, 모르면 알려주는 것이 좋다.

이처럼 세심한 배려를 하더라도 모든 아이가 독서 계획표에 맞춰 끝까지 책을 읽거나 특히 수준 높은 책을 정확하게 이해할 것이라고 볼 수 없다. 아동기나 청소년기 아이들은 전두엽이 미성숙하여 고등사고력을 충분히 발휘할 수 없다. 추상적 사고력은 자신이 겪은 경험을 떠올려서 낱말의 의미를 이해한 후에야 생기는데 이 무렵의 아이들 뇌로서는 무척 어려운 작업이다. 더 나아가 충동이나 감정이 앞서는 시기이므로 글을 읽은 후에 바로 칭찬이나 격려 등 보상을 받지 못하면 조급해하곤 한다. 그러므로 문해력이 낮다고 아이를 꾸짖거나, 독서 동기를 높이겠다고 다른 친구와 비교하는 방법은 오히려 독서를 더 싫어하게 할 뿐이다. 특히 아이의 존재를 부정하는 언어는 동기 유발에 치명적이다. “네가 어떻게 이런 책을 읽고 이해할 수 있겠니?” “너는 게임만 할 줄 알지 아무 것도 할 수 없구나!” 등 극단적인 말을 쏟아내면 부모에 대한 분노만 솟구치며 아이의 자존감만 낮추게 된다.

아이를 비난하지 않아야 할 과학적 증거가 있다. 글을 잘못 이해했다는 사실을 자각하면 아이의 심장박동수는 감소하고 호흡수도 느려진다. 동시에 전전두엽은 잘못 이해한 부분에 집중하여 오류를 처리하라는 신호를 보낸다. 그러나 아이는 항상 그 경고를 받아들여 오류를 고치지는 않는다. 그 경고를 무시할지, 받아들일지에 대한 선택은 전적으로 아이 자신에게 달려 있다.

우리는 어떤 오류들이 개인적 정체성을 위협하지 않는다고 판단하면 수정하려고 하지만 반대의 경우라면 대체로 그 오류들을 무시하며, 같은 오류를 발생시킬 수 있는 상황을 피하며, 될 수 있으면 나타나지 않도록 미리 차단해 버린다. 최고 지위에 오른 직장인이나 학업 성적이 뛰어났던 영재들이 자신의 실수에 대해 과잉 대응하는 것도 그 오류를 직접적 위협으로 받아들인 탓이다. 권력자들이 정책에서 실수를 했는데도 제도를 개선하기보다 아예 제도 자체를 없애버리거나 자신의 오류를 철저하게 은폐하려고 시도하는 것도 마찬가지이다.

오류를 수용한다면 뇌에서 소통 흐름은 오류를 고치겠다는 신호인 '세타 패턴'으로 바뀐다. 그러나 오류를 무시한다면 소통 흐름은 '베타 패턴'으로 변한다. 베타는 모든 것이 괜찮으니 굳이 바꿀 필요가 없다는 신호이며 앞으로도 계속 차단해 버리겠다는 분명한 통보이다.[10]

아이가 책을 느리게 읽고 이해하더라도 부모나 교사는 있는 그대로 받아들여야 하며 아이에게도 이 모습이 정상적인 과정이라고 알려줘야 한다. 즉, 무언가를 배우는 데는 시간이 걸리므로 부모나 교사는 아이의 자존감이 다치지 않도록 기다려줘야 한다. 그러면 아이는 늦더라도 잘못 이해한 부분을 깨우치면서 책을 제대로 읽으려고 할 것이다. 특히 책 읽기를 포기한 아이라면 부모나 교사는 그것이 얼마나 잘못된 생각인지를 일깨워주고, 다소라도 책을 읽고 일부라도 이해했다면 노력 그 자체를 칭찬해 줘야 한다. 미국의 유명한 농구선수였던 마이클 조던은 이런 말을 한 적이 있다.

> 나는 지금까지 농구를 하면서 9000번 넘게 골대에 공을 집어넣지 못했으며 300번 가까운 경기에서 졌다. 내 인생은 실패하고, 실패하고, 또 실패하는 과정이었다. 그러나 매번 결과가 아닌 과정을 칭찬받음으로써 결국 성공할 수 있었다.

교사들은 모든 학생이 똑같이 준비해서 뛰어난 능력을 갖추고 학교에 들어오지 않는다는 것을 잊지 않아야 한다. 학생마다 학습 방식이 다르고 교육비 등 학습을 지원하는 힘이 가정마다 다르므로 학습 능력의 차이는 불가피하다. 그러므로 모든 학생에게 읽을 책의 종류와 기한을 똑같이 정하는 독서 지도는 문해력 향상에 효과적이지 않다. 앞서가는 학생들은 무리 없이 책을 읽을 수 있지만, 뒤처지는 학생들은 독서를 더 싫어하게 될 수 있다. 그 대신에 주제는 같더라도 각자의 문해 수준에 맞는 책을 선택하여 읽으라고 하고, 책 읽는 기한도 학습 수준에 따라 차이를 두는 방식이 낫다.

요컨대 부모나 교사가 아이의 독서 과정을 칭찬하고, 기대에 미치지 못하더라도 잘 읽을 때까지 기다려줘야 한다. 또한 책을 읽을 때 실패를 부끄럽지 않게 느끼는 분위기를 가정이나 학교에서 만들어줘야 한다. 그래야만 아이는 낮은 문해력으로 인한 불안에서 벗어나 자존감이 높은 아이로 성장하며 책에 모르는 낱말이나 제대로 이해할 수 없는 문장이 나오더라도 중도에 책 읽기를 포기하지 않는다. 더 나아가 이해하지 못한 내용을 사전으로 찾거나 부모나 교사, 친구 등 주변에 물어봄으로써 더딘 문해력을 스스로 극복할 수 있다.

부모와 교사도
책을 읽어야 한다

인간의 뇌에는 모방을 유도하는 거울뉴런이 발달되어 있다. 거울뉴런은 1990년대 초, 이탈리아 출신의 신경과학자 자코모 리촐라티(Giacomo Rizzolatti) 연구팀이 발견하였다. 그들은 원숭이를 대상으로 손의 의식적인 움직임에 관여하는 뇌 체계를 연구하고 있었다. 그러다가 어느 순간에 원숭이가 물건을 집어 들거나 땅콩 껍질을 까는 등 행동하기 1,000분의 1초 전에 뇌에서 전 운동 체계가 먼저 활성화되는 것을 발견했다. 과학자들을 더욱 놀라게 한 사건이 이후에 발생했다. 원숭이가 자신이 경험했던 동작을 다른 사람이 하는 것을 보았을 때도 원숭이의 전 운동 체계가 활성화된 것이다. 과학자들은 이러한 체계를 '거울신경 세

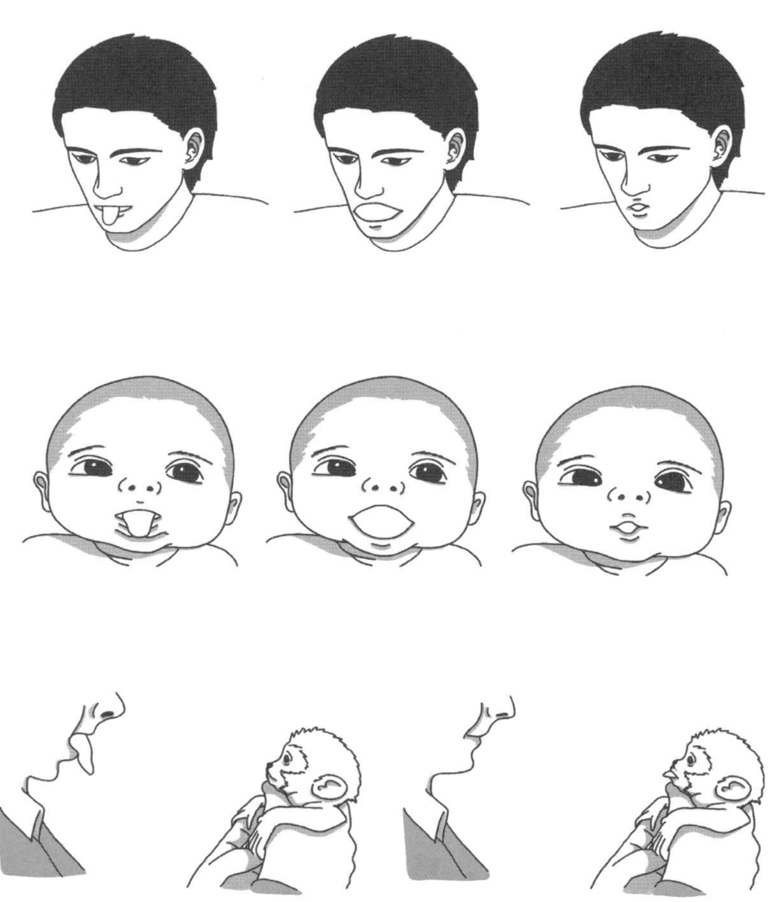

포 체계'라고 불렀으며, 이를 통해 우리가 다른 사람의 의도적인 움직임을 보면 그것의 이미지가 마음속에 만들어지고 모방하는 현상을 이해할 수 있었다.[11]

거울뉴런의 활성화는 아이와 어른이 다르다. 아이일수록 거울뉴런이 즉시 활성화되어 다른 사람의 행동을 따라서 한다. 누가 옆에서 하품하는 모습을 볼 때 어른 대부분은 그 충동을 무시하고 하품을 참지만, 아이는 자동으로 옆 사람의 하품을 따라 하곤 한다. 그러므로 아이가 책을 읽기 전이나 책을 읽는 순간, 책 읽은 후에라도 부모의 표정이나 행동은 독서 동기와 밀접하다. 특히 부모나 교사는 아이가 보는 곳에서 자주 책을 읽거나 함께 책을 읽는 것이 좋다. 이때 아이의 거울뉴런은 활성화되어 책에 나온 새로운 세상을 경험하려고 할 것이다.

아이가 독서를 잘하기를 원하면 부모나 교사는 먼저 독서를 즐겨야 한다. 슈바이처는 교육에서 가장 중요한 요소로 '본보기'를 강조했다. 초등학교에 재직 중인 김진수 선생님은 "독서를 좋아하는 아이들을 따라가 보면 반드시 독서를 즐겨하는 부모가 있었다."라고 회고한다. 그러면서 "교육을 양육과 분리하지 않고 양육하듯이 독서교육을 해야 한다."라고 조언한다.[12]

교사도 아이들이 책을 읽고 있을 때 수업 준비나 행정 업무를 잠시 멈추고 함께 책을 읽어야 한다. 미국의 언어학자 스티븐 크라센(Stephen Krashen)은 “교사가 학생들에게 책을 읽어주거나 읽기 시간에 교사 자신도 책을 읽는 것은 자신의 할 일을 하는 것이다.”[13]라고 말한다.

쉽게 책에 접근할 수 있어야 한다

아이들이 책 읽기를 선택할 수 있도록 책에 대한 접근성을 높이는 등 좋은 독서 환경을 만들어줘야 한다. 예컨대 교사가 《총 균 쇠》라는 책을 추천하면서 도서관에 비치되어 있다고 말했다고 하자. 학생들은 관심을 보이겠지만 다음 날 도서관에 가보면 그 책이 서가에 꽂혀 있을 확률이 높다. 반면에 그 책을 교실로 가져다 놓으면 상황이 달라진다. 책이 교실에 비치되어 있다고 알려주면서 읽고 싶은 사람을 물어보면 최소 네다섯 명 정도는 손을 들 것이다.[14]

부모들이 TV를 거실에서 치우고 그 자리에 책을 가득 채운 책장을 놓는 모습은 이상하지 않다. TV가 아이들 옆에 있고 재미있는 예능 프로그램이 방송 중이라면 책보다는 당연하게 TV에 눈을 돌리게 된다. 미국 국무장관을 지낸 콘돌리자 라이스(Condoleezza Rice)는 그녀의 어머니가 자신이 고등학교에 입학하자 회사를 그만두고 거실을 서재로 만들었고, 당시 읽은 책 덕분에 훗날 국무장관이 될 수 있었다고 고백한다. 윈스턴 처칠은 고등학교를 졸업할 때까지는 늘 꼴찌였지만, 서재에서 아버지가 즐겨 읽던 책을 통해 열등생에서 사관생도로, 군인에서 정치가로 변화했다. 《해리 포터》 시리즈를 쓴 조앤 롤링의 어머니 앤 롤링도 독서광으로 유명하다. 그런 어머니 덕분에 조앤 롤링은 어린 시절부터 책 읽기를 즐겼고, 시간이 날 때마다 방에 틀어박혀 글을 썼다고 한다.[15]

집에 보유한 책의 수와 아이의 인지능력 사이에 상관관계가 있다는 연구도 있다. 호주국립대학교와 미국 네바다대학교 공동 연구진은 16만 명의 25~65세 성인 남녀를 대상으로 한 연구에서 "어린 시절 집에 있던 책의 수가 아이의 교육 성취도에 긍정적인 영향을 끼친다."라는 결론을 내렸다.[16] 아이가 책을 많이 읽지 않았어도 많은 책이 집에 있었다는 기억이 인지능력에 좋은 영향을 준 것이다.

아이의 방 안에 책상을 놓고 책상 서랍에 연필, 공책, 자 등을 넣어주거나 책상 바로 옆에 별도 책장을 설치하여 자주 보는 책 등을 꼽아놓거나 학교에서 교실 곳곳에 양질의 책을 많이 비치하는 것이 좋다. 교실에 충분한 책이 놓여 있으면 집에서 책을 가지고 오지 않더라도 책에 자연스럽게 관심을 둘 수 있다. 더 나아가 책을 펼친 아이가 우연히 책 내용에 흥미를 느끼면 그 책을 끝까지 읽을 수 있다.

요컨대 부모나 교사는 독서를 좋아하지 않는다고 아이를 탓할 일이 아니다. 주위 환경이 사람을 바꾸는 힘이 있다고 믿고 독서 환경을 개선해야 한다. 예컨대 집 안에 독서에 방해되는 물품이 없는지를 수시로 확인해 보고, 서재나 책상에 독서와 관계없는 물건 등이 놓여 있으면 서둘러 치워줘야 한다. 특히 집중력이 높은 아이는 어떤 환경에서든지 비교적 높은 집중력을 발휘할 수 있지만, 대다수 아이는 외부 소음이 심하거나 벽이나 바닥 장식이 빨강 등 자극적이고 현란한 색으로 되어 있으면 쉽게 주의를 집중하지 못한다. 그러므로 독서 공간은 정서적으로 편안한 느낌이 들도록 해줘야 한다. 그래야만 아이는 책을 읽으려는 관심이 차츰차츰 생기고, 누가 시키지 않더라도 스스로 책을 읽으려고 한다.[17]

지나치게 칭찬하지 않아야 한다

아이에게 보상 신호를 주라는 것이 상품, 돈, 좋아하는 음식 등 물질적인 보상을 해주거나, 성적 순위 등을 칭찬하라는 뜻이 아니다. 보상은 반드시 구체적이거나 물질적이지 않아도 된다. 과제를 해결했다는 만족감, 책을 읽고 다소나마 이해했을 때의 짜릿함 등을 느끼는 것도 보상이 될 수 있다.

보상은 내재적 동기를 끌어내는 방식이 좋다. 물질적이고 외재적인 동기만 부여하면 비슷한 보상이 없이는 다른 책을 읽을 때 동기가 눈 녹듯이 사라져버린다. 물론 독서를 매우 싫어하는 아이들이나 10대 아이들에게는 잠깐 눈에 드러나는 보상을 하는 방식은 나쁘지 않다. 그들은 독서가 얼마나 생존에 유익한지를 잘 알지 못하므로 유인할 필요는 있다.

그러나 자녀를 무조건 칭찬하지 않도록 조심해야 한다. 원래 칭찬 열풍은 1946년 미국의 소아청소년과 의사인 벤저민 스포크(Benjamin Spock)의 《유아와 육아의 상식》이 출간되면서 시작되어, 1970년경부터 본격화되었다. 당시 미국 학교, 특히 공립학교 선생님들은 아이들이 숙제를 엉망으로 해도 "좋아요." "매우 좋아요."를 남발했고, 시험을 망쳐 유급될 위기에 있는 아이조차 엄지손가락을 번쩍 쳐들며 "굿"이라고 외쳤다. 그야말로 무차별적으로 칭찬이 이뤄지던 시기였다. 하지만 과잉 칭찬을 받고 자란 아이들은 20대가 되자 칭찬을 받지 못하면 심하게 의기소침해하고, 누군가가 자신의 행동을 관찰하여 의견을 제시해 주지 않으면 불안에 떨었다. 즉, 이들은 일을 잘하든 못하든 쉼 없이 칭찬을 바랐고, 칭찬이라는 에너지가 떨어지면 수행 능력은 떨어졌다.[18] 그 뒤 칭찬에 대한 부작용을 깨달은 미국 사회는 의학심리학, 교육학 연구를 통해 칭찬의 폐해를 바로잡았다.[19]

발달심리학자 클라우디아 뮐러(Claudia Mueller)와 스탠퍼드 대학교 심리학과 교수인 캐롤 드웩(Carol Dweck)은 아주 흥미로운 실험을 했다. 뉴욕의 초등학교 5학년 학생 400명을 대상으로 IQ 검사 중의 하나인 '누진 행렬 검사 과제'를 풀게 한 뒤, 한 그룹에는 "너 정말 똑똑하구나!"라고 칭찬하고 다른 한 그룹에는 "정말 열심히 노력했구나!"라고 격려했다. 그런 다음 두 그룹의 아이에게 풀기 쉬운 문제와 도전이 될 만한 문제를 선택하여 두 번째 시험을 치르게 했다. 그 결과 똑똑하다고 칭찬받은 아이들의 66%는 자신이 똑똑하다는 모습을 보여주려고 쉬운 문제를 선택했으나, 노력에 대한 격려를 받은 아이 중에 90%는 더 많이 배우겠다고 어려운 문제를 선택했다. 그리고 마지막으로 한 번 더 시험을 보게 했다. 그랬더니 처음 본 시험 정도의 난이도였는데 똑똑하다고 칭찬받은 아이들의 점수는 20% 낮아졌지만 반면에 노력에 대한 격려를 받은 아이들은 30% 향상되었다.

위 실험을 요약하면 다음과 같다. 지능을 칭찬받은 아이는 칭찬을 위협하는 어려운 문제에 도전하지 않지만, 노력을 칭찬받은 아이는 자신의 한계를 넘어서는 문제에 도전하며 시험 성적도 올랐다. 외재적 성과에 치우치는 칭찬은 오히려 아이들에게서 도전 에너지를 몽땅 빼앗는다.

부모나 교사는 아이 내부에서 생기는 호기심, 의욕, 성취감을 칭찬하는 방식으로 독서 지도를 해야 한다. 아이는 자신이 책을 잘 읽는지, 못 읽는지를 부모의 반응을 통해 파악하므로 못 읽고 어려워하는 부분은 아이의 호기심을 끌어내어 스스로 해결하도록 도와주고, 책을 읽으려고 애쓴 노력을 칭찬해야 하며, 잘 읽는 부분에 대해서만 진심으로 칭찬해야 한다. 예컨대 고대 춘추시대 사상가인 순자의 자연관이 나온 책을 읽은 후에 "책의 저자인 순자는 왜 고대 중국인들의 하늘에 대한 관점을 받아들이지 않았을까?" "책을 다 읽지는 못하였지만, 지금까지 읽은 것만으로도 넌 너무 멋진 아이야!" "이런 내용까지 이해하는 아이는 ○○밖에 없을 거야!" 등 피드백과 관련된 칭찬 등을 주요 보상 수단으로 제시해야 한다. 그러므로 아이 자신과의 관련성, 자기 주도적 선택, 도전 의식, 성공에 대한 기대, 새로운 것에 대한 호기심 등을 보상 수단으로 제시하는 방법이 독서 동기에 효과적이다.

마음에 글을 새기려는 첫 마음을 잃지 않게 하라

4장

문해력은 후마니타스를 기르는 힘이다. 문해력의 비밀은 뇌에 숨겨져 있다. 스스로 혼자 끝까지 견디고 읽게 하라. 마음에 글을 새기려는 첫 마음을 잃지 않게 하라. 문해력 비법인 인지 역량을 높여라. 비판적으로 보고, 듣고, 생각하라. 비판적으로 읽고 또 읽어라. 문해력은 후마니타스를 기르는 힘이다. 문해력의 비밀은 뇌에 숨겨져 있다. 스스로 혼자 끝까지 견디고 읽게 하라. 마음에 글을 새기려는 첫 마음을 잃지 않게 하라. 문해력 비법인 인지 역량을 높여라. 비판적으로 보고, 듣고, 생각하라. 비판적으로 읽고 또 읽어라. 문해력은 후마니타스를 기르는 힘이다. 문해력의 비밀은 뇌에 숨겨져 있다. 스스로 혼자 끝까지 견디고 읽게 하라. 마음에 글을 새기려는 첫 마음을 잃지 않게 하라. 문해력 비법인 인지 역량을 높여라. 비판적으로 보고, 듣고, 생각하라. 비판적으로 읽고 또 읽어라.

부모나 교사는 아이들이 호기심을 갖고
두근두근한 마음으로 책을 읽도록 해줘야 한다.
인간은 본능적으로 호기심이 많아서, 질문하는 등
생각하기를 좋아하는 존재이다.

책 내용이 시상 안으로 들어와야 한다

아이가 글을 읽게 되면 눈의 망막에 있는 뉴런의 수상돌기는 그 내용을 감지하고 전기 신호로 바꾼 후에 신경 세포핵과 축삭돌기로 옮긴다. 이때 소포체는 생존에 긍정적이라는 신호를 받으면 도파민, 아세틸콜린 같은 신경전달물질을 축삭돌기 말단 부위에 뿌림으로써 다음 뉴런의 수상돌기가 그 정보를 받아들이도록 한다. 또 소포체에서 신경전달물질이 많이 분비될수록 축삭돌기에 흐르는 전기 신호도 강해지므로 시상(Thalamus)으로 보내지는 정보도 많아진다.[1] 시상은 간뇌에 있는 회백색 덩어리로 후각을 제외한 시각, 청각, 촉각, 미각이 모두 모이는 곳이다. 그러나 감각기관을 통해 들어온 정보를 모두 수용하지

시냅스 구조

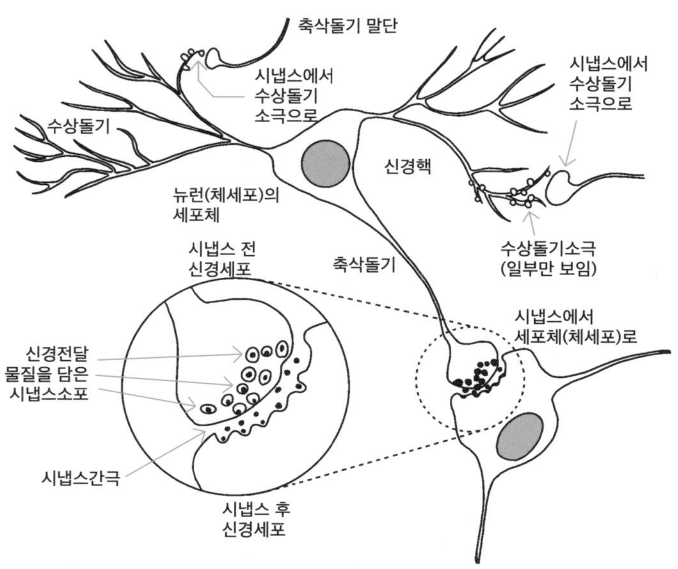

는 않는다. 우리가 알듯이 뇌는 체중의 2%에 불과하지만, 전체 에너지의 20%를 소비하는 신체 부위이므로 생존에 도움이 되거나 보상이 큰 정보만 받아들이려고 한다. 그러므로 시상은 기저핵, 전전두엽과 더불어 쓸모없다고 판단된 정보를 걸러내 버린다. 더 나아가 시상을 거쳐 뇌의 연합영역에 들어온 정보라도 전전두엽과 기저핵이 다시 쓸모없다고 판단하면 시상으로 되돌려 보내서 버려지게 한다.

대뇌피질

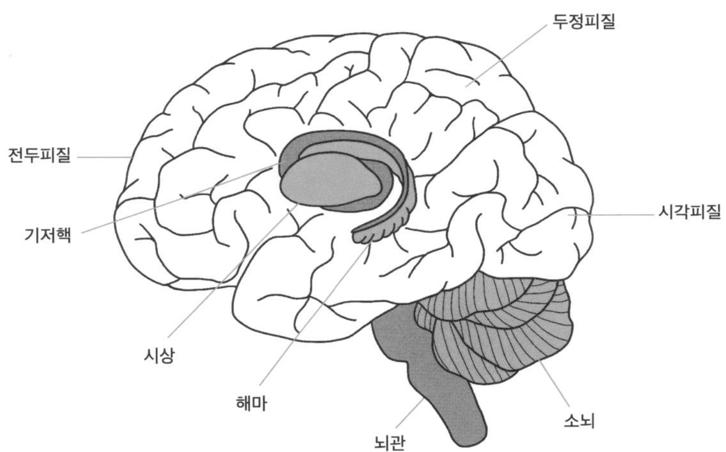

이로 보면 아이가 책을 읽겠다는 마음을 단단히 먹었더라도 주의를 유지해야만 끝까지 책을 읽을 수 있다.

눈의 읽는 속도는 제한이 있다

글을 읽으려면 반드시 망막의 중심부로 글자가 들어와야 한다. 눈이 한 번에 이동하는 거리는 대략 7개에서 9개의 글자 간격으로 대략 10~12개의 글자이다.[2] 우리는 시력이 나쁘지 않거나 글자 크기가 너무 작지 않으면 분당 평균 1,100개의 단어, 최대 1,600개 정도의 단어를 읽을 수 있다. 이 수준은 단어당 40ms 속도로서 책을 읽는 통상적 속도에 비해 3~4배나 된다. 그러나 책에서 정보는 줄 단위로 주어져 있고, 독자는 왼쪽에서 오른쪽으로 시선을 이동하며 줄을 바꿔가면서 다음 정보를 보아야 하는 탓에 읽기 속도는 느려질 수밖에 없다.[3] 그러므로 아이든 성인이든 분당 400~500자 단어 수준이 최적의 읽기 속도이며,

더 빠르게 읽으려고 하면 글을 이해할 수 없다.[4]

혹자는 글을 빠르게 읽고도 정확하게 이해할 수 있다고 한다. 글의 주제는 서너 문장에 지나지 않으므로 어휘력 등 배경지식이 탁월하면 가능할 수 있다. 하지만 글에는 주제가 무엇이든, 분량이 많든 적든 글쓴이의 의도가 들어 있으며, 글쓴이는 자신의 의도가 독자에게 온전히 전달되기를 기대한다. 그래서 글쓴이는 사족처럼 보이지만 예시나 부연 등으로 주제를 보충하여 설명한다. 그러므로 글쓴이의 메시지를 정확하게 이해하여 자신의 문제를 성공적으로 해결하려는 독자는 글의 내용을 꼼꼼하게 살펴 읽어야 한다.

글을 빠르게 읽어도 정확하게 이해한다는 속독법이라는 미신이 있다. 눈으로 글을 쫓는 것이 아니라 사진을 찍듯이 글자 이미지를 눈에 새겨가며 읽는 방법이다. 속독법의 아류로 스키밍(skimming)과 스캐닝(scanning)도 있다. 스키밍은 '훑어 읽기'로서 책의 일정한 부분만 대략 읽는 방법이다. 주로 핵심 내용이 들어 있는 제목, 도입부, 장제목, 소제목, 주제가 들어 있을 확률이 높은 문장이나 문단만 읽고 요점을 아는 것이다. 예컨대 신문에서 헤드라인만 읽은 후에 관심이 있으면 관련 기사를 추가해서 읽거나 관심이 없으면 넘어가거나, 관련 기사를 읽을 때도 기사의 첫 문장이나 마지막 문장만 보는 것과 같다. 스캐닝은 자신이 원하는 특정한 정보만을 책

등 텍스트에서 검색하여 읽는 방식이다.

속독법의 찬미자들은 글을 빠르게 읽더라도 무의식 영역에서 이해할 수 있다고 본다. 그러나 잘 알려진 대로 무의식은 이성 외부에 놓여 있으므로 의식으로 조절할 수 없으며, 의식적 사고인 이해는 무의식에서 일어나지를 않는다. 더 나아가 무의식의 세계로 보내버린 정보를 다시 의식에 끌어온다고 해도 이미 가공되었으므로 원래 상태로 되돌릴 수 없다. 혹시 글이 본인의 충격적인 경험과 밀접하면 무의식적으로 이해하는 것처럼 보일 수 있다. 그러나 이해는 글쓴이가 의도하는 내용, 즉 주제를 찾는 고도의 정신 활동으로 자신의 마음을 책으로 비춰보는 반사 활동이 아니다.

속독법은 인지 과부하만 초래할 뿐이다. 지식이 부족한 독자들이라면 뇌는 정해진 시간 내에 작업기억으로 들어온 많은 정보를 제대로 처리할 수 없다. 그리고 우리 주변에 다방면에 걸쳐 풍부한 지식을 가진 독자는 가뭄에 콩 나듯이 흔치 않다.

모두의 존경을 받는 정치인, 기업가, 학자 중에 속독법으로 성과를 냈다는 사람은 없다. 일본 나다 중고등학교의 교사였던 하시모토 다케시는 1950년대부터 문학작품 《은수저》를 국어 교과서 대신으로 삼아 3년 동안 읽고 분석하는 수업을 진행했다. 이 학교는 변두리에 있는 이름 없는 학교였지만, 학생들에게 느리게 읽기를 가르쳤고, 다수는 일본의 중요한 리더로 성장했다.[5]

2014년 EBS는 〈슬로 리딩 - 생각을 키우는 힘〉이라는 프로그램을 방송했다. 제작팀은 이 프로그램에서 하시모토 다케시의 느리게 읽기와 관련된 실험을 했다. 초등학교 5학년 학생 중에서 평균 50권이 넘는 책을 읽었지만, 독서에 흥미를 느끼지 못했던 학생을 선발하여 6개월 동안 박완서 작가의 《그 많던 싱아는 누가 다 먹었을까》를 읽도록 했으며 책을 읽는 중에 모르는 단어가 나오면 사전으로 찾아보고, 단어를 활용하여 새로운 글을 써보도록 했다. 그렇게 했더니 놀라운 변화가 일어났다. 학생들은 "독서는 즐거운 행위이며 속독은 영화, 텔레비전, 웹 등에서 정보를 탐색할 때 어울릴지 몰라도 독서에 맞지 않는 방법임을 깨달았다."[6] 라고 대답했다.

문예평론가 에밀 파게(Emile Faguet)는 속독을 경계하며 이렇게 말한다.

> 세상에는 천천히 읽을 수 없는, 천천히 하는 독서를 견딜 수 없는 책이 있다는 것인가. 물론 그런 책이 있다. 그러나 그런 책은 바로, 결코 읽어서는 안 되는 책이다. (중략) 천천히 읽는 것이 첫 번째 원칙이며 모든 독서에 절대적으로 적용된다.[7]

노벨문학상을 수상한 프랑스 소설가 앙드레 지드(André Gide)는 책 읽는 방법을 오직 '천천히 읽기'라고 단언한다.

> 나는 다른 사람들이 이렇게 읽었으면 좋겠다고 생각하면서 읽는다. 다시 말해 굉장히 천천히 읽는다. 내가 한 권의 책을 읽는 것은 그 저자와 함께 15일 동안 집을 비우는 일이다.[8]

에밀 파게나 앙드레 지드의 말에서 보듯이 책을 읽는 속도가 빨라졌다고 해서 생각의 속도가 빨라지거나 깊어지지 않는다. 생각은 다양할 뿐이며, 각각의 속도도 대부분 비슷하며, 아무리 연습해도 빨라지지 않는다. 아인슈타인이 거울로 자신을 보면서 "빛의 속도로 이동해도 내 모습은 과연 그대로일까?"라고 질문했듯이 그를 천재 과학자의 반열에 오르게 한 힘은 생각의 속도가 아닌, '운동의 상대성'이라는 다른 생각이었다.

그렇다고 해서 모든 책을 천천히 읽으라는 뜻은 아니다. 이미 알고 있는 책 내용이거나 가볍게 읽고 넘겨야 할 책까지 천천히 읽으면 지루하고 잡다한 생각들만 떠오른다. 그런 책은 속도가 날 때 탄력이 생기듯이 빠르게 읽어야 주의 집중이 잘될 수 있다. 그러나 인간의 인지능력 한계를 벗어난 속독법은 무익한 안구운동의 반복이다. 특히 글의 분량이 적은 책일수록 독서 습관을 양의 독서에서 질의 독서로 전환하는 기회로 받아들여 더욱 꼼꼼하게 글을 읽어야 한다. 그래야만 지식을 전이하고, 새로운 지식을 상상하는 힘을 높이는 독서 습관을 기를 수 있다.

호기심이 유지되어야 한다

부모나 교사는 아이들이 호기심을 갖고 두근두근한 마음으로 책을 읽도록 해줘야 한다. 인간은 본능적으로 호기심이 많아서, 질문하는 등 생각하기를 좋아하는 존재이다. 심지어 어떤 생각에 깊이 빠질 기회를 일부러 찾아다니기도 한다. 그렇다고 해서 뇌가 효율적으로 생각하도록 설계되어 있거나 인간이 생각하는 재주가 뛰어나지는 않다. 뇌는 문제를 해결하면 기분이 좋아지기 때문에 단지 생각하기를 즐길 뿐이다. 예컨대 교사가 수업에서 "임진왜란은 언제 일어났는가?" "한국의 수도는 어디인가?" 등의 질문을 하면 아이들은 호기심을 보이고 정답을 찾으려고 하며, 정답을 대답한 아이는 환한 웃음을 짓거나 어깨를 으쓱

거린다. 글쓴이가 소설에서 사건을 '발단-전개-위기-절정-결말'의 5단계로 구조화하는 것이나 반전의 흥밋거리를 위기 단계에 설정해 놓은 것도 독자에게 호기심을 불러일으켜서 결말을 추측하라는 의도이다. 즉, 호기심은 심오하거나 공상적일 수 있지만, 책 읽기에 주의를 집중하고 끝까지 읽게 한다.

호기심은 선천적 능력으로 질문은 호기심이 겉으로 드러난 행동이다. 하버드대학교의 폴 해리스(Paul Harris) 교수는 두 살에서 다섯 살 사이에 있는 아이들은 총 4만 건 정도의 질문을 한다고 추산했다. 예컨대 "시간이 뭐예요?" "똥은 왜 싸는 거예요?" "아빠는 전에 원숭이였다면서요?" "꼬리는 어디 갔어요?" "왜 그림자는 안 떨어져요?" 등 다양한 질문을 한다.[9] 그런데도 주위에서 질문이 넘쳐나는 수업, 질문에 익숙한 사람을 보는 일은 드물다. 한국은 호기심이나 질문에 관대하지 않으며 남을 의식하는 사회이다. 때로는 친구나 동료와 어울리지 못하는 사람들이 하는 불필요한 행위로 받아들이곤 한다. 아이들이 초등학교나 학원만 가더라도 "쓸데없는 질문을 하지 마라!"는 이야기를 종종 들으며, 핀잔을 들은 아이들은 친구들로부터 놀림을 당할까 봐 더욱 질문을 하지 않는다.

모든 아이에게 호기심을 유발하고 유지하는 책 목록을 정해서 제시할 수 없다. 약간의 도파민만 분비되더라도 책을 읽으려는 호기심은 생겨나지만, 독서의 목적이나 독서 환경에 따라 호기심은 줄어들거나 늘어난다. 예컨대 과제를 해결하려고 책을 읽는 아이는 지식과 정보를 습득했다면 읽은 책을 다시 읽지 않겠지만, 자신의 인격을 성숙하려고 책을 읽는 아이는 저자와 교감하기 위해 반복적으로 책을 읽으려고 할 것이다. 그러다가 아이가 한 분야에 호기심을 느껴서 책 내용에 의문이 생기면 다른 책을 읽으려고 한다. 예컨대 근대 철학자인 프란시스 베이컨(Francis Bacon)이 쓴 《신기관》을 그림책으로 읽다가, 뉴턴의 근대적 우주관에 관심을 느끼면 물리학 관련 책을 본격적으로 탐독할 수 있다. 반면에 매주 언론 매체에 소개되는 책의 서문이나 목차, 그 책을 읽었던 독자의 서평을 보면서 호기심이 생겼더라도 실제로 그 책을 읽을 때 호기심이 유지될지는 확실하지 않다.

그러나 아이가 학교에 다니는 등 주변 환경을 보면 최소한의 지침을 제시할 수 있다. 교과서는 흥미와 호기심을 유지하는 데 좋은 책이다. 어떤 아이들에게 교과서는 다소 딱딱하고 재미없으며 깊은 지식도 포함된 탓에 한번에 이해하기 어려운 책일 수 있다. 그러나 교과서에 실린 주제, 핵심 개념, 학습 난이도 등은 아이들의 신체적이거나 정서적 발달 수준에 맞춰 선택된 내용이다. 주제에 대한 다양한 질문들이 준비되어 있으며 해답 또한 존재한다. 학교 수업은 교과서로 진행될 때가 대부분이고, 교과서는 핵심 개념, 사례, 주제 요약, 형성 평가 문제 순서로 되어 있으므로 체계적으로 구성되어 있다. 교과서를 읽을 때도 꼭 목차 순서나 특정 과목으로 제한하지 않아도 된다. 아이는 자신이 좋아하는 내용이나 분야를 읽을 때 뇌에 도파민이 증가한다. 도파민이 늘어난 뇌는 아이의 자신감을 높이고 평소 지루하거나 싫어하던 다른 분야마저 관심을 갖게 함으로써 독서 효과를 높인다. 즉, 좋아하는 주제나 과목부터 먼저 읽게 하는 것이 좋다.

상위 학년이나 학교급에서 배우는 교과서나 관련된 책은 나중에 읽혀도 된다. 현재 배우는 내용도 이해하지 못하는 아이에게 다음 학년이나 학급 급의 책을 무리해서 읽게 하는 것은 자신감만 떨어뜨릴 뿐이다. 독서교육 연구가인 김은하는 "배경지식이 부족한 초등 저학년 학생에게 고학년 교과 연계 도서를 선행하여 읽게 하는 방법은 독서에 흥미를 느끼지 못하게 한다."라고 지적한다.[10]

꼭 교과서만 읽혀야 하지는 않는다. 아이가 신문, 양질의 만화나 잡지, 모험담 등에 관심을 보이고 적절한 수준이면 마음껏 읽도록 해야 한다. 새로운 것을 알고 싶지만 생존에 도움이 되는지를 판단해야 하는 뇌로서는 그런 책을 읽을 때 더욱 호기심을 느끼고 집중할 수밖에 없다.

학교나 학원에서 책에 나온 개념을 잘 이해할 뿐 아니라 응용까지 하는 아이라면 상위 학년이나 학교급 수준의 교과서나 관련된 책을 읽혀도 괜찮다. 그러나 그런 아이는 현실에서 매우 드물며, 부모의 욕심으로 상위 수준의 책을 읽히다 보면 독서 의욕만 낮아진다. 아이가 저학년이고 지금 읽는 책이 한번에 읽고 싶을 정도로 재미있으면 오히려 읽는 책의 분량을 조절하여 나눠 읽히는 방식이 호기심에 도움이 된다. 예컨대 책을 사건 마디 단위로 구분지어놓고 매일 일정한 분량만큼 아이가 읽게 하는 것이다. 근대 독일 철학자 니체도 이런 방식으로 책을 읽곤 했다. 그는 자신에게 철학의 세례를 주었다고 추종했던 쇼펜하우어의 저서를 읽으면서 너무 재미있었지만, 다 읽어가는 것이 아쉬워서 일부러 책 일부를 읽지 않고 잠이 들곤 했다.[11]

주제에 대한 명확한 결론이 없고 여러 의견만 나열된 책도 좋다. 많은 질문이 나올 수밖에 없는 책은 아이의 호기심을 불러일으키고 주의를 유지하는 데 도움이 된다. 하브루타 교육으로 유명한 유대인들은 《탈무드》를 정답이 아닌 여러 의견만이 담긴 책으로 이해한다. 그들은 《탈무드》의 모든 것을 곧이곧대로 받아들이지 않으며 한두 구절을 가지고도 자기 생각을 붙여 상대방에게 질문하는 등 한참 동안 논쟁을 벌인다. 유대인 부모들도 질문을 통해 아이 스스로 문제를 해결하도록 유도하는 것이 더 자연스럽고 좋은 학습이라고 여긴다. 그래서 학교에서 돌아온 아이들에게 "학교에서 무엇을 배웠니?"가 아니라 "무엇을 질문했니?"라고 꼭 물으며 토론 주제와 관련된 정답이 있더라도 디베이트(debate) 중에 미

리 아이에게 말해주지도 않는다.[12]

퓰리처상을 수상한 미국의 시인 메리 올리버(Mary Oliver)는 책, 《휘파람 부는 사람》의 서문에서 "우주가 우리에게 준 두 가지 선물은 사랑하는 힘과 질문하는 능력"이라고 말한다. 상대를 사랑하는 마음이 들 때 그에 대해 호기심이 생기고, 질문을 통해 상대를 깊게 이해한다는 뜻이다.[13]

30년간 교육 분야에서 다양한 경험을 한 전성수 교수는 《부모라면 유대인처럼 하브루타로 교육하라》에서 호기심의 중요성을 사랑에 비유하며 호기심과 질문의 힘을 강조한다.

> 아이의 질문에 대해 정답이나 교훈을 알려주려는 행동은 게으른 사랑이다. 아이 스스로 호기심을 갖고 깨닫게 하라. 남이 알려주는 것은 내 것이 되지 않는다. 아이가 질문을 하면 다시 질문으로 되돌려주어 아이가 깊은 생각을 통해 스스로 자기 답을 찾게 해야 한다. 스스로 생각해서 답이 나오지 않으면 책을 찾아보거나 인터넷으로 검색해서 알게 해라. 아이의 질문이란 자기 동기를 보여주는 것이기에 그 자체로 커다란 힘이 있다.[14]

그러므로 책을 읽으면서 질문하는 아이는 이미 호기심이 가득한 눈으로 책 내용에 집중하고 있으며 책을 읽을수록 더욱 궁금한 것이 많아질 수밖에 없다.

주의해야 할 점이 있다. 질문은 계속 호기심을 일으키고 주의를 유지하는 문해력을 높이는 중요한 도구이다. 나아가 아이가 책을 읽으면서 부모나 교사와 함께 질문과 대답을 주고받게 되면 책 읽는 과정에도 활기가 넘친다. 더 나아가 아이가 답을 찾을 때까지 기다려주면 아이들의 마음에 호기심은 더욱 늘어나며 부모나 교사에 대한 신뢰도 차곡차곡 쌓인다. 하지만 부모나 교사는 흥미 위주인 질문만 함으로서 아이가 재미만 찾지 않도록 주의해야 한다. 그런 방식으로 독서 지도를 하면 아이는 책에 나온 사실이나 핵심 개념보다, 주요 내용이 아닌데도 흥미를 유발하는 부분에만 집착하여 질문을 한다. 그러므로 아이에게 책을 읽히기 전에 질문할 내용을 미리 알려주는 것이 좋다. 책 읽기가 의도적이고 계획적인 사고라면 책에서 반복되는 낱말이 무엇인지, 저자는 책을 왜 썼는지, 책 속에 등장인물은 누구인지, 책에서 주인공이 마주치는 문제는 무엇인지, 중요한 사건은 무엇인지 등을 아이에게 미리 알려주라는 것이다. 그래야만 아이들은 책을 읽을 때 핵심 개념에 집중하면서 효과적으로 질문한다.

읽기 수준을 고려해야 한다

미국을 비롯한 영미권 국가들은 오래전부터 읽기 척도를 만들어 활용해 왔다. 미국에서 자주 쓰는 렉사일 지수는 아이의 수준에 맞는 책을 골라주거나 스스로 찾게 할 때 가장 애용되는 지수이다. 이 지수는 막 책 읽기를 시작한 등급인 0L부터 대학원 수준인 2000L까지 숫자로 표시되는데 수치가 낮을수록 책을 이해하기 쉬우며, 높을수록 어렵다. 하지만 한국판 렉사일 지수는 없으며 읽기 난이도를 측정하는 공인된 시험도 부족하므로 자신의 읽기 수준을 알거나 읽기 수준에 맞는 책을 고르기는 쉽지 않다.

저명한 물리학자 장회익은 책을 선택하는 기준을 다음과 같이 제시했다.

> 책에는 좋은 책이 있고 그렇지 않은 책이 있다. 그러나 더 중요한 것은 그 책이 현재 나에게 맞는 책이냐 하는 것이다. 자기가 현재 아는 수준에 맞춰 자기가 알고 싶은 것을 자기가 이해하는 방법으로 서술한 책이 가장 좋은 책이다. 그러니까 사람에 따라 크게 달라질 수 있다. 나는 간혹 내게 맞는 책을 구할 수 있었는데 큰 행운이라고 할 수 있다. 그리고 학문하는 사람은 이런 점에서 '책 냄새'를 잘 맡을 줄 알아야 한다. 내 경우를 보더라도 남들이 좋다고 한 책, 특히 교수라든가 학자들 사이에 정평이 나 있는 책들은 별 도움이 안 되었다. 대개 내 수준보다 너무 어렵거나 생경해서 부담 없이 읽어나갈 수 없었다. 내 수준에 비해 약간 낮은 책을 택하는 것이 훨씬 도움이 되었다. 이미 아는 것이 80퍼센트는 섞여 있어야 읽을 수 있다.[15]

장회익은 상식이나 통념과 다르게 자기 수준에 비해 약간 낮은 수준의 책을 권장한다. 하지만 성공한 다이어트 프로그램을 보면 그리 틀린 말이 아니다. 과체중인 사람은 다이어트를 하려는 마음을 굳게 먹었어도 성공하기란 쉽지 않다. 다이어트 선택은 매번 어려운 과제이며, 다이어트를 하겠다는 힘든 선택을 했어도 체중이 원하는 만큼 쉽게 줄어들지도 않는다. 게다가 한두 번 중도에 포기하면 패배감에 젖어 다이어트 자체를 포기하고 만다. 실제로 다이어트에 성공한 사람을 보더라도 고강도 다이어트보다 체중감량에 도움이 되도록 생활 습관을 바꿔나갔다. 예컨대 한꺼번에 식사량을 줄이는 대신에 우유 대신 저지방 우유를, 카페라테 대신 블랙커피를 마셨으며, 아침마다 개를 데리고 산책을 나갔다.[16]

모든 독자가 자신의 수준에 딱 맞거나 약간 낮은 수준의 책만 선택하여 읽을 필요는 없다. 독서에 관심이 없는 아이들은 수준이 낮은 책이 독서의 즐거움을 줄 수 있고, 어느 순간에 높은 수준의 책을 읽게 하는데 도움이 될 수 있다. 그러나 수준 높은 책을 읽지 않으면 새로운 지식을 얻지 못하므로 문해력은 잘 높아지지 않는다. 실제로 독서를 싫어하는 단계를 넘긴 아이들은 스스로 선택한 책이 2~3레벨 정도 높은 수준이라도 끝까지 읽곤 한다.[17] 그렇다 하더라도 주의할 점이 있다. 아이에게 지나치게 어휘 수준이 높거나 분량이 많은 책을 읽지 않도록 해야 한다. 초보 독자인 아이일수록 주의를 해치게 되고 책을 읽어나갈수록 주눅이 들 수 있다. 책을 천천히 읽는다고 해서 이 문제는 해결되지도 않는다. 글에 대한 이해는 글을 읽는 속도와 별 관계가 없으며 주의 집중력, 감정 상태, 어휘력, 배경지식 등에 따라 결정될 뿐이다.

사람들은 문제에 대해 호기심이 일어나면 자료를 탐색하고 적절한 대안을 찾으려고 하지만, 정신 작업의 강도가 지나치게 높다고 판단하면 아예 문제를 해결하려고 하지 않는다.[18] 그러므로 부모나 교사가 수준보다 높은 책만 골라서 읽으려는 아이를 내버려 두면 문해력 향상에 별 도움이 되지 않으며 아이는 중도에 책 읽기를 포기할 가능성이 높다. 더 나아가 아이가 수준보다 높은 책을 읽는다면 부모나 교사는 책 내용을 이해하였는가를 반드시 확인해야 하고, 이해하지 못한 부분을 피드백해 줘야 한다. 예컨대 모르는 단어나 개념 등이 나오면 밑줄을 치고 사전을 찾아보게 하거나, 난해한 내용이었다면 직접 설명해 주는 것이 좋다. 그래야만 아이는 책 내용을 이해하지 못했는데도 대충 넘어가려는 행동을 하지 않게 된다.

쉬어가며 책을 읽어야 한다

아이가 독서 계획표나 친구들의 독서 속도에 맞춰 쉼 없이 책을 읽게 하는 것은 인지 과부하만 일으킬 뿐이다. 그러므로 부모나 교사는 원래 계획보다 늦더라도 책을 읽는 넉넉한 시간을 주고, 실제로 이해했는가에 주목하면서 사이사이에 충분한 휴식을 줘야 한다. 쉬지 않고 책을 읽는다고 해서 단박에 문해력이 높아지지 않으며 기대와 다르게 주의 집중력에 악영향만 줄 뿐이다.

휴식이 주의 유지에 좋은 과학적 근거가 있다. 뇌의 학습 능력은 하루 내내 또는 평생에 걸쳐서 동일한 수준으로 유지되지 않는다. 여러 신체 주기의 영향을 받으며 그에 따라 학습에 대한 집중도와 주의력도 주기적으로 달라진다. 또한 어떤 일에 고도의 집중력을 계속 유지하는 것은 뇌의 특성에 맞지 않는다. 그러므로 뇌는 새로운 시냅스를 형성할 때 잠시라도 비슷한 신경자극이 없어야만 뉴런 사이의 연결을 튼튼하게 할 수 있다. 즉, 이미 들어온 정보에 주의를 집중하여 처리할 때는 더 이상 정보가 들어오지 않아야 된다. 그렇지 않으면 튼튼한 시냅스를 만들기 위한 정보를 처리할 시간이 부족하므로 뒤이어 들어오는 정보는 버릴 수밖에 없다. 성인의 경우에 주의 집중력 주기는 대략 20 ~ 25분이며 나이가 어릴수록 지속 시간이 짧다고 한다. 가령 14세인 경우 주의 집중력 주기는 12 ~ 16분 정도이므로 책을 읽을 때 주의력이 산만해지는 시점인 10 ~ 15분마다 2 ~ 5분 정도 짧은 휴식 시간을 갖는 것이 좋다.[19]

휴식은 아무 일도 하지 않는 것만은 아니다. 더욱이 마냥 쉰다고 해서 주의력이 높아지지도 않는다. 예컨대 나무 그늘에서 쉬는 것만이 휴식이라고 할 수 없다. 반면에 책을 읽으려고 했던 초심을 바꾸지 않으면서도 작업기억이 충전되도록 하는 조치는 모두 휴식으로 볼 수 있다. 휴식을 꼭 짧은 시간으로 제한할 필요도 없다. 좀 길어지더라도 책에 나온 내용을 체험해 보는 활동을 하거나, 운동을 하는 것도 일종의 휴식으로 주의 유지에 큰 도움이 된다. 아이가 자연을 다룬 책을 읽었으면 다양한 생물들을 직접 체험하게 하거나,

곤충이나 식물에 대한 자신의 느낌을 발표하고 그림으로 표현하게 하는 활동도 휴식이다. 특히 운동은 뇌와 몸 전체로 가는 혈류량을 늘리고, 작업기억이 일어나는 곳인 해마에 좋은 영향을 끼친다. 뉴런이 새로운 가지를 뻗으면서 뉴런 간에 연결을 늘리고, 신경섬유에 미엘린이 많이 만들어지므로 집중력은 높아진다. 운동은 책을 읽을 때 정보 처리 속도를 빨라지게 하고 정보 손실을 줄인다.

어떤 정보는 작업기억에서 후 순위로 처리되기 때문에 휴식 시간에 잠깐 잠을 자는 것도 도움이 된다. 미국 매사추세츠 주립대학교의 레베카 스펜서(Rebecca Spencer) 교수는 "낮잠을 자면 머릿속의 해마에 단기기억으로 저장되었던 정보가 장기기억으로 이동되어 저장된다."라고 하면서 "낮잠은 시간 낭비가 아니다."라고 한 바 있다.[20] 물론 이것은 낮잠 때문이 아닌 잠의 효과를 보여준다. 뇌는 잠을 자지 않는 동안에 원하든, 원하지 않든지 간에 오감을 통해 끊임없이 정보를 받아들인다. 하지만 잠이 들어야 해마는 본격적으로 정보를 처리한다. 해마는 램 수면 동안 주로 정보를 정리, 정돈, 편집을 한 후에 비 램 수면 단계에 대뇌피질의 이곳저곳에 분산하여 저장한다.[21]

독일 뤼베크대학교는 건강한 아이들에게 피아노 교습을 실시했다. 어느 날 밤에 한 그룹은 8시간 동안 수면을 취하게 하고 다른 그룹은 잠을 못 자게 했다. 그리고 다음 날 피아노 교습 결과를 측정했다. 잠을 잔 그룹은 수면을 취하지 못한 그룹보다 피아노 치는 속도는 35% 빨랐고 정확도는 30%나 높았다.[22]

보통 수면 부족은 연령대를 가리지 않고 기억력, 판단력, 과제 수행 능력을 떨어뜨리며 수면 시간이 적으면 성취도는 낮아진다. 특히 청소년기에는 신체와 뇌가 급속도로 발달하므로 어린이나 어른들보다 더 많은 수면이 필요하고 보통 8~9시간 정도 숙면해야 한다. 그러나 많은 청소년은 안타깝게도 밤늦게 자고, 수면 부족으로 아침에 일어나기 힘들어하며, 주말이 되면 잠을 몰아서 잔다. 하버드 의대의 수면의학자인 찰스 체이슬러(Charles Czeisler) 교수는 "하룻밤에 4~5시간만 자고 일하는 것은 혈중 알코올 농도가 0.1%인 수준에서 일하는 것"으로 수면 부족을 매우 우려한다.[23] 그러므로 수면 부족 상태에서 계속 책을 읽는 것은 술에 취해 깨어나지 못했는데도 책을 읽는 것과 다를 바 없다.

휴식을 줘야 할 근본적인 이유가 있다. 우리는 흥미를 느끼거나, 과제를 해결하는 정보만 찾으려고 책을 읽는 것이 아니다. 독서의 본질은 가족이나 친구들과 즐겁게 어울리며, 존엄한 인간으로 행복감을 누리는 데 있다. 즉, 독서의 최종 목표는 보람, 행복, 웃음, 사랑, 협력, 연민, 공감 등 '후마니타스(Humanitas)'를 추구하기 위해서이다. 그러므로 휴식 없는 독서는 수단을 목적보다 더 중요하게 보는 목적 전치 현상을 일으킬 뿐이다.

책을 바꿔야 한다

긍정심리학의 창시자로 잘 알려진 심리학자 마틴 셀리그만(Martin Seligman)은 '학습된 무기력'이라는 용어를 제시했다. 이 용어는 실패를 반복하면 '나는 해도 안 된다.'라고 생각하는 자포자기한 상태를 가리킨다.

아이가 책을 읽을 때 주의 집중에 여러 번 실패했다면 부모나 교사는 읽는 책을 교체해 줘야 한다. 모든 사람에게 인정받는 사람이 없듯이 모든 사람에게 맞는 작가나 책은 없다. 예컨대 도스토예프스키와 톨스토이는 글을 쓰는 스타일이 완전히 다르다. 둘 다 러시아 출신이고, 대작가더라도 도스토예프스키의 작품은 다양한 등장인물이 서로 속내를 드러내며 거칠게 부딪치지만, 톨스토이는 세밀한 묘사를 바탕으로 등장인물 간에 차분하게 이야기를 한다. 이 두 사람만이 아니라 어떤 소설가든 시인이든 각자의 강렬한 개성이나 버릇이 작품에 들어 있으므로 세계관이나 스케일이 다르고 문체도 다르다.[24]

많은 부모나 교사는 아이의 책 읽는 성향이나 좋아하는 작가 스타일을 하찮게 보면서 독서지도를 한다. 이런 고집스러운 방식은 문해력에 도움이 되지도 않을 뿐더러 안타까울 뿐이다. 즉, 자주 듣는 뮤지션의 신곡은 아무리 파격적이라도 쉽게 들리듯이 작가와 아이의 감각적 스타일이 일치할 경우에 아이는 비로소 책에 집중한다. 줄탁동시(啐啄同時)에 빗댈 수도 있다. 병아리는 껍질을 깨고 나오기 위해 안에서 쪼는 것을 '줄', 어미가 밖에서 쪼는 것을 '탁'이라고 하는데 이 두 사건이 동시에 일어날 때 병아리는 껍질 밖으로 나온다.

미국의 세계적인 베스트셀러 작가인 로버트 그린도 《마스터리의 법칙》에서 역사 속 거장들은 특정 분야에 대해 강한 애착을 보였으며 본능적인 특징이라고 주장했다. 쉽게 말해서 사람마다 좋아하는 일은 타고나며, 바로 그 일에 매진할 때 마스터가 된다는 이야기이다.[25] 실제로 저자들은 한 분야의 책을 깊이 있게 쓰는 경향이 있다. 대작가인 조정래를 보더라도 한국 역사에서 질곡의 시대였던 근현대사를 배경으로 《태백산맥》《아리랑》《한강》 등

대하소설을 쓰면서 독자들에게 '역사라는 강을 건너는 인간의 실존적 태도'를 묻고 있다. 그러므로 한 저자의 작품을 계속 읽게 되면 자주 쓰는 말이나 표현 방식에 익숙해지므로 보다 작가와 친밀해지고 긴 작품도 무리 없이 읽으면서 주의 집중력을 높일 수 있다.

노벨문학상을 받은 오에 겐자부로도 한 저자의 책을 3년 동안 쭉 읽어보라고 권한다. 이 이야기는 그의 자서전《나라는 소설가 만들기》에 나온다. 오에 겐자부로는 자신의 인생에 실제로 유용한 가르침을 준 사람은 대학 스승이자 만년까지 이끌어준 와타나베 가즈오 교수라고 밝힌다. 그때 그는 대학에 있었는지 졸업했었는지는 불확실하지만 어쨌든 개인적 체험을 쓰기 전이었던 건 확실하다고 말한다. "저널리즘의 평가라고 할까, 어쨌든 자네에 대한 그들의 태도는 당장 변할 수 있으니까 믿을 수가 없지. 비평가 선생들의 태도도 마찬가지야. 그들은 위대한 사람들이니까. 자네는 자네 방식으로 살아나가지 않으면 안 되네. 소설을 어떤 식으로 써가든지 나로서는 알 수 없지만, 어떤 시인, 작가, 사상가들을 상대로 3년 정도는 읽어나간다면, 그때그때의 관심에 의한 독서와는 별도로 평생을 지속할 수 있을 것이네. 최소한 살아가는 게 따분하지는 않을 거야." 와타나베 가즈오 교수의 이 말은 오에 겐자부로의 인생의 원칙이 되었다. 그는 3년마다 대상을 정해서 독서하는 것을 생활의 기둥으로 삼았다.

다시 말하지만 부모나 교사는 아이가 스타일이 맞는 작가를 찾았다면 일정 기간 그 작가의 작품을 찾아서 읽도록 하는 것이 좋다. 그러면 작품마다 주제나 배경은 달라도 작가의 정체성은 변하지 않는 탓에 더 깊게 작가의 작품 세계를 이해할 수 있다.[26] 다만 조심할 것이 있다. 아이가 독서 초보자일수록 한 작가의 작품 중에서 절대로 두껍고 어려운 책을 먼저 권하지 않아야 한다. 우리의 뇌는 특정한 저자의 책을 좋아한다고 해서 항상 그 저자의 책을 읽을 준비를 하지는 않는다. 감각적으로 끌리는 책은 아이의 독서 열정을 일으키겠지만 책의 수준이 너무 높으면 인지 부담을 피할 수 없다.

5장

문해력 비법인 "인지 역량을 높여라"

문해력은 후마니타스를 기르는 힘이다. 문해력의 비밀은 뇌에 숨겨져 있다. 스스로 혼자 끝까지 견디고 읽게 하라. 마음에 글을 새기려는 첫 마음을 잃지 않게 하라. 문해력 비법인 인지 역량을 높여라. 비판적으로 보고, 듣고, 생각하라. 비판적으로 읽고 또 읽어라. 문해력은 후마니타스를 기르는 힘이다. 문해력의 비밀은 뇌에 숨겨져 있다. 스스로 혼자 끝까지 견디고 읽게 하라. 마음에 글을 새기려는 첫 마음을 잃지 않게 하라. 문해력 비법인 인지 역량을 높여라. 비판적으로 보고, 듣고, 생각하라. 비판적으로 읽고 또 읽어라. 문해력은 후마니타스를 기르는 힘이다. 문해력의 비밀은 뇌에 숨겨져 있다. 스스로 혼자 끝까지 견디고 읽게 하라. 마음에 글을 새기려는 첫 마음을 잃지 않게 하라. 문해력 비법인 인지 역량을 높여라. 비판적으로 보고, 듣고, 생각하라. 비판적으로 읽고 또 읽어라.

책을 읽는 시간이 늘어나더라도 아이 뇌에서 패턴을 선택하거나
만드는 힘이 다양해지도록 충분한 시간과 기회를 줘야 한다.
그래야만 아이 뇌의 시냅스도 강화되고, 전두엽 자체도 두꺼워지며,
후두엽도 발달함으로써 뇌 전반을 활성화할 수 있다.

이해는 대뇌피질에서 일어나는 정신 작용이다

뇌에 기능성 장애가 없으면 인지 기능을 촉진하는 독서 전략을 구사해야 한다. 그 방법은 작업기억이나 장기기억의 특성에 맞춰 작업기억에서 인지 과부하가 걸리지 않게 하는 것이다. 책을 읽게 되면 책 내용이 뇌의 시상으로 들어가며 시상을 둘러싼 시상하부를 거쳐 후두엽의 1차, 2차, 3차, 4차 시각피질에서 '색깔', '선', '경계', '전체 윤곽', '형태', '색채' 등으로 분석된다. 그 후에 바로 옆에 있는 연합영역으로 이동하여 과거 경험과 비교되면서 하나의 완성된 이미지로 만들어진다. 그 이미지가 이미 기억한 정보이면 전전두엽은 즉시 장기기억에서 같은 이미지를 끄집어내어 정보를 이해한다.

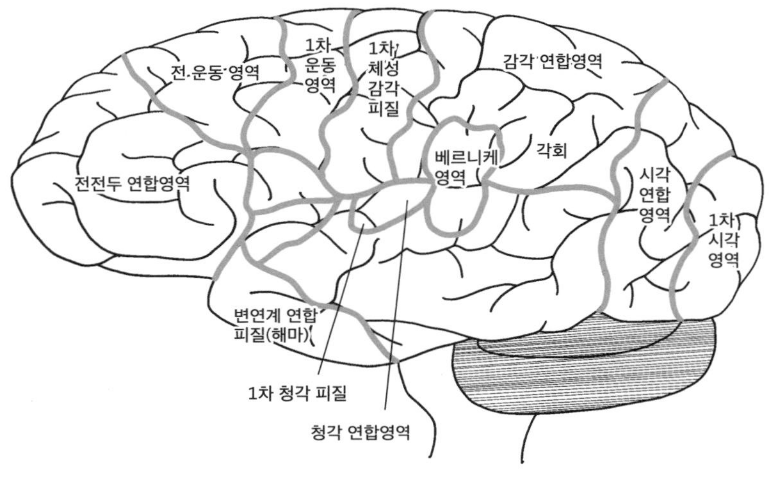

처음 들어온 정보는 전전두엽으로 가지 않는다. 편도체와 상호 교류하면서 후각 피질을 거쳐 해마의 치상핵, CA3, CA1을 지나 연합영역으로 이동하여 처리된다. 이 과정에서 측두엽과 두정엽이 맞닿은 부위에 있는 각회는 중요한 역할을 한다. 시각 연합영역에서 이미지로 출력된 낱말을 음절에 이어 음소로 세분한 후에 다시 결합하여 소리말로 바꿔준다. 이후에 소리말은 측두엽의 베르니케 영역으로 옮겨져서 그 의미가 파악되며, 다시 전두엽의 브로카영역으로 보내져서 글의 구조에 맞춰서 해석된다.

문해력을 높이려면 인지 과부하를 피해야 한다. 인지 과부하는 해마로 들어온 정보가 처리되지 않는 문제로서 작업기억 용량이 평균적으로 4 ~ 5개 청크로 제한되어 있고 작업기억에 들어온 정보는 보통 15 ~ 30초 정도만 유지되기 때문에 일어난다. 언뜻 생각하면 신이 인간을 디자인할 때 지금보다 작업기억의 용량을 훨씬 더 크게 하고, 정보 유지 시간도 15 ~ 30초보다 더 길게 했다면 더 낫지 않았느냐고 생각할 수 있다. 하지만 이는 주변 자극에 대한 인간의 반응, 그리고 인간이 쓸 수 있는 에너지, 궁극적으로 인간의 생존 등을 고려해 최적화된 것이라고 과학자들은 추정한다. 만약 작업기억 용량이 지금보다 더 크고 정보 유지 시간도 길어졌다면 너무 많은 에너지가 인지 활동에 소모되는 탓에 삶이 훨씬 더 고달플 것이다. 어찌 되었든지 간에 전두엽은 불필요하다고 판단되는 정보를 작업기억에서 즉시 폐기하므로 책을 빠르게 읽는 독서법은 좋지 않고 인지 과부하에 빠지지 않는 독서법으로 책을 읽을 때 문해력을 높일 수 있다.

능동적으로 청킹을 해야 한다

'청킹(chucking)'은 뇌의 기저핵이 정보를 규칙이나 순서에 맞춰 처리하는 방식이다. 흙 20kg을 10kg짜리 가방에 담을 때 용량 부담을 줄이려면 차곡차곡 정리하여 담아야 하듯이 정보를 의미 단위로 나눈 뒤에 다시 묶음으로써 작업기억의 처리 부담을 줄이는 것이다. 전화번호 01024××55××가 있다고 하자. 총 11개의 숫자가 있으므로 작업기억에서 하나씩 처리된다면 세 번의 작업이 이루어져야 한다. 그러나 010 - 24×× - 55××처럼 숫자를 세 개 덩어리로 묶으면 한번에 처리될 수 있다. 즉, 작업기억에 들어온 정보의 부피를 늘리지만, 전체 개수를 줄임으로써 실제적 용량을 크게 하는 인지 기술이다. 특히 뇌는 진화에서 정보를 연결하여 생존해 왔으므로 청킹에 익숙하며, 에너지 소비를 줄일 수 있으므로 청킹을 좋아한다.

청킹에는 범주화인 '조직화'와 비범주화인 '정교화'가 있다. 조직화는 특정한 범주를 기준으로 여러 정보를 연결하여 묶어낸다. 예컨대 소, 책상, 사과, 소파, 체리, 사자, 말, 의자, 복숭아, 침대라는 열 개 단어를 사과·체리·복숭아는 과일, 소·사자·말은 동물, 책상·소파·의자·침대는 가구로 묶는다. 정교화는 정보의 의미 간에 밀접하든 무관하든 범주를 쓰지 않고 기존의 정보에 새로운 정보를 연결한다. 'anniversary'를 결혼 20주년과 연결하여 "벌써 결혼 20주년이 되었구나!"라고 하거나, 낙타와 사과를 연결하여 "낙타는 사과를 먹는다."라고 하거나, 태양 위성의 이름을 첫머리 글자인 '수금지화목토천해성'으로 연결한다.

다음은 2018학년도 고1 전국 연합 모의고사 국어영역에 나왔던 지문이다.

> 고대 중국인들은 인간이 행하지 못하는 불가능한 일은 그들이 신성하다고 생각한 하늘에 의해서 해결 가능하다고 보았다. 그리하여 하늘은 인간에게 자신의 의지를 심어 두려움을 갖고 복종하게 하는 의미뿐만 아니라 인간의 모든 일을 책임지고 맡아서 처리하는 의미로 인식되었다. 그 당시에 하늘은 인간에게 행운과 불운을 주는 힘이고, 인간의 개별적 또는 공통적 운명을 지

배하는 신비하고 절대적인 존재라는 믿음이 형성되었다. 이러한 하늘에 대한 인식은 결과적으로 하늘을 권선징악의 주재자로 보고 모든 새로운 왕조의 탄생과 정치적 변천까지도 그것에 의해 결정된다는 믿음의 근거로 작용하였다. 하지만 그러한 하늘에 대한 인식은 인간 지혜의 성숙과 문명의 발달로 인한 새로운 시대 요구에 의해 대폭 수정될 수밖에 없었다.

순자의 하늘관은 그 당시까지 진행된 하늘의 논의와 엄격히 구분될 뿐만 아니라 그것을 매우 새롭게 변모시킨 하나의 획기적인 사건으로 규정지을 수 있다. 순자는 하늘을 단지 자연현상으로만 보았다. 그가 생각한 하늘은 별, 해와 달, 사계절, 추위와 더위, 바람 등의 모든 자연현상을 가리킨다. 하늘은 사람을 가난하게 만들 수도 없고, 병들게 할 수도 없고, 재앙을 내릴 수도 없고, 부자로 만들 수도 없으며, 길흉화복을 줄 수도 없다. 사람들이 치세와 난세를 하늘과 연결시키는 것은 심리적으로 하늘에 기대는 일일뿐이다. 치세든 난세든 그 원인은 사람에게 있는 것이지 하늘과는 무관하다. 사람이 받게 되는 재앙과 복의 원인도 모두 자신에게 있을 뿐 불변의 질서를 갖는 하늘에 있지 않다.

(중략)

순자가 말한 불구지천(不求知天), 즉 "하늘을 알려고 하지 마라."라는 뜻은 자연현상으로서의 하늘이 아니라 하늘에 무슨 의지가 있다고 주장하고 그것을 알아내겠다고 덤비는 종교적 사유의 접근을 비판하려는 것이다. 그러니까 억지로 하늘의 의지를

> 알려고 힘을 쏟을 필요가 없다. 사람들은 자연현상에 대해 특별한 의미를 부여하지 말고 오직 인간 사회에서 스스로가 해야 할 일을 열심히 해야 한다. 즉, 재앙이 닥치면 공포에 떨며 기도나 하는 것이 아니라 적극적인 행위로 그것을 이겨내야 한다는 것이다.
>
> 순자의 관심은 하늘에 있지 않고 사람에 있었다. 특히 인간 사회의 정치야말로 순자가 중점을 둔 문제였다. 순자는 "하늘은 만물을 낳을 수 있지만, 만물을 변별할 수 없다."라고 말한다. 이는 인간도 만물의 하나로 하늘이 낳은 존재이나 하늘은 인간을 낳았을 뿐, 인간을 다스리려는 의지는 갖고 있지 않다는 것이다. 따라서 하늘은 혈기나 욕구를 지닌 존재도 아니다 그저 만물을 생성해 내는 자연일 뿐이다.[1]
>
> 출처: 《순자》 장현근 지음, 한길사, 2015

이 글의 첫 문단을 청킹으로 읽으면 문단을 문장으로 구분하고 처음에는 어절 단위로 읽다가, 더 길고 복잡한 단위인 구나 절을 단위로 해서 문장을 읽는 것이다.

초등학교 2~3학년 시기에 청킹을 할 것인가에 대한 논란이 있다. 전북의 한 초등학교에 근무하는 홍인재 교장은 "아이들은 의미 단위가 아닌 어절 단위로 띄어 읽기를 재미있어한다."라고 하면서 "띄어 읽기를 의미 단위로 가르치고 배우도록 하는 교과서 편성이 아이의 언어 발달과 사용 실태를 한 번도 연구해 보지 않은 저자에 의해 만들어졌다."라고 비판한다. 더 나아가 "2015 개정 교육과정은 아이들의 발달에 맞춘 교육과정이므로 교과서를 재구성하여 가르쳐야 한다."라고 촉구한다.[2]

이 쟁점과 관련해 초등학교 2학년 1학기 교과서에 나오는 "누가 더 자연스럽게 글을 읽고 있는가?"라는 문장을 보자.

> 창민: 수컷∨사슴벌레는∨큰∨턱을∨가지고∨있어요.
> (어절 단위 읽기)
> 민경: 수컷 사슴벌레는∨큰 턱을 가지고 있어요. (의미 단위 읽기)

이 문장을 보면 창민과 민경의 글을 읽는 방식은 다르지만, 둘 다 문제라고 볼 수 없다. 문장이 한 시선으로 처리할 수 있는 청킹 수준을 벗어나지 않고 있으므로 예를 들어 수컷과 사슴벌레를 띄어 읽거나, 붙여 읽어도 아무런 문제가 되지 않는다. 즉, 문해력 수준이 비교적 높은 아이의 경우에 의미 단위로 끊어 있는 방식이 잘못된 읽기라고 할 수 없다. 오히려 글을 읽는 습관을 본격적으로 기르는 이 시기에 의미 단위로 글을 읽을 수 있는데도 어절 단위로 읽는 습관을 들이면 문해력 향상을 방해할 수 있다. 그러므로 부모나 교사는 책을 읽기 전에 아이에게 책 내용 일부를 요약해 보라고 하면서 문해력 수준을 파악하는 좋다. 아이에게 글에 연필이나 형광펜으로 이해하는 만큼 사선을 치면서 읽게 하면 인지 부담을 줄이는 최적의 읽기 단위를 찾아낼 수 있다.

요컨대 모든 아이가 어절 단위로 책을 읽어야 하는 것은 아니다. 문해 수준이 낮을수록, 학교급이 낮거나 같은 학교급이면 저학년일수록 어절 단위로 읽고, 문해 수준이 높을수록, 학교급이 높거나 같은 학교급이면 고학년일수록 청킹을 활용하여 2~5 어절이 묶인 구나 절 단위로 읽는 것이 좋다.

책을 읽을 때 딴짓을 하지 않아야 한다

텔레비전과 라디오에서 흘러나오는 두 소리를 동시에 듣는다고 하자. 하지만 두 소리를 동시에 이해할 수 없다. 오히려 그렇게 하려고 하면 우리는 지쳐 짜증만 난다. 기차를 타고 가며 책을 읽을 때도 앞에 앉은 두 승객이 대화 중이면 그들의 말소리와 책 내용을 동시에 이해할 수 없다. 뇌는 시각 정보를 청각 정보로 바꿔서 이해하므로 책을 읽더라도 동시에 두 소리를 듣는 것으로 받아들인다.

이를 '양분 청취'라고 하는데 측두엽의 구조 탓에 일어난다. 측두엽은 좌뇌와 우뇌에 나눠 있으므로 두 소리를 동시에 청각피질을 통해 들을 수 있다. 하지만 측두엽에서 청각 정보를 이해하는 베르니케영역은 좌측 측두엽에만 있으므로 모든 정보는 베르니케영역 쪽으로만 몰림으로써 병목현상을 피할 수 없다.[3] 이 문제를 전두엽 좌측 부위에 있는 하전두회가 해결한다. 하전두회는 측두엽으로 들어온 여러 청각 정보 중에 한 청각 정보만이 베르니케영역을 통과하도록 허용하고 나머지 청각 정보들을 통제하여 작업기억에서 처리되지 않고 버려지게 한다.[4] 예컨대 기차 안에서 책을 읽을 때 각회는 시각 정보를 소리 덩어리인 청각 정보로 바꾸고 베르니케영역으로 보내려고 한다. 하지만 옆자리에서 소리가 계속 들리면 전두엽의 하전두회는 책 내용과 대화 소리 중에 한 정보는 베르니케영역으로 통과하지 못하도록 통제한다.

여러 개의 글이나 소리 등이 동시에 뇌에서 처리된다는 '멀티태스킹 신화'는 잘못된 믿음이다. 뇌는 작업기억 용량이 제한된 탓에 집중력이 요구되는 여러 인지 작업을 동시에 하지 않으며 이전에 하던 과제를 포기해야만 새로운 과제로 전환할 수 있다. 한 번에 한 가지 일에만 집중하며 그 일이 위험한지 등을 판단한다. 그런데도 식사 중에 대화하거나, 샤워 중 노래를 부르거나, 운동장을 달리면서 과제를 떠올리는 것을 보고 멀티태스킹이 가능하다고 착각하곤 한다. 사실, 식사, 샤워, 달리기는 선조체에서 무의식적으로 매개되는 자동반복적인 습관일 뿐이다.

양분 청취나 멀티태스킹은 문해력을 높이는 듯이 보이지만 미신에 불과하다. 부모나 교사는 아이가 책을 읽는 동안에 모르는 단어 등을 찾는 것을 제외하고는 스마트폰이나 컴퓨터로 정보 검색을 하지 않도록 하는 것이 좋다. 주위가 시끄럽거나, 책 읽는 중에 음악을 듣게 하거나, 여러 시각 자극이 섞여 들어오는 곳에서 책을 읽게 하는 것도 인지 과부하만 초래할 뿐이다. 아이가 조용한 곳에서 차분하게 책을 읽으면서 뇌가 순차적으로 책 내용을 이해하도록 하는 것이 문해력 향상에 좋은 방법이다. 20년 차 초등교사인 전병구 선생님은 "반 아이들의 독서 습관을 들이기 위해 수업 전에 매일 아침 15분씩 책을 읽혔는데 독서 시간에는 일체의 잡담이나 대화를 허용하지 않았으며 이 규칙을 엄격하게 적용하였더니 독서 태도나 문해력이 점차 좋아졌다."라고 말한다.[5]

이미지를 활용하면 시너지 효과를 낼 수 있다

시각 정보와 음성 정보는 처리되는 경로가 다르므로 동시에 처리될 수 있다. 이미지 정보는 인지 과정에서 병목현상을 일으키지 않을 수 있다. 예컨대 부모나 교사가 사과 단어를 가르칠 때 동시에 사과 그림을 보여주면 그 정보를 쉽게 기억하게 할 수 있듯이 이미지로 통합된 음성 정보는 인지 부담을 줄인다.

뇌는 모든 이미지를 동등하게 대우하지 않는다. 최소한의 에너지를 써서 과제를 처리하는 탓에 낯설거나 구체적이고 비조직화된 이미지일수록 인지적 부담은 크다. 예컨대 우리는 익숙한 사과나 소나무 숲을 찍은 사진을 아직 가본 적이 없는 역사 유적지에 놓여 있는 유물이나 유적을 찍은 사진보다 쉽게 이해한다.

주의할 점이 있다. 뇌로 글이나 소리와 함께 들어오는 낯선 이미지는 병목현상을 피할 수 없다. 그나마 작업기억의 부담을 줄이려면 뇌가 이미지를 먼저 처리하므로 글보다 이미지를 우선 받아들이도록 해야만 조금이라도 인지 부담을 줄일 수 있다. 예컨대 도형을 처음 배우는 학생들에게 먼저 도형을 칠판에 그려주면서 그 이름을 설명한 후에 도형의 특징을 설명하는 방식이 학습효과를 높일 수 있다. 특히 전두엽은 익숙한 이미지 정보일수록 즉시 처리하므로 일상에서 자주 본 듯한 도형을 칠판에 그려주는 것이 좋다.

그림책은 독자가 쉽게 글을 이해할 수 있도록 삽화를 넣은 책으로 아직 읽는 능력이 부족한 유아기, 미취학 아동, 초등학교 저학년 학생들에게 도움을 준다. 글을 읽는 능력은 한번에 발달하지 않고 시기를 두고 이루어지기 때문이다. 광주교대 천경록 교수에 따르면 읽기 능력은 총 7단계를 거치면서 발달한다. 1단계는 아이가 태어나서 유치원을 다닐 때까지 시기로 주로 말로 소통하는 단계이다. 2단계는 주로 초등학교 1 ~ 2학년 저학년 시기로 글자와 소리의 관계를 알고 단어를 소리 내어 읽을 수 있는 글을 해독하는 단계이다. 3단계는 초등학교 3 ~ 4학년 시기로 해독에서 독해로 발전하는 시기이다. 긴 문장을 의미 중심으로 끊어 읽기를 하며 글을 유창하게 소리 내어 읽게 되고 음독에서 묵독으로 넘어가는 과도기이다. 4단계는 초등학교 5~6학년 시기로 해독보다 독해에 더욱 큰 비중을 두고 글을 읽게 되는 단계로 특히 묵독이 강조된다. 이 단계에서는 사실과 의견을 구별하기, 정보를 축약하기, 생략된 정보를 추론하기, 이어질 내용 예측하기, 비유적 표현의 의미 이해하기, 표현의 적절성을 판단하기 등의 기초 독해 기능을 기른다.[6] 5단계는 중학교 1~2학년 시기로 저자의 의도나 목적을 파악하여 글 읽기, 글의 구조를 파악하기, 글의 일관성을 평가하기, 추론하기, 저자의 관점이나 글의 동기 등에 대해 비판하기에 집중하는 단계이다. 6단계는 중학교 3학년~고등학교 1학년 시기로 독서는 독자와 작가가 글로써 의사소통하고 의미를 타협하고 서로의 의사를 중재하는 단계이다. 7단계는 고등학교 2~3학년 시기로 독자가 스스로 상황에 맞춰 책을 선정하고 읽는 단계이다.

인지 과부하를 고려하여 그림책을 읽는다고 하더라도 모든 그림책이 도움이 되지는 않는다. 글 내용과 밀접하지 않은 삽화가 많이 들어간 그림책은 피해야 한다. 생각하지도 못한 깜찍한 캐릭터, 웃음을 유발하는 코믹한 그림, 주제와 무관하지만 흥미로운 그림은 아이에게 호기심을 불러일으킬 수 있지만, 이런 그림들은 뇌의 인지 부담을 줄이지 못하며 글을 이해하는 데 별 도움이 되지 않는다. 주제와 관련된 여러 장의 삽화를 중복하여 넣은 그림책도 피해야 한다. 글자보다 그림을 통한 학습이 주제를 빠르게 이해할 수 있지만, 한 번에 한 그림만 뇌에서 처리되므로 인지 부담을 피할 수 없다. 그래프나 표가 많이 들어 있는 그림책도 권장하지 않는다. 그래프나 표는 순수한 이미지만이 아니라 숫자와 글자 등으로 체계화된 그림이고 아직 아이의 전두엽은 충분히 발달하지 않았다. 그러므로 아이의 뇌는 글과 도표가 동시에 들어옴으로써 생기는 인지적 병목현상을 피할 수 없다.

그림책이 초등 고학년, 중학교 단계에서 중심적인 책으로 읽히지 않도록 해야 한다. 책 읽기는 뇌에서 이루어지는 자연스러운 인지 활동이 아니다. 글을 읽으려면 낱말의 철자를 소리 철자로 바꿔야 하고, 이 소리 철자를 결합하여 하나의 소리 낱말로 재구성하며, 무슨 의미인가를 판단하는 해독 경로가 뇌에 존재해야 한다. 그러므로 인간에게 해독 경로가 있고, 초등 고학년 다수는 해독 경로가 발달되어 있으므로 글 중심의 책 읽기를 권장해야 한다. 예컨대 철수와 영희는 초등 고학년인데 철수는 《해리 포터》를 책으로 읽게 한 후에, 영희는 책을 읽게 하지 않은 후에 동명의 영화를 보게 했다고 가정하자. 그러면 철수와 영희의 뇌에서 나타나는 변화는 다르다. 철수는 영화를 보면서 잘 갖추어진 해독 경로와 책에서 얻은 배경지식을 조합해 장면과 인물을 상상한다. 즉, 후두엽에 저장된 《해리 포터》에 대한 정보를 인출하면서 영상과 자막을 보므로 인지 부담이 적다. 반면에 영희는 영화 자막에 나온 정보를 계속 해마에서 처리하면서 영화를 관람해야 하므로 철수에 비해 인지 부담이 크다. 그러므로 두 아이가 영화를 이해하는 수준은 무척 차이가 날 수밖에 없다.

요컨대 뇌가 이제 글에 대한 해독을 넘어서서 본격적으로 이해하라고 명령하는 시기인 초등 고학년이나 중고등학생에게 주로 그림책에 의존하여 문해 지도를 하는 것은 어찌 되었든지 간에 해롭다. 교과서 등이 행간을 이해해야 하는 글 위주로 되어 있는데도 독서 습관이 그림책에 길들면 책을 읽는 속도는 더디어지고, 인지 부담은 점차 늘어남에 따라 끝까지 책을 읽을 수 없을뿐더러, 글을 읽지만 이해하지 못하는 문해맹을 피할 수 없다. 꼭 그림이 있어야만 글을 이해하는 것도 아니다. 책에 그림을 넣은 목적은 아이의 어휘력 부족 등 읽기 발달 단계를 고려한 것으로 그림은 생각을 깊게 하고 소통을 명료하게 하는 핵심 도구가 아니다.

반복만이 살길이다

정보를 장기기억으로 옮겨놓을수록 작업기억의 인지 부담은 줄어든다. 하지만 해마가 생존에 꼭 필요한 정보로서 인정해야만 정보는 이전되므로 해마의 성향에 맞춰서 책을 읽어야 한다. 해마는 실제로 그러든, 그러지 않든지 간에 같은 정보를 반복하면 중요한 정보라고 인식한다. 더 나아가 비슷한 정보가 반복되더라도 똑같은 정보로 착각한다.

특히 반복이 대뇌피질의 두께에 영향을 주는 것에 주목해야 한다. 2004년 과학 전문지 〈네이처〉에는 이런 연구 결과가 발표되었다. 20대 후반 저글링을 해보지 않은 일반인들에게 3개월 동안 서커스 저글링을 연습시켰다. 실험 전과 후에 피실험자의 뇌를 촬

영했더니 실험 후에 대뇌피질이 두꺼워졌다. 과거에는 머리를 많이 쓰면 뉴런과 뉴런이 연결되는 시냅스만 기능적으로 강화된다고 믿었는데 이를 넘어서 대뇌피질, 즉 앞쪽 뇌인 전두엽 자체가 두꺼워진 것이다. 물론 저글링을 연습했던 실험자들이 이후에 3개월 동안 연습을 하지 않자 앞쪽 뇌는 원래 상태로 되돌아갔지만 놀라운 결과였다.[7] 그런데 여기서 주목할 점이 있다. 전두엽이 발달하면 후두엽도 동시에 발달한다. 그림 그리는 사람은 그림을 감상하기 쉬우며, 말하기를 하면 듣는 능력도 저절로 좋아진다. 그러므로 특정한 행위를 반복함으로써 전두엽을 활성화하는 방법이 뇌의 능력을 최고로 높인다. 다만 주의할 점이 있다. 아무 생각 없이 단순 반복하면 전두엽은 활성화되지 않는다. 어떤 작업을 하더라도 시연(rehearsal) 등으로 생각을 조직화할 때 전두엽의 두께는 두꺼워진다.

시연은 정보를 반복하는 행위로 '기계적 시연'과 '부호화 시연'이 있다. 기계적 시연은 단순 암기로 주어진 정보, 기술, 행동 등을 그대로 반복하는 것이다. 이 방법으로 잠깐은 정보를 기억할 수 있지만, 전체 흐름 속에서 기억되지 않으므로 오래 기억할 수 없다. 예를 들어 자전거 타기 등 절차적 지식에는 효과적이지만 추상적 개념, 단어, 복합적 아이디어 등에는 효과적이지 않다. 그러나 비교적 단순한 정보인 국어의 자모, 화학기호, 구구단 등을 외울 때 유용하다.

부호화 시연은 진정한 시연으로 불린다. 뇌의 특성을 고려한 정보 처리 방식으로 장기기억에 있는 기존의 정보에 새로운 정보를 연결하거나 연합하여 반복하는 방식이다. 우리는 얼핏 보기에 뇌에 정보가 들어오면 무작위로 받아들이고 순서대로 처리한다고 생각한다. 하지만 뇌는 패턴 탐색으로 끊임없이 새로운 정보와 기존 정보 간에 연관성을 찾아내려고 노력한다. 더 나아가 이전에 형성된 패턴으로 새 정보가 어떤 패턴을 만들지도 예측한다. 그러므로 새로운 정보로부터 어떤 패턴도 발견하지 못하거나 예측할 수 없으면 쓸모없는 정보로 취급해 버린다. 다시 말하면 뇌의 휴식이란 다른 것이 아니다. 한동안 이해할 수 없던 정보를 "아, 그런 패턴이었어!"라고 깨닫는 순간인 패턴 탐색을 끝냈을 때가 바로 휴식이다.

부호화에는 조직화, 정교화, 심상 형성, 청킹, 자기 참조법, 기억술 등이 있다. 조직화는 정보를 범주로 묶는 것으로 도표, 개념도, 위계도 작성하기 등이 있다. 정교화는 새로운 정보를 기존 지식과 연결하는 것으로 요약, 노트 필기, 유추나 사례 제시 등이 있다. 심상 형성은 정보를 시각적 이미지로 바꾸는 것이다. 전쟁의 참상을 고발하는 책을 시체와 피가 어지럽게 널려 있는 전쟁영화를 상상하며 읽는 것이다. 청킹은 정보를 쪼개서 일정한 틀로 묶는 것이다. 자기 참조법은 정보를 개인의 경험에 연관 지어 생각하는 것이다. 환율 관련 책을 읽는다면 우리나라가 외환위기를 겪었던 1997년에 자녀의 학비나 생활비를 해외로 송금했던 기억을 떠올리는 것이다. 기억술은 책을 반복적으로 읽을 때 여러 가지의 기억 보조 도구를 사용하는 것이다. 약문법은 문장을 임의로 만들어서 학생들이 각 단어를 보고 암기 내용이 떠오르게 하는 것이다. 예를 들어 "거 참! 이마에서 사마귀가 나돌아다니다니."라는 문장을 이용하여 신라 왕 칭호의 변천 순서인 '거서간-차차웅-이사금-마립간'을 암기하는 것이다. 약어법은 어떤 주제나 개념을 한 단어 또는 한 구절로 보여주는 것이다. 가령 '아껴 쓰고, 나눠 쓰고, 바꿔 쓰고, 다시 쓰자'의 첫 글자만 따서 '아나바다'로 기억하는 것이다.[8]

독자는 뇌가 패턴이나 연관성을 쉽게 찾을 수 있도록 항상 책 내용을 부호화하면서 반복적으로 읽어야 한다. 아이들도 초등학교 저학년 때부터 이 방법으로 책을 읽으면 고학년이 되거나 상급 학교로 진학하더라도 우수한 문해력을 보일 것이다. 특히 부모나 교사는 부호화 습관을 들이더라도 청소년기에 특정 패턴을 제시하고 오직 그 형식을 따르라고 지도하는 방식은 바람직하지 않다. 청소년기는 부호화와 관련해 패턴 구성 능력이 한층 발달하는 중요한 시기이다. 뇌를 보면 시냅스 간에 연결이 강화되면서 자주 사용하는 시냅스는 더욱 굵어지지만 사용하지 않는 시냅스는 가지치기하듯 사라져버린다.[9] 그러므로 다양한 패턴의 시냅스를 형성할 수 있도록 부호화의 방식을 바꿔가면서 책을 읽도록 해야 한다.

요컨대 부모나 교사는 아이가 짧은 시간에 책을 끝까지 읽거나 독서량에만 관심을 기울이지 않아야 한다. 책을 읽는 시간이 늘어나더라도 아이 뇌에서 패턴을 선택하거나 만드는 힘이 다양해지도록 충분한 시간과 기회를 줘야 한다. 그래야만 아이 뇌의 시냅스도 강화되고, 전두엽 자체도 두꺼워지며, 후두엽도 발달함으로써 뇌 전반을 활성화할 수 있다. 즉, 글의 문장과 문장, 문단과 문단 사이에 놓여 있는 일정한 패턴을 찾으면서 읽는가를 주의 깊게 관찰하고, 부호화 능력이 부족한 아이라면 글에서 일정한 패턴을 찾을 수 있도록 다양한 부호화 방식을 알려주면서 책을 읽도록 해야 한다.

요약하며 읽어야 한다

조금 전에 책을 읽었어도 책 내용을 거의 기억하지 못하거나 꼼꼼하게 책을 읽었어도 글의 주제를 잘 설명하지 못하는 사람은 많다. 오히려 책을 한 번 읽고 나서 등장인물의 이름이나 주요 지명, 사건의 특징 등을 기억하는 모습이 특별하다. 이 점에서 아이에게 많은 분량의 책을 독촉하듯이 읽히는 독서지도는 일종의 폭력이 될 수 있다. 그보다는 이미 작업기억으로 들어온 정보를 잘 처리되게 하고 새 정보도 무난히 들어오게 하는 방법을 찾아야 한다. 컴퓨터 작업을 보면 중요한 정보가 손상되는 것을 막고 쉽게 찾을 수 있도록 하드디스크에서 플로피디스크로 중요 정보를 옮겨 보관한다. 이처럼 글을 일정한 분량마다 요약하면서 읽으면 인지 부담을 줄일 수 있다.

요약은 글의 핵심을 간략하게 쓰는 기술이다. 글은 화제에 대한 저자의 의도를 표현한 기록이므로 요약에는 주제가 있고 그 주제를 뒷받침하는 논리적 근거가 들어 있어야 한다. 요약할 때 핵심 개념이 들어 있는 절을 단위로 하는 것이 좋다. 보통 글에서 쓰기 단위로 구분된 문단을 형식 문단이라고 하고, 하나의 중심 내용으로 묶이는 문단을 내용 문단이라고 하는데 이것이 바로 절이다. 또한 내용 문단은 보통 여러 개의 형식 문단들이 모여서 이루어지며 중심 문단과 부차적 문단으로 나눠진다.

다음은 2018학년도 고1 전국 연합 모의고사 국어영역에서 나왔던 지문이다.

> 고대 중국인들은 인간이 행하지 못하는 불가능한 일은 그들이 신성하다고 생각한 하늘에 의해서 해결 가능하다고 보았다. 그리하여 하늘은 인간에게 자신의 의지를 심어 두려움을 갖고 복종하게 하는 의미뿐만 아니라 인간의 모든 일을 책임지고 맡아서 처리하는 의미로 인식되었다. 그 당시에 하늘은 인간에게 행운과 불운을 주는 힘이고, 인간의 개별적 또는 공통적 운명을 지배하는 신비하고 절대적인 존재라는 믿음이 형성되었다. 이러한 하늘에 대한 인식은 결과적으로 하늘을 권선징악의 주재자로 보고 모든 새로운 왕조의 탄생과 정치적 변천까지도 그것에

의해 결정된다는 믿음의 근거로 작용하였다. 하지만 그러한 하늘에 대한 인식은 인간 지혜의 성숙과 문명의 발달로 인한 새로운 시대 요구에 의해 대폭 수정될 수밖에 없었다.

순자의 하늘관은 그 당시까지 진행된 하늘의 논의와 엄격히 구분될 뿐만 아니라 그것을 매우 새롭게 변모시킨 하나의 획기적인 사건으로 규정지을 수 있다. 순자는 하늘을 단지 자연현상으로만 보았다. 그가 생각한 하늘은 별, 해와 달, 사계절, 추위와 더위, 바람 등의 모든 자연현상을 가리킨다. 하늘은 사람을 가난하게 만들 수도 없고, 병들게 할 수도 없고, 재앙을 내릴 수도 없고, 부자로 만들 수도 없으며, 길흉화복을 줄 수도 없다. 사람들이 치세와 난세를 하늘과 연결시키는 것은 심리적으로 하늘에 기대는 일일뿐이다. 치세든 난세든 그 원인은 사람에게 있는 것이지 하늘과는 무관하다. 사람이 받게 되는 재앙과 복의 원인도 모두 자신에게 있을 뿐 불변의 질서를 갖는 하늘에 있지 않다.

(중략)

순자가 말한 불구지천(不求知天), 즉 "하늘을 알려고 하지 마라."라는 뜻은 자연현상으로서의 하늘이 아니라 하늘에 무슨 의지가 있다고 주장하고 그것을 알아내겠다고 덤비는 종교적 사유의 접근을 비판하려는 것이다. 그러니까 억지로 하늘의 의지를 알려고 힘을 쏟을 필요가 없다. 사람들은 자연현상에 대해 특별한 의미를 부여하지 말고 오직 인간 사회에서 스스로가 해야 할 일을 열심히 해야 한다. 즉, 재앙이 닥치면 공포에 떨며 기도나

> 하는 것이 아니라 적극적인 행위로 그것을 이겨내야 한다는 것이다.
> 순자의 관심은 하늘에 있지 않고 사람에 있었다. 특히 인간 사회의 정치야말로 순자가 중점을 둔 문제였다. 순자는 "하늘은 만물을 낳을 수 있지만, 만물을 변별할 수 없다."라고 말한다. 이는 인간도 만물의 하나로 하늘이 낳은 존재이나 하늘은 인간을 낳았을 뿐, 인간을 다스리려는 의지는 갖고 있지 않다는 것이다. 따라서 하늘은 혈기나 욕구를 지닌 존재도 아니다 그저 만물을 생성해 내는 자연일 뿐이다.[10]
>
> 출처: 《순자》 장현근 지음, 한길사, 2015

첫째 문단은 하늘에 대한 고대 중국인들의 인식과 변화를 보여준다. 둘째 문단은 순자의 하늘에 대한 관점을 밝히면서 당시까지의 관점과 다르다는 것이다. 셋째 문단은 순자가 '불구지천'을 주장한 이유와 시사점을 보여준다. 넷째 문단은 정치를 예로 들어 순자가 하늘에 대해 가진 관점을 반복하여 설명한다.

이 글을 요약하면 다음과 같다.

> 고대 중국인들은 하늘을 인간의 모든 운명을 지배하는 신비하고 절대적인 존재로 여겼다. 그러나 순자는 동시대 사람들과 다르게 하늘을 단순한 자연현상으로 받아들였다. 그러므로 하늘

> 은 인간의 길흉화복에 어떤 영향도 줄 수 없으며 인간은 삶에 불행이 닥치더라도 적극적인 행위로 극복해야 한다고 보았다.

절을 요약할 때 지켜야 할 주의 사항이 있다. 책을 읽었을 때 "좋았어." "재미있었어." "유익했어." 등의 느낌은 독자에 따라 차이를 보일 수 있다. 하지만 책은 글쓴이의 생각을 일정한 논리에 따라 전개한 텍스트이므로 글을 사실적이고 논리적으로 읽어야만 저자의 의도나 중심 개념, 즉 초점을 정확하게 파악하여 제대로 요약할 수 있다.

글의 장르에 따라 요약하는 방법은 다르다. 시, 소설, 수필 등 문학작품은 글에 목차가 없으며 장, 절 등으로 글의 내용이 구분되지 않는다. 이런 글은 하나의 글이 한 권의 책이므로 단락 구분이 번거롭고 주제를 파악하려면 글을 한꺼번에 읽을 수밖에 없다. 주제를 찾는 방법도 설명문, 논설문 같은 실용문과 다르다. 문학은 독자가 실용문에서 다루는 주제를 쉽게 이해할 수 있도록 각색한 장르이므로 주제를 표면에 드러내지 않는다. 그러므로 독자가 글쓴이와 공감하지 않거나 글을 읽으면서 기쁨, 슬픔 등을 느끼지 못하면 주제를 쉽게 이해할 수 없다. 그렇더라도 문학작품을 느낌, 감정적 교류에만 중심을 두고 읽는 것은 좋지 않다. 어떤 문학작품이라도 글쓴이가 전달하려는 주제는 분명하므로 책 내용과 동떨어진 채로 글을 읽고 이해하는 태도는 저작 의도를 무시할 뿐이다.

특히 책에 나온 단어를 일반어와 비유와 상징을 드러내는 문학어로 구분하여 읽는 태도는 잘못된 읽기 방식이다. 비유와 상징은 단어가 가진 기본 개념에 문학적 상상력을 가미한 표현법에 불과하다. 그러므로 모르는 단어는 사전 등을 활용함으로써 보편적 개념을 이해한 후에 작품 맥락에서 비유와 상징의 의미를 찾아내야 한다.

추론 능력을 높이겠다고 저자의 관점이나 책의 주제를 무시하는 방식으로 요약을 하지 않아야 한다. 글쓴이의 생각에 초점을 두지 않거나 복잡하고 어려운 단어의 개념을 무시하는 책 읽기는 수십 번, 수백 번을 반복하더라도 핵심 개념을 이해하지 못하고 변죽만 울릴 뿐이다.

뇌는 글보다 이미지를 더욱 잘 기억하므로 마인드맵, 의미 구조도, 그래픽 오거나이저 등 개념지도를 활용하여 요약하면 문해력에 유익하다. 마인드맵은 '의미 지도'라고 하며 마음속에 지도를 그리듯이 글의 줄거리를 이해하여 정리하는 방법이다. 예컨대 지도에서 길의 위치와 방향을 중심으로 우체국 등 다른 시설을 표시하듯이 글에서 중심 개념을 가운데에 쓰고 방사형으로 된 가지에 하위개념을 배치하면서 잘 이해가 안 된 개념은 간단한 설명을 붙인다. 특히 이야기 글은 글의 전개에 따라 순차적으로 중심 개념을 배치한다.

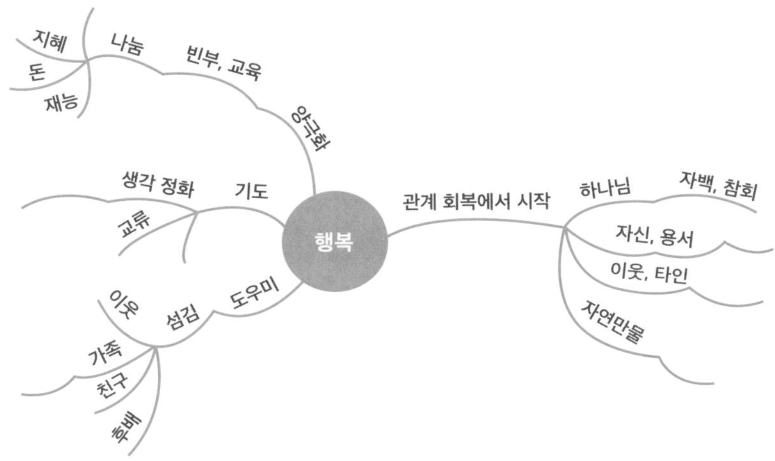

의미 구조도는 글의 줄거리를 이해하여 개념을 동일, 위계, 순차 구조 등의 의미망으로 도식화하는 방법이다. 글에서 중심 개념을 비교적 정확하게 보여주며, 중심 개념과 부수적 개념 간에 차이와 위계를 판단하는 데 도움을 준다. 그러므로 글을 요약할 때 일관성 있게 정리할 수 있다.

예컨대 만다라트 기법이 있다. 만다라트는 연꽃을 의미하는 만다라(Mandala)와 기법인 아트(Art)를 결합한 용어이다. 연꽃 모양으로 체계적으로 정리한 기술이라는 뜻이다. 일본의 야구선수 오타니 쇼헤이는 정사각형에 균일하게 가로, 세로 두 줄을 연결하여 총 아홉 개의 빈칸을 완성하는 방법을 썼다. 그는 가운데 칸에 목표를 쓰고, 이 목표를 둘러싼 여덟 개의 칸에 그 목표를 이루는 데 필요한 요소들을 정리했다. 하지만 칸의 숫자는 글의 장르나 독자가 어느 범위로 책을 읽느냐에 따라 다를 수 있으므로 굳이 연연하지 않아도 된다. 다만 글 전체가 아닌 내용 문단을 단위로 요약을 하는 독자라면 칸을 많이 할 필요는 없다. 가운데 칸에 소주제를 적고, 그 주위의 작은 정사각형 안에 소주제를 뒷받침하는 일반적 개념들을 배치한 후에, 바깥에 예시 등 구체적 개념을 적어 완성하면 된다.

몸 만들기

구위

인스텝 개선	몸통 강화	축 흔들지 않기
릴리즈 포인트 안정	제구	불안정 없애기
하체 강화	몸을 열지 않기	멘탈 컨트롤
몸 만들기	제구	구위
멘탈	8구단 드래프트 1순위	스피드 160km/h
인간성	운	변화구
인사하기	쓰레기 줍기	부실 청소
물건을 소중히	운	심판을 대하는 태도
긍정적 사고	응원받는 사람	책 읽기

멘탈

스피드 160km/h

인간성

변화구

그래픽 오거나이저는 글과 그림을 연결하여 개념, 지식, 정보를 구조화하여 보여주는 시각적 체계이다. 글의 중요 개념을 다양한 그림을 활용하여 나타낸다. 이 방법은 글의 구조와 내용을 쉽게 파악할 수 있고, 학습 내용을 오랫동안 기억할 수 있는 장점이 있다.

요컨대 우리는 한 권의 책을 읽는다고 해서 그 내용을 모두

	어떤 데이터를	어떻게 분석할까?
관찰 일지	수업 자료, 학생의 반응, 수업 상황	투입에 따른 태도와 행동의 변화 분석
포트폴리오	그래픽 오거나이저 활동지 및 자기 평가표	학생의 자기 평가, 발전 정도 판단
소감문	수업과 관련한 학생들의 소감	투입된 자료나 활동의 장단점 파악
설문지	학습에 대한 기대와 변화 정도	수업 방법 개선의 자료로 활용

기억할 수 없다. 다만 책에 나온 개념을 범주화인 조직화나 정교화 방식으로 재구성하면 글의 핵심 개념에 집중할 수 있으므로 이해력을 높일 수 있다. 글을 절 단위로 끊어, 중요한 문장마다 밑줄을 치고, 밑줄 친 문장은 서로 연결하여 해석하고, 이미지를 활용하여 핵심 개념을 요약하면서 읽어야만 지식을 머릿속에 오래 남길 수 있다. 특히 부모나 교사는 주목할 점이 있다. 요약을 해보지 않은 아이일수록 요약을 잘 하려고 하지 않는다. 단지 싫어서가 아니라 쓰기는 읽기에 비해 더욱 집중해야 할 학습이다. 예컨대 책 읽기를 싫어하는 아이에게 무조건 읽은 내용을 요약하여 독서록을 쓰라고 하는 것은 독서의 '독'도 싫어하는 아이를 최악의 상황으로 몰아갈 수 있다. 그러므로 부모나 교사는 직접 독서록을 써서 아이에게 보여주고, 아이가 쓴 독서록도 꼼꼼하게 읽어보면서 독서 지도를 할 때 자연스럽게 요약 습관을 들일 수 있다.

배경지식이 많아야 한다

책을 읽으면 전전두엽은 똑같은 지식, 또는 비슷한 정보가 뇌에 저장되었는지를 검색하고 새로운 정보에 연결하려고 한다. 그러므로 과거의 정보와 똑같거나, 비슷하면 쉽게 받아들이고 더 오랫동안 기억한다. 즉, 얼마나 잘 알고 있는 정보인지, 모르는 정보인지에 따라서 뇌의 활성화와 속도에 차이가 난다. 잘 아는 정보일 경우에 0.1 ~ 0.2초 사이에 기억하고 있는 배경지식이 활성화되지만 잘 모르는 정보일 경우에 0.2초에 한 번 배경지식이 활성화되고, 0.4초에서 한 번 더 폭발적으로 배경지식이 활성화되는 것으로 알려져 있다. 그래서 배경지식이 적은 독자는 새로운 정보를 연결할 수 있는 기억된 정보가 부족하므로 읽기 속도는 느려진다. 예컨대 책에서 "철수는 자장면을 먹었다." 라는 글을 읽으면 순식간에 이해하는 것은 이 문장에 들어 있는 단어 이미지가 장기기억에 들어 있으므로 전두엽이 쉽게 끌어내기 때문이다. 그러므로 단어 등 배경지식을 충분하게 갖고 있을수록 읽는 속도가 빨라지는 등 문해력에 긍정적이다.

실제로 중고등학생의 국어, 영어, 수학, 사회, 과학, 예체능 과목에서 학습 격차는 학습 도구어를 제대로 알지 못하는 탓에 비롯되는 경우가 많다. 최근에는 어휘력이 부족하여 학업에 어려움을 겪는 상황을 '반어증'이라고 부르는 신조어까지 등장할 지경이다. 즉, 교과서에 나온 필수 단어들을 이해할 수 없는 탓에 교과서를 읽어도 뭐가 뭔지 모르는 아이들이 늘어나고 있다.[11]

한국교원대학교 국어교육과 박영민 교수는 중학교 2학년 학생 600명을 대상으로 글을 읽고 얼마나 이해하는지를 알기 위해 '읽기 진단검사'를 했다. 그랬더니 평균을 밑도는 아이들은 공통적인 특징을 보였다.

"전체적으로 학생들의 이해도를 확인해 보면 낱말 뜻을 모르는 경우가 너무 많았습니다. 단어의 의미를 바탕으로 해서 이루어지는 추론이 많은데 그것을 따라오지 못하는 거죠. 추론 능력이 떨어지면 교과서를 읽을 수 없게 되고, 교과서를 못 읽으니까 교과 내용을 따라갈 수 없고, 그것이 학습의 결손으로 이어지게 됩니다."[12]

책을 읽는 중에 모르는 낱말이 나오는 것을 문제라고 볼 수 없다. 탁월한 극작가인 셰익스피어는 40,000~45,000개 낱말을 썼다고 알려졌지만, 보통 사람은 평생 7,000여 개, 전문 작가는 15,000~25,000여 개의 낱말을 쓴다.[13] 이 점에서 책을 읽는 중에 모르는 낱말은 자주 나올 수밖에 없으므로 새로운 것을 알게 해주는 기회이며 읽기가 주는 즐거움으로 받아들여야 한다. 그렇더라도 모르는 낱말이 너무 많으면 책 읽기는 늦어지고, 어려워지고, 독서 흥미는 떨어진다. 또한 독서의 목적이나 책의 유형에 따라 다른 적정 낱말 수준을 쉽게 정할 수도 없다. 그러므로 아이들이 모르는 낱말을 줄이는 독서법으로 책을 읽게 해야 한다. 예컨대 책에서 모르는 낱말이 나오면 밑줄을 긋고 사전을 찾아서 이해하도록 지도해야 한다.

혹자는 책을 읽을 때 사전을 활용하는 방법이 비효율적이라고 충고한다. 시간이 부족하고, 낱말 뜻이 문맥에 따라 달라지므로 글의 앞뒤 문장을 통해 짐작하는 편이 낫다는 지적이다. 이런 충고를 틀렸다고 할 수 없다. 낱말 하나하나는 원래 모호하며 종이사전이든 전자사전이든 모든 맥락을 고려하여 의미를 보여주지 않는다. 예컨대 "철수는 우유를 바닥에 쏟다."라는 문장을 읽었다고 하자. 이때 '쏟다'의 의미는 다음 문장에 따라 달라진다. 다음 문장이

"선아는 걸레를 가져오려고 급히 일어났다."라고 되어 있으면 '쏟아진 우유로 인해 바닥이 어지러워질 것'이라는 의미를 보여준다. 그러나 "철수는 그녀에게 다시 우유를 주려고 자리에서 일어났다."라고 하면 '쏟아진 우유의 양이 적다.'라는 의미를 보여준다. 즉, '쏟다'의 의미는 특정한 맥락에서 정해진다.

맥락을 고려하는 추론 등 읽기 전략이 더 나을 수 있지만, 주의할 점이 있다. 맥락은 두 개의 사건과 관련된 것이므로 각각의 사건을 드러내는 문장, 즉 홑문장 안에 모르는 낱말이 있으면 사전을 찾지 않고는 이해할 수 없다. 나아가 배경지식이 뛰어난 아이는 스스로 문장이나 문단을 연결하여 단어의 의미를 추론하지만, 부족한 아이는 단어 해독에 온통 신경을 쓰느라 이런 전략을 쓸 수 없다. 그러므로 낱말의 폭과 깊이가 부족한 아이에게는 추론 전략이 도움이 되지 않는다. 스키밍이나 스캐닝 같은 독서법을 보더라도 알 수 있다. 이 독서법들은 추론을 중시하며 모든 종류의 텍스트에 적용될 수 있다고 믿어진다. 그러나 스키밍이나 스캐닝의 혜택을 누리는 경우를 보면 다양한 분야에 대해 조금이라도 알고 있는 사람들이다. 그들의 폭넓은 배경지식이 다양한 분야의 텍스트를 읽고 이해하게 한다. 반면에 스키밍이나 스캐닝 기법의 독서 전략을 쓰더라도 잘 모르는 주제의 텍스트를 읽거나, 책에 나온 어휘, 문법적 요소, 배경지식 등 지식이 부족하면 쉽게 텍스트를 이해할 수 없다.

그러므로 추론 등 독해 전략은 아이들에게 자신감을 심어줄 수는 있지만, 문해력을 높이는 한 필요조건일 뿐이며 한계가 있다.[14]

부모나 교사는 아이가 모르는 낱말을 사전 등으로 찾지 않고 기억된 배경지식만으로 글을 이해하지 않도록 지도해야 한다. 아이가 유창하게 읽고 책에 나온 인물이나 사건을 독창적으로 해석하는 것처럼 보여도, 자신의 지식에 끼워 맞춰서 멋대로 읽을 뿐이다. 더구나 책에서 본인이 쉽게 이해하는 내용만을 선택하여 읽으면 글의 주제를 잘못 이해할 수 있다.[15]

보다 근본적 문제도 있다. 글에서 맥락은 독자들이 의도된 추론을 할 수 있을 만큼 충분한 단서를 제공하지 않는다.

다음의 글을 보자.

> 성훈이가 자는 방의 창문을 통해 외계인 둘이 들어왔다. 그들은 어떤 목적을 가지고 지구를 방문해서 성훈의 방을 그들의 최종 목적지로 정했다. 그들은 전자총으로 성훈을 쏴서 형체도 없이 사라지게 했다. 그리고 그들이 원하는 여러 가지 조사를 얼마 동안 하고 그곳을 떠나려고 하다가 어떤 이유인지 모르지만, 다시 성훈이를 살리기로 했다. 이미 성훈이는 존재하지 않기 때문에 그들은 목욕탕으로 가서 수도꼭지를 통해 물을 받아 충분한 양의 탄소를 추출하고 그것으로 다시 성훈을 재구성하여 살려낸 후에 지구를 떠났다. 다음 날 성훈이는 아무 일도 없었다는 듯이

> 잠에서 깨어나 일상생활을 한다.[16]

이 글은 외계인이 전자총으로 성훈이를 죽였지만, 물리적으로 완벽하게 재구성하여 살아나게 했다는 내용이다. 그런데 독자들이 문맥을 고려하여 이 글을 읽었다고 해서, 글을 제대로 이해했다고 볼 수 없다. 글에서 전자총으로 죽인 성훈이를 탄소 원자로 재구성하여 아무 일도 없었다는 듯이 살려낸 것에는 인간의 정신적 속성이 물리적 속성에 근간을 두고 있으며, 물리적 속성을 복원하면 정신적 속성도 완벽하게 복원된다는 가정이 숨어 있다. 이처럼 글에는 글쓴이가 생략한 정보가 있으므로 글의 맥락에만 기대면 잘못 읽을 위험성이 있다. 설령 독자들이 낱말이나 글을 맥락을 활용하여 이해하더라도 전체적인 의미 통합에는 실패할 수 있다. 즉, 문장이나 문단 간에 일관성이 없는 글이라면 글쓴이의 의도를 뚜렷하고 정확하게 찾아낼 수 없다.

다음의 글을 보자.

> 우리나라의 장기 등 이식에 관한 법률은 뇌사자 또는 사망한 자의 장기에 대해서 본인의 사전 동의가 있는 경우에 장기를 뽑아낼 수 있도록 규정하고 있다. 그러나 장기기증에 대한 거부감이 많이 줄어든 지금도 장기기증 희망자는 전체 국민에 비하면 소수에 불과하다. 그러므로 뇌사자 또는 사망한 자, 본인의 의사가

> 불분명하더라도 가족들의 동의가 있으면 장기 적출을 허용하고 있다. 그런데 실제로 가족들은 뇌사자 또는 사망한 자의 신체를 훼손하는 것을 꺼리기 때문에 선뜻 동의하지 않는다고 한다. 그 결과 뇌사자 또는 사망한 자가 미리 장기기증 의사가 있었다고 하더라도 뇌사 또는 사망한 이후에는 그 의사를 확인하기 어려우므로 장기 적출이 쉽지 않다. 이런 상황을 해결하기 위해 이른바 추정적 동의원칙을 채택해야 한다. 추정적 동의원칙은 장기기증에 대한 국민적 공감대가 형성되어 있다는 것을 전제로, 장기 기증자가 사전에 장기기증을 거부하지 않는 한 장기기증 의사가 있는 것으로 추정하여 장기 적출을 허용하자는 것이다. 실제로 장기기증이 널리 이루어지는 일부 선진국에서는 추정적 동의원칙을 받아들이고 있다. 이제 우리도 추정적 동의원칙을 받아들여 장기 부족 사태를 해결해야 한다.[17]

글의 둘째 문장을 보면 장기기증 희망자는 전체 구성원에 비하면 소수에 불과하다고 되어 있다. 마지막 문장에서 글쓴이는 추정적 동의원칙을 받아들여 장기 부족 사태를 해결해야 한다고 주장한다. 그리고 전제로서 장기기증에 대한 국민적 공감대를 제시한다. 그렇다면 독자는 이 글을 읽더라도 글쓴이의 의도를 이해할 수 없다. 독자 또한 글쓴이처럼 만성적 장기 부족 사태를 해결하는 데 동의하더라도 글의 둘째 문장과 일곱째 문장은 모순적이다.

실제로도 어휘력은 문해력에 큰 영향을 끼친다. EBS 〈당신의 문해력〉 제작팀은 인하대 신명선 교수와 함께 '어휘력 부족이 학업성취도에 미치는 영향'을 알기 위한 실험을 했다. 실험 대상은 중학교 3학년 학생들로서 제작진은 글을 읽다가 모르거나 부적절한 단어를 읽을 때 어떤 반응을 보이는지를 관찰했다. 먼저 단어 사용에서 오류가 있는 글을 읽을 때 아이들이 어떻게 반응하는지를 살펴보려고 했다. 제작팀은 2020년 9월 21일 〈동아 사이언스〉에 개재된 '개미 사회에도 감염병에 맞선 치열한 투쟁이 있다'라는 글의 곳곳에 부적절한 단어를 넣어 학생들에게 읽게 하면서 단어에 머무는 그들의 시선을 관찰했다.

다음은 실험에 제시되었던 글이다.

> 유래(유례)없는 신종 코로나 바이러스 감염증(코로나19) 사태에 인류가 당황하고 있다.
> 동충하초 균류는 개미 몸으로 들어가 감염된 개미를 조장(조정) 한다.
> 동물사회가 질병의 확충(확산)을 줄이기 위해 능동적이고 민첩하게 움직인다는 사실을 확인한 최초의 과학적 연구였다.[18]

그랬더니 어휘력이 부족한 학생들은 부적절한 단어가 나와도 주목하지 않았고, 아예 모르는 단어나 확실히 아는 단어에만 집중했다. 반면에 어휘력이 높은 학생들은 부적절한 단어에 시선을 고정하는 시간이 길었고 다음 내용으로 넘어갔다가도 다시 부적절한 단어로 돌아와 주목했다.

두 번째 실험은 단어의 난이도가 다른 두 개의 글을 제시했다. 그리고 시선 추적 장치를 통해 어려운 글을 읽을 때와 쉬운 글을 읽을 때의 반응이 어떻게 달라졌는가를 확인했다. 예컨대 '기름기가 많은 음식'이라고 표현한 글과 '지방질을 다량 함유한 식품'이라고 표현한 글은 같은 의미이지만 어휘의 난이도에 차이가 있다. 실험에서 어휘력 점수가 낮은 아이들도 쉬운 어휘들로 이루어진 글은 끝까지 잘 읽어갔다. 그러나 '산패(酸敗)' 같은 한자어 등 어려운 단어가 나타나자 시선이 흔들리기 시작했고, 읽다가 멈추기를 반복하면서 결국은 끝까지 읽지 못하였다. 반면에 평소에 독서량이 많고 어휘력 점수도 높은 아이들은 흔들림 없이 일정한 속도로 글을 읽어 내려갔다. 나아가 쉬운 어휘보다 어려운 어휘로 된 글을 더 쉽게 이해했다고 대답하는 아이들까지 있었다. 시선 추적 관찰도 첫 번째 실험처럼 아이들의 어휘력 차이가 글을 읽는 태도와 글의 내용을 이해하는 수준에 큰 영향을 미친다는 사실을 보여주었다. 특히 어려운 단어를 접했을 때의 태도, 비핵심어까지 세밀하게 읽고 해석하려는 점에서 큰 차이가 났다.[19]

두 실험에서 보듯 부모나 교사는 아이가 책을 읽을 때 모르는 단어를 찾아 기억하는 습관이 들도록 지도해야 한다. 그래야만 어휘력 등 배경지식이 점점 늘어나게 함으로써 문해력을 높일 수 있다. 반면에 단어 찾기를 소홀히 하면 글의 이해에 필수적인 어휘 등 배경지식이 부족하므로 책을 읽어가면서 점점 흥미를 잃고 자신감도 떨어질 수밖에 없다. 예컨대 초등학교 1~2학년 아이라면 부모나 교사는 책을 읽을 때 빙고 게임을 하듯이 아이에게 작은 정사각형이 서로 연결된 큰 정사각형 모양의 표를 작성하도록 하고 절, 즉 내용 문단을 읽을 때 몰랐던 단어를 작은 정사각형 안에 쓰게 한 후에, 사전으로 찾아 표현하도록 하는 것이 좋다.

글을 읽고 이해하려는 목적이 단순한 앎을 통해 즐겁게 놀려는 것만은 아니다. 시시각각 변화하는 현실에서 체계적인 지식을 습득하여 삶의 힘을 높이려는 것이다. 그러나 먼저 제시된 단어가 나중에 제시된 단어 연상에 영향을 끼치는 '어휘 점화 효과'로 인해 배웠던 낱말 뜻 등 배경지식이 오히려 정보의 인출을 방해할 수 있다. 예컨대 부모나 교사가 '의사'와 '빵'이 적혀 있는 표지판을 아이들에게 보여준다고 하자. 그런 후에 '간호사'가 그려진 그림을 보여주면서 "이 그림은 무엇이죠?"라고 질문하면 대부분 아이는 간호사로 대답한다. 대체로 '의사'와 '간호사'는 강한 연상 관계가 있지만, '빵'과 '간호사'는 없는 탓이다. 하지만 어떤 아이들은 간호사가 아니라 '제빵사'라고 잘못 대답할 수 있다. 빵집에 갔을 때 제빵사가 간호사처럼 흰옷을 입고 빵을 만드는 것을 보았으므로 간호사 그림에서 흰옷을 보고 제빵사를 연상한 것이다. 이로 보듯 독자의 뇌에 오개념, 선입관이나 편견 등이 장기기억에 들어 있을수록 글을 제대로 이해할 수 없다. 많은 책을 읽었다는 중학생이나 고등학생이 문해력이 낮다면 이런 경우일 가능성이 크다.

책을 읽을 때 명료하게 조직된 지식이 장기기억에 많을수록 인지 부담은 줄어든다. 그러므로 부모나 교사는 지식이 명료하게 조직될 수 있도록 아이의 문해 수준에 맞춰 책을 고르고, 다소 어려운 책을 읽어야 한다면 책 중에 순서를 정해서 읽혀야 한다. 예컨대 아이가 다소 어려운 책을 읽을 수밖에 없으면, 부모나 교사는 같은 주제로 된 쉬운 책을 먼저 정확하게 읽게 해야 한다. 그러면 다음에 읽을 책에 나오는 단어 등 배경지식이 미리 기억됨에 따라 책 읽기를 싫어하던 아이조차도 인지 부담이 줄어들게 되고 흥미와 자신감을 높일 수 있다.

맥락을 만들어줘야 한다

맥락은 어떤 사물이나 상황이 연결되는 관계성을 의미한다. 예컨대 두 개의 상황이 원인과 결과, 전제와 결론, 비교와 대조 등으로 묶일 수 있으면 한 맥락이 된다. 학습과학에 따르면 정보를 부호화하여 머릿속에 입력한 후에 다시 끄집어낼수록 장기기억은 더욱 단단해진다. 하지만 이런 기억 구조는 흠이 있다. 새로운 정보를 오개념에 연결하여 부호화를 하거나, 기억된 정보가 본인에게 유리하게 편집되었거나, 잊혀 찾을 수 없으면 필요한 정보를 끄집어낼 수 없거나 왜곡된 정보가 인출된다. 예컨대 아이가 글을 정확하게 이해하지 않으면 어떤 단어는 아무리 애써도 잘 떠오르지 않고, 비논리적인 해석으로 판단 실수를 저지르기도 한다.

이러한 문제는 기억이 맥락 의존적인 탓에 일어난다. 컴퓨터에서 기억 장치에 있는 모든 정보는 우편번호처럼 고유한 주소를 갖고 있다. 하지만 인간은 뇌의 어느 부분에 정보가 기억되는지를 정확하게 알지 못한다. 그러므로 컴퓨터처럼 간단하게 해당 주소를 클릭하여 찾는 방법으로 뇌에서 정보를 끄집어낼 수 없다. 즉, 필요한 기억을 인출하려면 새로운 사건을 장기기억과 연결해 주는 단서가 있어야 한다.

영국의 심리학자인 고든(Godden)과 배들리(Baddeley) 연구팀은 기억과 맥락의 관계를 탐구하는 실험을 했다. 한 팀으로 이루어진 잠수부들에게 6m 깊이 바닷속에서 자신들이 제시한 단어 목록을 외울 것을 요청했다. 그리고 그 이튿날 잠수부 팀을 두 그룹으로 나눴다. 한 그룹은 어제 입수했던 6m 깊이 바닷속으로 다시 돌아가도록 했고, 남은 한 그룹은 육지에 남겼다. 그 후에 연구자들은 각각의 그룹에 어제 외웠던 목록 중에서 몇 개의 단어를 외우고 있는지를 물었다. 연구팀은 육지에 남겨진 그룹이 단어 목록을 잘 외울 것이라고 기대했지만 실험 결과는 예측을 빗나갔다. 바닷속에 다시 돌아간 잠수부들이 육지에 남은 잠수부들보다 35% 이상 더 많은 단어를 기억해 낸 것이다. 잠수부들 모두가 바닷속에 들어갔던 날, 그들 중 누구도 단어를 외울 때 푸른 바닷물, 화려한 색깔의 산호초,

열대어에 집중할 것을 요청받지 않았다. 하지만 푸른 바닷물, 산호초, 열대어에 대한 정보들이 미리 약속된 것처럼 모두 잠수부의 기억으로 들어갔던 것이다. 그래서 다시 바닷속으로 들어간 잠수부들이 육지에 남은 잠수부들보다 단어들을 장기기억으로부터 불러내는 데 훨씬 환경적으로 유리한 조건에 놓였다.[20] 외부환경을 굳이 의식하지 않았어도 정보를 입력할 때와 인출할 때가 같았으므로 더 많은 단어를 떠올렸다.

조선 후기의 중상주의 실학자였던 연암 박지원이 쓴《연암집》에도 이와 관련된 이야기가 실려 있다.

> 화담(花潭) 서경덕(徐敬德)이 밖에 나갔다가, 자기 집을 찾지 못하고 길에서 우는 자를 만나서 물었다. 너는 어찌 우느냐? 저는 다섯 살 적에 소경이 되었는데 그런지가 지금 이십 년입니다. 아침나절에 밖에 나왔다가, 갑자기 천지 만물을 환하게 볼 수 있었습니다. 기뻐서 집으로 돌아가려니까, 밭둑에는 갈림길이 많고 대문들은 서로 똑같아 저의 집을 구별하지 못하겠습니다. 그래서 울고 있습니다. 그럼 내가 너에게 돌아갈 방도를 가르쳐주마. 네 눈을 도로 감으면, 바로 네 집이 나올 것이다. 이에 소경이 눈을 감고 지팡이로 더듬으며 발길 가는 대로 걸어갔더니, 곧바로 집에 이르게 되었다.[21]

기억이 맥락에 의존하는 것은 기억이 만들어지는 해마의 특성 탓이다. 해마는 위치를 파악하는 장소 세포로 가득 차 있으므로 주변 환경과 자기 위치 정보를 저장한다. 예컨대 우리는 어떤 곳을 찾아갈 때 종종 주변을 보고 눈에 띄는 물체나 지형을 통해 길을 찾는다. 그러나 해마가 주변 환경을 저장해 놓으므로 익숙해지면 이런 표시에 의존하지 않고서도 목적지에 도달한다. 영국 런던대학교의 엘리노어 맥과이어 박사는 런던 택시 운전사들의 뇌 구조를 자기공명영상(MRI)으로 살펴봤다. 런던에서 택시 운전사를 하려면 수천 개의 장소를 헤매지 않고 훈련을 한 후 시험을 통과해야 하므로 약 2년 동안 길 찾기 훈련을 한다고 한다. 그런데 이런 택시 운전사들의 경우 해마 뒷부분이 일반인보다 커져 있었다. 특히 운전 경력이 긴 운전사일수록 길 찾기 훈련으로 뇌세포가 그만큼 늘어나서 더욱 컸다.[22]

'공허 응시'라는 현상도 공간과 기억이 밀접한 관계임을 보여준다. 피실험자에게 자전거, 금관악기, 뱀 등 여러 개의 이미지가 사방에 흩어져 있는 화면을 보여준 후에 이미지를 모두 없애고 텅 빈 화면을 보여주며 다음의 질문을 하는 실험을 했다. "뱀은 어떤 색이었나요?" 그랬더니 모든 피실험자는 이미지가 사라졌는데도 텅 빈 화면의 오른쪽 아랫부분으로 시선을 이동시켰다.[23] 즉, 해마는 뱀 이미지가 놓였던 위치를 함께 기억한 것이다.

장소 세포가 어떻게 위치를 기억하는가는 한국과학기술연구원 뇌과학연구소 세바스찬 로이어(Sebastein Royer) 연구팀의 실험에서도 확인되었다. 연구팀은 쥐를 대상으로 고안한 독특한 실험용 러닝머신을 이용했다. 생쥐의 머리에 8개의 침을 꽂고 특수 제작된 1.8m 길이 러닝머신을 달리도록 했다. 러닝머신 위에는 쥐가 어디를 달리고 있는지 알기 위한 벨크로(찍찍이)와 중간중간 뾰쪽한 튜브 같은 장애물을 설치해 놓았다. 쥐가 러닝머신 위를 달리는 동안 장애물을 통해 특정 장소에 대한 학습이 이뤄지면서 공간 기억이 생성되게 설계한 것이다. 이 과정을 반복한 연구팀은 쥐가 장애물을 통과할 때마다 장소 세포의 활동 지점이 달라지는 현상을 발견했다. 즉, 해마의 장소 세포가 움직이면서 공간과 연결된 감각 정보는 구분되어 저장되고 있었다.[24] 이처럼 공간은 서술기억에서 필수적 요소이며, 지식이 사실적 지식이든, 절차적 지식이든, 개념적 지식이든 간에 공간 정보와 함께 기억된다.

공간 배치가 기억 속에 감각 정보와 함께 단단하게 박혀 있는 것은 회상을 돕기 위해서이다. 기억은 알다시피 뇌에 통째로 저장되지 않고 작은 조각들로 쪼개져서 단편적으로 저장된다. 그러므로 뇌는 작은 세부적인 기억을 끄집어내면서 이를 단서로 기억을 확장하고 전체 기억을 회상한다. 이는 우리가 과거의 사건 전체를 단번에 떠올리지 않는 것에서 알 수 있다.[25] 물론 뇌에서 수백 개의 쪼개진 정보를 끄집어내어 하나하나 정확한 순서로 짜 맞추는 일은 어렵다. 그러나 뇌는 가능한 한 많은 공간 정보를 함께 기억하려고 노력하므로 공간과 함께 기억된 사건 정보는 거의 비슷하게 끄집어낼 수 있다.[26] 그러므로 많은 공간 정보가 뇌에 기억될수록 기억을 정확하게 회상할 수 있다.

이로 보듯 맥락 의존적 기억은 장점이 있다. 뇌는 컴퓨터처럼 모든 정보를 똑같이 취급하지 않고 자주 일어나는 정보, 우리가 최근에 필요로 했던 정보, 지금과 비슷한 상황에서 이전에 중요했던 정보 등을 먼저 끄집어내기 때문이다. 그러므로 우리가 기억에서 필요한 정보를 끄집어내기 위해 가장 중요한 수단과 방법은 올바른 질문이지, 뇌 속의 특정한 정보군을 찾아내는 방식이 아니다. 또한 질문을 할 때 관련된 단서를 많이 제시하고, 단서와 기억된 정보가 밀접할수록 효과적이다. 요컨대 뇌로 들어오는 정보가 정확하면 뇌의 기억들이 알아서 자율적으로 반응한다.

맥락 의존적 기억은 문제를 일으키기도 한다. 비슷한 맥락이라면 잘못된 예측을 할 수 있다. 예컨대 "오늘 아침에 무엇을 먹었느냐?"에 대한 질문에 제대로 대답하지 못한 경우라면 어제 아침과 그제 아침에 식사로 나온 밥과 반찬이 비슷한 탓이다. 또한 맥락이 바뀌면 기억에서 혼동이 생길 수 있다. 영화에서 자주 보며, 이름까지 기억한 배우를 시장에서 마주쳤는데도 쉽게 이름이 떠오르지

않는 것은 맥락이 달라졌기 때문이다.[27]

맥락 의존적 기억을 활용하면 문해력을 높일 수 있다. 즉, 공간 배치가 기억을 끄집어내거나 예측에 끼치는 영향을 고려하여 책을 읽게 되면 책 내용을 장기기억으로 신속하게 보낼 수 있다. 예컨대 공부방이든, 도서관이든, 교실이든 한곳을 정해놓고 그 자리에서 계속 책을 읽는 방식은 문해력에 도움이 된다. 책을 읽을 때도 목차를 활용하는 것이 유익하다. 목차는 독자에게 어떤 방식으로 책 내용이 전개될지를 보여줌으로써 장기기억에서 비슷한 틀을 끌어낼 준비를 하라는 저자의 암시이다. 그래서 목차를 기억한 후에 책을 읽으면 글의 구성을 예측할 수 있으므로 작업기억의 인지 부담을 줄일 수 있다. 독서법에 '훑어 읽기'가 있다. 이 방법은 전체적인 책 내용의 흐름과 윤곽을 파악하는 것으로 책 내용이 이해되거나, 이해되지 않거나를 따지지 않고 한번에 빨리 읽는 독서법이다. 훑어 읽기를 하는 까닭은 첫 장부터 꼼꼼하게 책을 읽어야 하지만 그 방법으로는 책을 끝까지 읽기 어렵다고 보는 탓이다. 그래서 전체를 대충 읽은 후에 이 책의 중요한 내용이 담긴 부분, 혹은 다시 꼭 반복해서 보아야 할 부분, 이해하지 못하는 부분 등만 발췌하여 읽으려는 것이다.[28]

훑어 읽기에는 은밀한 비밀이 감춰져 있다. 이 방법으로 책을 읽으면 글의 레이아웃(layout)을 예측할 수 있어 글의 구조를 이해하는 데 도움이 된다. 책 페이지를 넘길 때마다 익숙한 문장 형태나 문단 구조를 다시 보게 해주는 탓에 문해력에 도움을 준다. 일반적으로 글쓴이는 책 내용을 독특한 방식으로 레이아웃하므로 글에서 같은 구문이나 단어가 반복되는 현상인 '구조 프라이밍' 또는 '통사 프라이밍'이 자주 나타난다. 즉, 글쓴이는 선행하는 문장과 후행하는 문장 간에 구조를 비슷한 패턴으로 반복하여 쓴다.[29] 그래서 책을 읽을 때 글의 내용이 바뀌더라도 글의 패턴은 잘 바뀌지 않으며, 흔히 "문해력을 높이려면 글의 구조를 이해해야 한다."라고 말을 한다.

독서법에서 맥락에 의존하는 다른 이유도 있다. 어떤 새로운 기억도 개인적 경험인 일화기억에서 출발하여 보편적 지식인 의미기억으로 발전된다. 그러므로 각각의 경험에서 공통점이 있어야만 의미기억으로 발전하여 지식의 전이에 유용하다. 예컨대 도서관에서만 책을 읽던 아이는 '책은 꼭 도서관에서만 읽는 텍스트'로 기억할 수 있다. 그러므로 도서관에서 책을 읽던 아이에게 부모나 교사가 집이나 학교에서 책을 읽으라고 하면 동기를 유발하지 않으므로 잔소리로 들릴 수 있다. 또한 책과 관련된 시험을 치르더라도 도서관 이외의 장소에서는 좋은 성취도를 기대할 수 없다. 반면에 집, 도서관, 학교 등에서 번갈아 가며 읽는 학생은 3개의 일화기억이 형성되므로 '책은 어떤 곳에서나 읽을 수 있는 텍스트'로 받아들인다. 이처럼 맥락을 넓히는 독서법은 전이 능력을 높이고 경험하지 못한 사고인 창의성까지 기를 수 있다.

시간 간격을 두고 읽어야 한다

망각곡선을 발견한 헤르만 에빙하우스는 얼마나 빨리 잊어버리는가에만 관심이 있지 않았다. 어떻게 해야 사물을 가장 잘 기억하는지도 알고 싶어 했다. 이를 위해 서로 다른 간격을 정해 여러 단어를 외우면서 망각곡선에 어떤 영향을 끼치는지를 측정했다. 그러다가 학습 시간을 짜는 방식과 기억력 간에 관계를 발견했다. 구체적으로 설명하면 이렇다. 쉬지 않고 한번에 3시간을 들여 학습하는 방식은 짧은 기간 동안 기억력을 높였다. 그러나 어김없이 망각곡선이 곧장 나타났다. 반면에 하루에 한 시간씩 3일에 걸쳐 학습하였더니 더 오랫동안 기억할 수 있었다. 즉, 헤르만은 학습 시간 사이의 간격을 넓히는 방법으로 더 오랫동안 정보를 기억할 수 있음을 알게 되었다. 연구자들은 이를 '분산학습'이라고 부른다. 요컨대 학습 시간이 장기간에 걸쳐 쪼개지고 분산되면, 정보는 한번에 이루어지는 집중학습보다 더 오랫동안 기억된다.[30]

분산학습의 강력한 효과를 보여주는 다른 실험도 있다. 프랑스어를 외국어로 학습하는 학생을 두 집단으로 나눠, 단어를 30분간 학습하게 했다. 한 집단에게는 동일 내용을 매일 10분씩 3일에 걸쳐 나누어 총 30분을 하고, 다른 집단에게는 같은 날에 10분씩 총 3회를 집중학습하게 했다. 일주일 후에 예고 없이 학습한 단어를 얼마나 기억하고 있는가를 측정한 결과 분산학습은 75%, 집중학습은 55%로 분산학습의 회상률이 20% 더 높았다.[31] 더 나아가 분산 간격 시간을 조절하여 시간 간격을 일정하게 하는 분산학습보다 반복하는 횟수가 늘어날 때마다 학습 간격을 길게 하는 방식이 더 높은 회상률을 보였다.[32] 그러나 절대적이고 보편적인 학습 간격의 개수나 각각의 시간 등은 없으며 상황에 따라 늘 바뀔 수 있다. 예컨대 단순한 기술은 복잡한 기술을 학습할 때보다 상대적으로 더 짧은 시간 간격이더라도 분산학습의 효과는 줄어들지 않는다. 어떤 기술이든지 간에 고도의 숙련이 목표라면 처음 계획한 시간 간격보다 훨씬 더 많은 휴식 시간이 필요할 수 있다.[33]

분산학습이 뛰어난 원인이 있다. 한곳에서 긴 시간 동안 학습할 때는 변하지 않는 하나의 맥락에서만 이루어진다. 오직 하나의 탁자, 하나의 공간에서 나는 냄새, 소음, 그리고 신체적 감각에만 묶인다. 그러나 시간 간격을 두는 학습은 맥락을 다르게 하므로 더 깊고 참신한 의미기억이 형성되며, 다양한 상황에서 더 쉽게 기억을 끄집어낸다. 특히 기억을 깊게 하는 결정적 방법은 반복적으로 기억을 끄집어내는 것이다. 뇌는 반복을 특정한 정보를 빈번하게 사용하겠다는 신호로 받아들이므로 하나의 기억이 여러 번 검색되면 확실하게 기억하려고 한다.[34]

더 나아가 기억은 부호화, 저장, 통합의 과정을 거치기 때문이기도 하다. 부호화는 새로운 정보를 뇌에 들여보내는 것이고, 저장은 이 정보가 자리 잡을 공간을 뇌 안에서 찾는 것이며, 통합은 이 정보가 자리 잡은 공간에서 다른 공간으로 옮겨지지 않도록 안전하게 묶는 일이다. 우리는 지금까지 통합 과정 전부를 알지 못하지만, 통합은 대부분 밤에 잠을 자는 동안 일어나며 그것도 한꺼번에 일어나지 않고 몇 개월에 걸쳐 완성되는 것을 알고 있다.[35] 그러므로 분산학습으로 장기기억에서 정보를 반복적으로 인출하면 기억은 더욱 단단하게 통합된다. 반면에 분산학습을 하지 않으면 기억은 다른 정보로 인한 간섭에 취약해지고, 필요할 때 끄집어내기도 어려워지는 탓에 정보는 빠르게 망각된다.

요컨대 맥락 의존적 기억과 분산학습을 고려하면 한번에

끝까지 책을 읽기보다 소주제가 들어 있는 내용 문단, 즉 절 단위로 읽을 범위를 나눈 후에 도서관, 집, 교실 등 장소를 바꿔가며, 시간 간격을 두고 반복적으로 읽을 때 문해력은 높아진다.

비판적으로 보고,
듣고,
생각하라

6장

문해력은 후마니타스를 기르는 힘이다. 문해력의 비밀은 뇌에 숨겨져 있다. 스스로 혼자 끝까지 견디고 읽게 하라. 마음에 글을 새기려는 첫 마음을 잃지 않게 하라. 문해력 비법인 인지 역량을 높여라. 비판적으로 보고, 듣고, 생각하라. 비판적으로 읽고 또 읽어라. 문해력은 후마니타스를 기르는 힘이다. 문해력의 비밀은 뇌에 숨겨져 있다. 스스로 혼자 끝까지 견디고 읽게 하라. 마음에 글을 새기려는 첫 마음을 잃지 않게 하라. 문해력 비법인 인지 역량을 높여라. 비판적으로 보고, 듣고, 생각하라. 비판적으로 읽고 또 읽어라. 문해력은 후마니타스를 기르는 힘이다. 문해력의 비밀은 뇌에 숨겨져 있다. 스스로 혼자 끝까지 견디고 읽게 하라. 마음에 글을 새기려는 첫 마음을 잃지 않게 하라. 문해력 비법인 인지 역량을 높여라. 비판적으로 보고, 듣고, 생각하라. 비판적으로 읽고 또 읽어라.

유구한 역사를 보더라도 비판적 사고 없이는
과학기술의 발달이나 인류의 삶이 나아지지 않았다.
지구가 우주의 중심이라는 프톨레마이오스의 천동설은
지구가 태양의 주위를 돈다는 코페르니쿠스의 지동설이 나오기 전까지
천 년 동안이나 유럽의 천문학을 지배했다.
그러나 누군가 천동설을 의심했으므로 진실을 찾아낼 수 있었다.

비판적 사고는 평범하지 않다

프랑스의 소설가 폴 부르제(Paul Bourget)는 "생각하는 대로 살지 않으면 사는 대로 생각한다."라고 했다. 어떤 생각을 얼마나 하느냐에 따라 삶이 가치 있거나 하찮아진다는 의미이다. 하지만 잘 생각하기란 쉽지 않다. 어떤 상황을 가늠하거나, 문제를 해결하는 아이디어를 떠올리려면 상당한 사고능력을 갖춰야 하지만, 의도적으로 노력하는 사람은 흔치 않다.

사람들은 "모난 돌이 정 맞는다."라는 속담을 자주 쓴다. 주변 지인들과 불화하지 않고 둥글둥글하게 살라는 뜻이다. 예컨대 동료나 친구가 "홍길동의 고향이 부산이다."라고 말하면 처음부터 받아들이는 사람은 많지 않다. 그러나 같은 이야기를 계속 듣게 되면 어느 순간 상황이 달라진다. 그 이야기와 관련된 충분하고 옳은 정보를 듣지 않았는데도 진실로 받아들이며 다른 정보를 판단하는 진리 기준으로 삼기도 한다. 이처럼 정보의 사실성이나 진실성을 따지지 않고서 다수의 의견을 따르는 현상을 '집단사고(groupthink)'라고 한다.

집단사고는 미국 예일대학교의 심리학자인 어빙 재니스(Irving Janis)가 1972년에 출간한 《집단사고의 희생자들》에 나오는 용어이다.[1] 그는 자타가 인정하는 우수한 두뇌 집단이 어떻게 잘못된 결정을 내릴 수 있는지에 대해 연구했다. 그에 따르면 '집단사고'는 '응집력이 강한 집단의 성원들이 만장일치를 이루려고 하는 사고 경향'이다. 그러므로 집단사고가 만연된 조직은 내부 성원 간에 호감과 응집력은 높일 수 있지만, 반대 의견은 검토하지도 않고 무시할 위험성이 매우 크다. 나아가 집단사고가 절정에 이르면 집단 외부를 향한 비합리적이고 비인간적인 행동도 서슴지 않고 한다.

케네디 행정부의 피그스만(灣) 침공 사건, 존슨 행정부의 베트남 정책, 닉슨 행정부의 워터게이트 사건 등은 집단사고의 대표적 사례이다. 이 모든 사건은 집단 성원이 오직 '왕따'를 당할 가능성에 대한 우려, 혹은 다수 의견을 추종하여 얻는 보상만을 기대하였으므로 일어났다.

미국이 쿠바의 피그스만을 침공한 사건이 실패로 돌아간 직후, 존 F. 케네디 대통령은 “내가 어떻게 그렇게 바보 같을 수가 있었지?”라고 탄식했다고 한다. 바보짓을 했다고 후회한 건 그 혼자만이 아니었다. 케네디 행정부의 고문이었던 역사학자 아서 슐레진저(Arthur Schlesinger)는 훗날 이렇게 회고한다. “내가 할 수 있는 유일한 변명은 당시의 토론 분위기 때문에 소극적인 질문 몇 가지만 제시했고, 그 터무니없는 계획에 대해 끝까지 반대 의견을 개진하지 못한 것이다.”

집단사고를 쉽게 차단할 수 없다. 슐레진저만 보더라도, 그의 뒤늦은 후회와는 다르게 당시에는 그의 의견이 받아들여질 상황이 아니었다. 케네디 대통령의 동생이자 법무부 장관인 로버트 케네디(Robert Kennedy)는 슐레진저의 소극적인 반대마저 가로막았다. 로버트 케네디는 슐레진저를 따로 불러 이렇게 말했다고 한다.

“당신 생각이 맞을 수도 있고 틀릴 수도 있지만, 대통령은 이미 결심을 했습니다. 그러니 더는 왈가왈부하지 마세요. 지금은 대통령을 돕기 위해 모든 사람이 각자 할 수 있는 최선을 다해야 할 때입니다.”

어느 조직에서든 최고 지위에 있으면 신체를 보호하는 경호원뿐 아니라 심기를 보호하는 마인드 가드(mindguard)가 있다. 로버트 케네디는 그런 마인드 가드로서 슐레진저를 제지했다.

어빙 재니스는 바로 이런 마인드 가드가 많을수록 지도자는 잘못된 결정을 내리고 실패할 수밖에 없다고 지적한다. 미국 제 40대 대통령 로널드 레이건은 자서전에 다음과 같이 썼다.

> 어떤 자리든 정상에 서면 고립될 위험이 있다. 사람들은 내가 듣고 싶어 하는 말만 해준다. 송곳 같은 충고가 나의 통치에 해를 주지 않는데도 말이다. 그런데 나에게 다가와 기꺼이 "당신이 틀렸습니다."라고 말해주는 사람은 별로 없다.

한국 사회도 이와 별반 다르지 않다. 갈등을 회피하고, 내부 성원 간에 유대감을 미덕으로 보는 전통으로 인해 다수 의견이 틀렸고 자신의 의견이 확실한 경우에도 침묵한다.

이런 심리는 언어를 쓸 때도 자주 나타난다. '같다'는 형용사로 '다르지 않다'는 뜻이 있지만, 접미사로 '어림으로 헤아린다'라는 뜻도 있다. 즉, 애매모호한 상황을 표현할 때 '같다'라고 한다. 문법으로만 따지면 느낌이나 판단이 뚜렷할 때 '같다'를 쓰면 옳지 않고, 명확하게 옳은지 그른지를 모를 때에 '같다'를 써야 한다. 그렇지만 현실에서는 이와 정반대다. 뚜렷한 생각과 느낌에 '같다'를 붙인다. 예컨대 학생이 선생님과 만나기로 한 약속을 지키지 못하는데도 "선생님 죄송하지만, 오늘 만나지 못할 것 같아요."라는 문자를 보낸다.[2]

주위를 보면 집단사고의 문제를 지적하고, 교육 등을 통해 해결하자는 이야기는 참 많이 한다. 한국의 초중고에 적용되는 국가 교육과정, 교육청 교육과정, 학교 교육과정을 보더라도 집단사고와 정반대인 비판적 사고를 높이는 쪽으로 설계되어 있다. 하지만 집단사고를 벗어나서 비판적 사고를 하는 일은 쉽지 않다. 비판적 사고는 대중의 견해를 거스르고 기존 권위에 도전한다. 그러다 보니 과거에 하던 방식이나 다수 의견을 따르지 않고서 과감하게 이의를 제기하면 자신의 사회적 지위를 잃을 수 있다.[3] 역사를 보더라도 부당한 권력자에게 자신의 의견을 굽히지 않다가 뭇매를 맞는 일은 한두 건이 아니었다. 살아남으려면 권력자의 지시에 순응하여 입을 다물어야 했다.

최근에 대학에 진학한 학생들에게 설문 조사한 결과를 보더라도 집단사고를 따라 행동한다고 대답한 학생들이 많았다. 교육과 혁신 연구소 이혜정 소장이 쓴《서울대에서는 누가 A+를 받는가》라는 책을 보면 이런 질문이 있다. "만약 내 의견이 교수님과 다른데, 내 의견이 더 맞는 것 같다. 그런데 그것을 시험이나 과제에 쓰면 A+를 받을지 확신이 없다. 이런 경우에 어떻게 하겠는가?" 이 질문을 받은 46명의 학생 중 41명은 자신의 의견을 포기하겠다고 대답했다. 특히 그들은 서울대 내에서도 최우등 학생이었다. 노트 필기 방식도 집단사고에서 벗어나지 않음을 보여준다. 최우등생 중 87%는 교수가 강의 중에 한 말을 그대로 옮겨 적는다고 응답했다. 실험 이후에 노트 필기를 더 구조화하고 체계화한 학생들도 있었지만, 교수가 언급한 내용을 절대 벗어나지 않으려고 노력했다는 사실이다. 그 까닭도 특별하지 않다. 교수의 강의 내용을 의심하지 않고 일방적으로 받아들이고 답안을 작성했을 때 최고의 점수를 받았기 때문이다.[4]

다음 (가),(나) 글을 보더라도 비판적 사고가 녹록하지 않음을 알 수 있다.

(가)

대체로 자신이 새로 개발한 것에 대해 특허권을 주장하는 행위는 널리 받아들여진다. 그렇다면 유전자에 대해 특허를 부여한다는 것은 유전자가 인간의 발명품이라는 말인가? 현재의 특허법을 보면, 생명체나 생명체의 일부분이라도 인위적으로 분리되고 확인된 것은 발명이다. 그러므로 유전자도 자연으로부터 분리되고 정제되어 이용 가능한 상태가 된다면 화학물질이나 미생물과 마찬가지로 특허의 대상으로 인정된다.

유전자 반대론자들은 자연 상태의 생명체나 그 일부분이 특허로서 독점될 수 있다는 발상 자체를 터무니없다고 지적한다. 수만 년 동안의 인류 진화 역사를 통해 형성되어 온 유전자를 실험실에서 분리하고 그 기능을 확인했다는 이유만으로 독점적 소유권을 인정하는 일은, 마치 한 마을에서 수십 년 동안 함께 사용해 온 우물물의 독특한 성분을 확인했다는 이유로 특정한 개인에게 우물의 독점권을 준다는 논리만큼 부당하다.[5]

(나)

개고기는 혐오식품인가? 아니다. 적어도 우리 국민은 그렇게 생각하지 않는다. 문화와 사고방식이 우리와 다른 국가의 일부 사람들만이 그렇게 생각할 뿐이다. 그런데 개고기가 유통되는 상황은 매우 위험하다. 정부 기관 조사에 따르면 국제 기준보다 4천 배나 많은 대장균이 발견되었다. 하루라도 빨리 개고기의 위생 관리를 위한 입법에 착수하는 것이 국회의 의무이다.[6]

(가), (나)를 보면 저자가 비판적으로 사고하면서 쓴 글처럼 보인다. 하지만 (가)는 비판적 사고를, (나)는 무비판적 사고를 보여준다.

(가)는 '유전자에 대한 개인 소유권'에 대해 쓴 글이다. 첫째 문단은 유전자는 가공될 수 있으므로 특허 대상으로 인정할 수 있다는 것이다. 둘째 문단은 유전자는 자연 상태의 생명체이므로 특허로써 독점될 수 없다는 것이다. 이처럼 글쓴이는 유전자의 개인 소유권에 대한 두 입장과 각각의 근거를 제시하면서 독자에게 어느 쪽이 더 타당한 의견인지를 물어보고 있다.

(나)는 '개고기가 혐오식품인가, 아닌가?'에 대한 글인데 글

쓴이의 대답에는 근거가 없다. 즉, "우리 국민은 개고기를 혐오식품으로 여기지 않으며 외국인 일부만이 혐오식품으로 여긴다."라고 주장할 뿐이다. 오히려 "개고기 유통과정에 문제가 있으므로 위생 관련 법을 제정해야 한다."라고 하면서 원래의 쟁점을 입법의 문제로 바꿔버린다.

비판적 사고를 배워야 한다

어떤 일을 하려고 할 때 "최고의 방법은 무엇인가?" "그 일이 가장 중요한가?" "혹시 더 중요한 다른 일은 없는가?" 등을 꼼꼼하게 따져봐야 한다. 하지만 비판적 사고 기술이 없으면 합리적으로 판단할 수 없다.

다음은 비판적 사고를 기르기 위한 다양한 질문들이다.[7]

- 누가 왜 그런 주장을 했는가?
- 그는 누구인가?
- 그의 됨됨이와 정보는 믿을 만한가?
- 이슈가 될 만큼 중요한 주장인가?

- 그가 이런 주장을 하게 된 배경은 무엇인가?
- 어떤 가정 아래 이런 말을 했는가?
- 주장에서 가정의 어느 부분만 드러나는가?
- 숨겨진 부분은 없나?
- 주장의 목적은 무엇인가?
- 어떤 이유를 제시했나?
- 구체적 사례로 어떤 것을 제시했나?
- 주장에 반하는 예외적인 사례들은 없나?
- 사례들은 과연 주장을 합리적으로 타당성 있게 뒷받침하고 있나?
- 이 사람(단체)은 어떤 성향을 보이는가?
- 이들은 과거에 어떤 주장들을 해왔는가?
- 누가(어느 단체가) 다른 주장을 하고 있으며 그들의 주장은 무엇인가?
- 다른 사람들의 주장은 현실을 어떻게 가정하고 있는가?
- 가정에서는 포함되고 주장에서는 드러나지 않은 부분은 어떤 것인가?
- 주장에 대한 이유와 사례로 어떤 것을 제시했나, 과연 이들은 타당한가?
- 주장의 공통점과 차이점은 어떤 것이 있나?
- 주장의 장단점은 무엇인가?
- 주장에 대해 가부를 결정한 후 사회에서는 어떤 현상이 일어나는가?
- 어떤 사람들이 이 주제에 관심을 보이는가?
- 이들은 어떤 주장에 대해 동의하거나 반대하는가?

• 정치적·경제적·사회적·법적·환경적·문화적 측면에서 주제가 지닌 파급력은 무엇인가?

유구한 역사를 보더라도 비판적 사고 없이는 과학기술의 발달이나 인류의 삶이 나아지지 않았다. 지구가 우주의 중심이라는 프톨레마이오스의 천동설은 지구가 태양의 주위를 돈다는 코페르니쿠스의 지동설이 나오기 전까지 천 년 동안이나 유럽의 천문학을 지배했다. 그러나 누군가 천동설을 의심했으므로 진실을 찾아낼 수 있었다. 아인슈타인은 뉴턴의 역학에 대해 의구심을 품었으므로 상대성 이론을 탄생시켰으며 양자역학도 아인슈타인이라는 거장의 끈질긴 공격에 굴복하지 않았기에 전자공학 등을 통해 인류의 삶을 더 풍요롭게 했다.[8]

코로나19 팬데믹 사태에서 보듯이 비판적 사고 없이는 인류의 생존을 위협하는 위험에서 벗어날 수 없다. 2020년 2월 초, 코로나19가 발발했을 당시에 서울시는 서울교통공사 직원들에게 역에서 마스크를 나눠주라는 지침을 전달했고, 직원들은 지침을 이행했다. 얼마 후 서울시는 마스크 공급 대상을 노숙인을 포함한 모든 이들로 확장하고, 마스크를 받는 이들의 신분을 확인하라는 추가 지침을 전달했다. 하지만 서울교통공사 직원들은 새로운 지침을 따르지 않았다. 코로나19 확산 추세에 따라 전염병으로부터 보호와 서울교통공사에서 감염이 발생했을 경우 지하철 운행이 마비될 우려를 제기했고, 마스크 물량을 기존처럼 나눠줬다. 이 갈등은 이후에 서울시가 지하철역 현장을 제대로 이해하지 못하였으며 서울교통공사 직원들의 판단이 옳았던 것으로 마무리되었다.[9]

우리 중에 태어날 때부터 비판적 사고를 능숙하게 하는 사람은 없다. 그러나 복잡하고 긴박한 상황에서 닥친 문제를 효과적으로 해결하려면 비판적 사고를 배워야 한다. 특히 비판적 사고의 원리가 없지도 않다. 논증은 사고의 질을 깊고 유연하게 하는 최적의 수단이다. 그러므로 부모나 교사는 주어진 상황이나 과제에 대해 최적의 자료를 수집하고 분석하며, 대안의 가치와 질을 평가하려고 해야 하며, 이러한 태도를 자주 아이들에게 보고 듣게 해야만 그들의 비판적 사고를 높일 수 있다.[10]

비판적 사고는 논리적 사고이다

모든 전문가가 수용하는 비판적 사고에 대한 합의된 정의는 없다. 하지만 스크리븐, 애니스, 칸, 웨들 등에서 보듯이 비판적 사고는 교과 주제나 내용과 상관없이 모든 분야에 적용할 수 있는 합리적인 사고 방법을 의미한다.

> 비판적으로 사고한다는 것은 말해진 것을 분석하고, 그것을 주의 깊게 평가하며, 증거들이 필요할 때 증거들을 구하고, 다양한 정보들을 일관적인 방식으로 함께 연결하고, 사고에서의 잘못을 피하려고 노력하고, 이치에 닿지 않는 것들에 대해 의문을 제기하고, 획득 가능한 최선의 정보에 근거하여 결정하고 계획하는 것 등이 포함된다.[11]

문제를 인식하고, 문제를 해결할 수 있는 적절한 수단을 찾고, 관련된 정보를 찾아 분류하고, 숨은 가정과 가치관을 파악하고, 언어를 정확하고 분명하게 이해하고 사용하며, 자료를 해석하고, 증거를 판단하고 주장을 평가하고, 명제들 사이에 논리적 관계가 있는 것을 인식하고, 정당한 결론을 도출하고 일반화를 하며 얻은 결론과 일반화를 시험에 부치고, 더 많은 경험에 근거해 믿음을 재구성하며, 일상에서 특정 문제에 대해 정확한 판단을 내리는 능력이다.[12]

비판적 사고는 구체적인 목적과 방법, 사고 과정에 따라 이해하기, 추론하기, 논증하기, 논증 비판하기로 나눌 수 있다.

"우리나라 경제가 침체의 길로 들어섰는가?"라는 문제를 판단한다고 해보자. 먼저, 우리나라 경제를 조사한 실업률, 경기 변동 등과 관련된 자료들과 기존 연구물들을 모아야 한다. 다음으로 수집한 자료들의 내용을 파악하고 판단에 도움이 될 만한 여러 내용을 골라낸 후에 그 내용을 다시 체계적으로 파악해야 한다. 즉, 자료를 요약하고, 비교하고, 자료 간에 논리적 연관성을 이해해야 한다.[13] 자료의 이해를 통해 근거가 되는 판단을 마련했다면 다음으로 추론을 해야 한다. 추론은 이미 알려진 정보를 근거로 삼아 다른 판단을 내리는 대표적인 비판적 사고이다. 한두 가지 믿음에서 출발해, 이 믿음으로부터 정당화되는 다른 믿음으로 나아가는 정신 활동이다. 하지만 추론이 언제나 확실하지는 않다. 철수가 막 태어난 아이라는 사실을 안다면 우리는 그 애가 아직 혼자서는 밥을 먹지 못하며 걷지도 못한다고 확실하게 추론할 수 있다. 반면에 영희가 열여덟 살 고등학생이라면 휴대폰을 갖고 있다고 추론할 수는 있지만, 휴대폰이 없을 수도 있다. 나아가 과학적 추론도 확신할 수 없다. 많은 전문가는 새가 공룡으로부터 진화했다고 확신하지만, 나무와 같이 높은 곳에서 뛰어내려 날기 시작했는지, 포식자로부터 도망가기 위해 원시적인 형태의 날개를 휘저어 빨리 달려서 날기 시작했는지에 대해 단정하지 못한다.[14]

확실한 추론, 즉 좋은 추론이 되려면 갖춰야 할 요건이 있다. 추론의 전제, 즉 이미 알려진 정보가 진실이어야 한다. 또한 이미 알려진 정보로부터 결론에 이르는 과정이 논리적으로 일관되어야 한다.

다음의 글을 보자.

> 어떤 사람은 일자리를 찾아보는 재주가 뛰어나거나 보수가 낮은 일자리라도 기꺼이 받아들임으로써 자신의 실업문제를 해결한다. 따라서 실업자들은 모두 이렇게 할 수 있다.[15]

첫째 문장인 전제는 진실이라고 볼 수 있다. 모든 사람은 아니지만, 일자리를 찾아보는 재주가 뛰어나거나 보수가 낮더라도 받아들여 취업하는 사람은 있다. 하지만 이 전제로부터 내려진 결론은 진실이라고 볼 수 없다. 모든 실업자가 구인 능력이 뛰어나지는 않으며, 낮은 보수를 기꺼이 받아들이지도 않는다. 그러므로 이 추론은 전제는 참이라도 해도 결론이 거짓인 나쁜 추론이다.

다음의 글을 보자.

> 정직하고 봉사 정신이 강한 사람들만이 공직을 맡을 수 있다. 정직하지만 공직자가 아닌 사람들은 많이 있다. 그러므로 정직하지만, 봉사 정신은 강하지 않은 사람들이 많이 있다.[16]

첫째 문장에서 정직하고 봉사 정신이 강한 사람들만이 공직을 맡을 수 있다는 것이 정직하고 봉사 정신이 강한 사람들은 반드시 공직을 맡는다는 것을 의미하지 않는다. 즉, 정직하고 봉사하려는 의욕이 넘치더라도 공직을 원하지 않으므로 공직자가 아닌 사람이 있을 수 있다. 그러므로 전제는 참이지만, 결론은 옳지 않은 나쁜 추론이다.

추론이 정보를 이해하고 이를 토대로 새로운 판단을 하는 사고 기술이라면 논증은 자신이 올바르다고 생각하는 판단이나 주장을 정당화할 때 쓰는 사고 기술이다. 다시 말해, 상대방에게 자신의 주장을 논리적으로 증명하는 사고 활동이다. 예컨대 철수가 "지금 밖에 비가 와."라고 말을 했고 옆에 있던 명석이가 "왜?"라고 물었다고 하자. 그러자 철수가 "방금 숙이가 들어왔는데 옷이 젖어 있었고, 손에 우산을 들고 있었어."라고 대답했다면 논증을 한 것이다.[17]

논증이 쉬운 일은 아니다. 복잡한 논증도 있고, 대부분 글에는 논증에서 결론임을 암시하는 '따라서' '그러므로' 등 접속어는 나와 있지 않으며, 결론이 항상 글의 끝에 나오지도 않는다.

다음의 글을 보자.

> 흡연의 위험을 알려주는 것만으로는 금연을 홍보하기에는 충분하지 않다. 지금 인구의 3분의 1은 흡연자다. 흡연을 하면 폐암과 심장질환이 생긴다는 점은 우리 모두 알고 있다.[18]

이 글에는 결론을 암시하는 접속어가 없으며 마지막 문장이 아닌 첫째 문장이 결론이다. 또한 보건복지부 등 관계 당국이 흡연의 위험을 알렸을 때 만약, 폐암과 심장질환의 위험을 제외하고 다른 질병이 발생할 위험만을 알렸다면 둘째 문장에 나온 진술은 성립하지 않으므로 둘째 문장은 결론이 될 수 없다. 즉, 폐암과 심장질환에 대해서 어떤 사람도 알 수 없거나, 일부는 폐암과 심장질환의 위험을 짐작할 수 있어도 모든 사람이 다 안다고 할 수 없다. 그러므로 이 글은 "흡연이 폐암과 심장질환을 일으키는 것을 모두 아는데도 인구의 3분의 1이 흡연자라면 흡연의 위험을 알리는 조치만으로는 금연에 충분치 않다."라는 논증으로 볼 수 있다.

다음의 글을 보자.

> 우리는 여행자가 기차 여행에 좀 더 매력을 느끼도록 만들어야 한다. 도로에 차가 너무 많아 환경에도 영향을 미치고 인간의 안전 또한 위협받고 있다. 더 저렴하게 기차 여행을 할 수 있도록 해야 한다. 다들 도로가 덜 붐비기를 원하지만, 다들 도로 여행이 편리하다고 생각한다. 새로운 유인책이 없다면, 차를 타지 않고 기차 여행을 선호하는 사람은 여전히 많지 않을 것이다.[19]

이 글도 결론을 암시하는 접속어가 없으며 결론은 마지막 문장이 아닌 셋째 문장이다. 글쓴이는 기차 여행을 늘리기 위해 저렴한 비용을 결론으로 제시한다. 둘째 문장, 넷째 문장은 글쓴이의 결론을 정당화하는 근거이고 다섯째 문장은 넷째 문장을 덧붙이는 부연 문장이다.

지금까지 논리적 사고로서 자료 이해하기, 추론하기, 논증하기를 설명했다. 즉, 이런 사고 기술은 정보를 토대로 새로운 정보를 펼치거나 자신의 주장을 정당화하는 근거를 제시하는 방법이다. 그런데 추론과 논증으로 얻어진 판단을 다시 논리적으로 반성하는 좀 더 수준 높은 비판적 사고가 있다. 이것을 '논증 비판'이라고 하는데 내가 옳다고 주장한 것을 잘 논증하여 다른 사람이 받아들이도록 하고, 다른 사람의 주장이 옳다면 나도 받아들이며, 옳지 않다면 그 판단을 부정하도록 설득하는 사고 기술이다. 즉, 논증 비판은 상대방의 논증을 분석, 평가하고 잘못된 경우를 반박하며, 더 나아가 자신의 주장을 타인이 더 잘 받아들이도록 취약점을 보완하는 사고 기술이다.[20]

다음의 글을 보자.

> 차를 훔쳐서 달아나는 폭주족을 잡기 위해 경찰관이 너무 빠른 속도로 추격하지 못하도록 해야 한다. 그렇게 추격하다가 폭주족은 물론 무고한 시민까지 다치는 사고가 자주 발생하고 있다. 경찰은 속도가 안전에 위협이 될 정도로 위험하다면 시민의 안전을 위해 추격하지 않는 규정을 이미 채택하고 있다고 말한다. 하지만 추격할 당시에는 급박함 때문에 규정을 잊고 시민의 안전을 무시하기도 한다. 폭주족이나 도난당한 차가 시민의 안전보다 중요하지는 않다.[21]

글쓴이는 경찰관이 젊은 폭주족을 추격할 때 가속을 하지 않아야 한다고 주장한다. 근거로서 무고한 시민이 사망할 수 있으며, 시민 안전에 위협이 될 정도면 추격을 포기해야 한다는 규정을 들고 있다. 하지만 젊은 폭주족의 무분별한 운전으로 인해 폭주족이나 경찰의 생명은 물론이고 폭주족 자신의 자동차나 타인의 기물 등에도 손해를 끼칠 수 있다. 그러므로 독자는 이 글만으로 글쓴이의 결론을 인정할지, 부정할지에 대해 정확한 판단을 할 수 없다. 다시 말해 글쓴이의 주장을 독자들이 받아들이려면 예컨대, 글에 신뢰할 만한 통계자료 등이 추가되어야 한다. 그래야만 독자들은 폭주족과 경찰 중에 가속으로 인한 위험이 어느 쪽에게 더 큰지를 알 수 있고 경찰은 시민 안전에 위협을 주는 속도가 어느 수준인지를 짐작할 수 있다. 물론 통계자료만으로 좋은 논증인지, 나쁜 논증인지를 정확하게 판단할 수 없다. 그러나 통계자료가 자신이나 타인이 현재 상황에서 취한 조치가 적절했는가를 판단할 때 도움을 주는 것은 분명하다.

다음의 글을 보자.

> 국가가 부강해지면 국민도 더 건강해진다면 지금의 국민이 30년 전보다 더 건강해야 한다. 그러나 지난 30년 동안 만성피로증후군 같은 새로운 질병까지 생겼으며, 심장병, 중풍, 암처럼 예전부터 존재하고 있던 질병에도 더 취약해졌다. 그러니 국가의 부가 증가한다고 국민의 건강이 증진되는 건 아닌 것이다.[22]

글쓴이의 결론은 마지막 문장으로 국가의 부가 증가한다고 해서 국민의 건강이 반드시 좋아지지 않는다는 것이다. 또한 국가의 부가 증가하는 시기에 새로운 질병이 생겼으며, 이전에 있던 질병도 최근에 더 흔해진 것을 근거로 들고 있다. 하지만 국민의 건강이 신체적인지, 정신적인지 등 무엇인지가 구체적으로 나와 있지 않으며, 국가의 부가 증가한 덕택에 국민은 새로운 질병이나 기존의 질병에 걸리기 전까지는 더 건강한 삶을 살았을 수 있으며, 부가 늘어나면 질병이 차지하는 빈도가 줄어든다는 통계수치 등 구체적인 증거 자료가 없으므로 글쓴이의 결론을 쉽게 받아들일 수 없다.

배경지식이 비판적 사고를 완성한다

비판적 사고를 사고 기술인 논증으로 한정할 수 없다는 의견도 있다. 배경지식이 없으면 논리적인 사고인 비판적 사고를 제대로 발휘할 수 없다. 즉, 삶의 여러 문제에 대해 사고할 때 주제와 분야별로 저마다의 고유한 논리, 구성, 배경지식이 요구되므로 비판적 사고를 사고 기술로만 제한할 수 없다. 예컨대 아인슈타인은 물리학 분야에서 뛰어났지만, 시 문학에서 문외한이었다. 제2차 세계대전 발발에 대해서 비판적으로 사고하더라도 이것만으로 중동의 현재 상황, 나아가 미국 독립전쟁 발발에 대해 비판적으로 사고할 수 없다.[23]

미국 카네기멜론대학교 심리학 교수인 허버트 사이먼(Herbert Simon)과 윌리엄 체이스(William Chase)는 1973년에 발표한 논문에서 이 점을 지적한다.

> 드 구르트는 매우 짧은 시간 동안 피실험자인 체스 선수들에게 체스판을 보여준 다음 기억을 되살려 말들의 배치를 재구성하도록 했다. 그 체스판은 피실험자들이 전혀 알지 못하는 과거의 실제 마스터 게임 기보였다. 결과는 극적으로 나타났다. 최고의 선수에 해당하는 그랜드 마스터와 바로 다음 수준의 선수에 해당하는 마스터들은 약 93%의 정확도로 거의 완벽하게 25개의 말이 등장하는 체스판을 재생했다. 마스터 수준은 아니지만, 전문가 수준 선수들의 경우에 재생률은 약 72% 정도로 급격히 떨어졌다. 우수한 아마추어 선수들은 단지 50% 정도의 말의 위치만 재생했고, 초보 선수들은 단지 30% 정도인 8개의 말만 제자리에 놓을 수 있었다.[24]
>
> 출처: 《아무도 의심하지 않는 일곱 가지 교육 미신》
> 데이지 크리스토둘루, 페이퍼로드, 2018

이 실험은 인지 작용에 있어서 배경지식의 중요성을 보여주는 것으로 매우 유명하다. 체스는 논리적으로 생각하고, 체스판의 말을 어떻게 옮길 것인가 등 순수한 추론이 실력을 좌우하는 게임으로 여겨지고 있다. 하지만 실험에서 실제로 최고의 선수와 약한 선수를 구분하는 가장 큰 차이는 전형적인 기보에 대한 지식이었다. 즉, 체스 마스터가 전문성을 발휘할 수 있는 배경은 추론 능력 때문이 아니라 장기기억으로 저장된 무수한 기보 지식 때문이었다.[25]

버지니아대학교 교수 에릭 허시(Eric Hirsch)는 다른 영역도 마찬가지라고 설명한다. 그는 이와 똑같은 실험을 대수학, 물리학, 의학 등과 같은 다른 분야들을 대상으로 여러 연구소에서 수행했는데 항상 결론이 같았다. 피실험자들은 과거와 같은 유형의 문제가 현재에도 나타나면 똑같은 방식으로 문제를 해결했다. 반면에 문제가 유사하지 않거나 전혀 다를 경우 추론 등 사고 기술은 발휘되지 않았다.[26] 예컨대 교사가 과학 수업에서 실험 결과를 해석할 때 "예상하지 못한 결과에 주목하라!"라는 등 학생들에게 과학자의 사고 방법을 가르쳐주었다. 기존의 지식이 확실하지 않은 상태에서 실험할 때 새로운 지식의 가능성을 염두에 두라고 한 것이다. 하지만 교사가 이러한 과학적 사고를 가르쳤어도 학생들에게 적절한 배경지식이 없으면 무용지물이었다. 예상하지 못한 결과가 나왔다고 하려면 학생들이 예상했던 결과를 이미 알고 있어야 하며, 이마저도 해당 분야에 대한 지식이 충분해야만 가능했다.[27]

우리도 일상에서 지식이 중요하다는 것을 자주 깨닫는다. 낯선 단어가 많이 들어있는 글을 읽으면 단어를 추론한다고 하더라도 글을 정확하게 이해하기란 쉽지 않다. 꼭 단어에만 한정되지도 않는다. 어떤 글을 읽는다는 것은 단지 글에 사용된 단어들의 뜻만이 아니라 해당 단어들이 쓰인 문맥을 이해해야 한다.

이로 보듯 배경지식으로 문제를 해결하는 방식은 인지적 측면에서 매우 분명하고 효과적이다. 우리가 논리적으로 생각하는 동안에는 뇌는 주로 기억을 검색하여 여러 개의 예상 답안을 찾아보고, 그중에 특정한 답안을 선택하여 해결책으로 제시한다. 그러므로 과거에 효과적인 어떤 해답이 뇌에 저장되어 있으면 굳이 논리적으로 추론할 필요 없이 장기기억을 더듬으면 된다.[28] 또한 교사가 학생들의 배경지식을 늘리려고 하지 않으면서 분석 기술이나 추론 기술 등을 가르치면 비판적 사고력이 자동으로 늘어난다고 보는 신념은 잘못된 태도이다.[29]

모든 문제를 배경지식으로만 해결하자는 것은 아니다. 비판적 사고는 일반적 사고방식이든, 특수한 사고방식이든 자신과 타인의 생각을 분석하고, 분석된 생각 요소들의 장점은 물론이고 약점을 평가하는 데 도움을 준다. 단지 그 방법을 쓸 때 배경지식의 도움을 받는 것이 효과적이라는 뜻이다. 일상에서 전문가를 보더라도 전공과 관련된 배경지식을 외부로 드러내지 않을 뿐이지 대부분 자기 분야에 대한 많은 배경지식을 충분히 갖고 있다. 예컨대 흑미와 크랜베리로 속을 채운 요리나 살사소스를 곁들인 치킨 파스타 같은 요리를 만드는 요리사는 음식 재료에 대한 풍부한 지식을 갖고 있다.[30]

요컨대 우리는 비판적 사고뿐 아니라 배경지식을 학습해야 한다. 그래야만 남의 말을 무조건 따르는 맹목적인 사람이나 남의 말을 무조건 반대하는 편협한 사람이 되지 않는다.[31] 또한 다양한 배경지식을 활용하여 윗사람이 시키지 않더라도 미래의 위험까지 고려한 참신한 대안을 찾아내려고 노력하는 자기주도적이고 미래 지향적 인간으로 성장할 수 있다.[32]

비판적으로 읽고 또 읽어라

7장

문해력은 후마니타스를 기르는 힘이다. 문해력의 비밀은 뇌에 숨겨져 있다. 스스로 혼자 끝까지 견디고 읽게 하라. 마음에 글을 새기려는 첫 마음을 잃지 않게 하라. 문해력 비법인 인지 역량을 높여라. 비판적으로 보고, 듣고, 생각하라. 비판적으로 읽고 또 읽어라. 문해력은 후마니타스를 기르는 힘이다. 문해력의 비밀은 뇌에 숨겨져 있다. 스스로 혼자 끝까지 견디고 읽게 하라. 마음에 글을 새기려는 첫 마음을 잃지 않게 하라. 문해력 비법인 인지 역량을 높여라. 비판적으로 보고, 듣고, 생각하라. 비판적으로 읽고 또 읽어라. 문해력은 후마니타스를 기르는 힘이다. 문해력의 비밀은 뇌에 숨겨져 있다. 스스로 혼자 끝까지 견디고 읽게 하라. 마음에 글을 새기려는 첫 마음을 잃지 않게 하라. 문해력 비법인 인지 역량을 높여라. 비판적으로 보고, 듣고, 생각하라. 비판적으로 읽고 또 읽어라.

글쓴이의 주장이 설득력이 있는가를 논증으로써 확인하는 일은 쉽지 않다. 특히 긴 글일수록 독자는 글을 읽고 정확하게 이해하려면 어휘력 등 많은 배경지식이 있어야 하며 논증의 원리도 이해하고 있어야 한다.

글의 짜임새를 무엇으로 세우는가

글을 읽을 때는 우선, 자신의 견해를 개입하지 않고 글쓴이의 주장이 무엇이며, 그 주장의 근거는 어떤 것인지, 근거로부터 주장을 끌어내는 과정이 논리적으로 타당한지를 파악해야 한다. 이처럼 글을 읽는 방식을 '비판적 읽기'라고 한다. 즉, 한 문단 내에서 문장과 문장 간의 논리적 구조를 파악하는 것으로부터 시작해서, 문단 간의 논리적 구조를 이해하고, 더 나아가 전체적인 논리적 체계를 이해하는 방식으로 글을 읽는다. 이런 방식을 따르는 것은 단어는 의미를 지닌 형태소이지만 문장 속에서 서로 연결될 때 독자에게 글쓴이의 의도를 전달할 수 있으며 이 원리가 문장 및 문단에도 적용되기 때문이다. 단어와 단어, 문장과 문장, 문단과 문단 사이의 조직화, 즉 논리적 구조를 파악하지 않고서는 글을 이해할 수 없다.

글의 짜임새, 즉 구조를 이루는 주요 내용은 문제 제기, 배경 설명, 정의, 예시적 사례, 근거 혹은 전제, 결론을 내리는 이유, 가능한 반대 근거, 주장 혹은 결론을 들 수 있다. 하지만 글 속에 이런 요소들이 모두 들어 있거나 제시한 순서대로 나오는 것은 아니다. 예컨대 어떤 글에는 문제 제기, 근거, 결론만이 있을 수 있고, 다른 글에는 정의, 근거, 결론만 나올 수 있다. 또한 글에 모든 구성 요소들이 나오더라도 서술방식에 따라 놓인 순서는 다르다.

다음의 두 글은 2015학년도 연세대학교 수시 논술시험에 나왔던 지문이다.

제시문 (다)

인간이 아무리 이기적이라고 할지라도 인간의 본성에는 이와 상반되는 몇 가지 원리가 존재한다. 이 원리들로 인해 인간은 타인의 운명에 관심을 가지게 되며, 바라보는 즐거움을 제외하고 얻는 대가가 없어도 타인이 행복해지기를 바란다. 연민이나 동정이 이런 종류의 원리다.

타인의 비참함을 목격하거나 아주 생생하게 느끼게 될 때 우리는 이러한 감정을 느낀다. 우리가 타인의 슬픔을 목격하고 슬픔을 느끼는 일이 자주 있다는 것은 굳이 예를 들어 입증할 필요조차 없는 명백한 사실이다. 왜냐하면 도덕적이거나 인간미가 풍부한 사람은 물론, 무도한 악당이나 사회의 법률을 극렬하게 위반하는 사람에게도 이런 감정이 있다.

우리는 타인이 느끼는 것을 직접적으로 경험하지는 못한다. 따라서 타인이 어떻게 느끼는지 알 수는 없다. 단지 우리 자신이 같은 상황이면 무엇을 느낄지 추측해 볼 수는 있다. 내 형제가 고문을 받고 있다고 해도 나 자신이 안락한 상황에 있는 한, 나의 감각은 그 형제가 직접 겪고 있는 고통을 결코 전달해 주지는 않을 것이다. 우리의 감각은 우리 자신을 넘어선 적이 없고, 또 넘어설 수도 없다. 오직 상상력을 통해 우리는 타인이 느끼는 감각에 대해 어떤 관념을 형성할 수 있다.

그러한 상상력조차 우리가 타인의 입장이라면 우리의 느낌이 어떨지 재현할 뿐이다. 우리 상상력이 묘사하는 것은 타인이 감각한 결과물이 아니라 우리 자신이 감각한 결과물일 뿐이다. 상상력을 통해 우리는 우리 자신을 타인의 처지에 놓아보고, 타인과 똑같은 고통을 겪는다고 인식한다. 이를 통해 우리는 타인의 몸으로 들어가며 어느 정도는 타인과 같은 사람이 된다. 이에 따라 우리는 타인의 감각에 대해 어떤 관념을 형성하고, 그 정도가 미약하더라도 타인과 크게 다르지 않다고 느끼게 된다. 어떤 고통을 겪거나 고난에 처하는 일은 매우 큰 슬픔을 불러일으키므로 우리는 그런 상황에 있다고 스스로 인식하거나 상상하는 것만으로도 그 관념이 생생하거나 희미한 정도에 비례하여 타인

> 과 유사한 감정을 느끼게 된다.
> 우리는 상상을 통해 고통받는 자와 처지를 바꾸어봄으로써 타인이 느끼는 것을 같이 느끼거나 감정이입을 할 수 있다. 이것이 타인의 비참함에 대해 우리가 동료로서 가지는 감정의 원천이 된다는 점은 여러 분명한 관찰을 통해 입증될 수 있다.[1]
>
> 출처: 《도덕감정론》 애덤 스미스, 일부 발췌

이 글을 보면 문제 제기, 예시적 사례, 근거(전제), 주장(결론), 부연만 들어 있다. 첫째 문단은 글의 실마리인 도입 문단이다. 글쓴이는 인간은 이기적이지만 않다고 문제를 제기하면서 연민이나 동정을 예로 든다. 둘째 문단은 첫째 문단의 내용을 강조한다. 선인과 악인에게도 연민이나 동정이 있으며 그 행위들은 일상적이다. 셋째 문단은 글의 주제를 보여준다. 인간은 타인의 느낌을 상상할 뿐이지 정확하게 알 수 없다. 넷째 문단은 셋째 문단의 근거이다. 타인에 대한 느낌은 그의 처지를 상상함으로서 자신의 느낌으로 재현한 것이다. 즉, 내가 타인에게 느끼는 연민이나 동정은 그의 처지에서 감각한 결과이다. 다섯째 문단은 셋째 문단, 넷째 문단을 덧붙이는 부연 문단이다.

두 번째 글을 보자.

제시문 (라)

프랑스인 노동자 르블롱 씨 부부가 사는 종키 거리 주변에는 알제리 출신의 노동자들이 많이 살고 있다. 르블롱 씨는 자신이 알제리인들을 존중하고 있고 자신 역시 그들로부터 존중받기를 바란다고 말한다. 그러나 입술을 만지작거리며 천장을 올려다보는 르블롱 씨 부인의 말투와 표정에서 우리는 이웃들과의 관계에 대해 모든 것을 솔직하게 말할 수는 없다는 태도를 읽을 수 있다. 그녀는 주로 이웃들과의 일상생활에서 겪는 어려움에 대해 말했는데, 이 때문에 이웃들과 최소한의 관계를 유지할 수밖에 없음을 토로했다. 그러나 그녀의 마음도 편한 것은 아니었다. 그녀는 여름 휴가철에 그녀의 아파트 안에서 나는 냄새와 소음을 견디다 못해 이사 간 경험이 있었는데, 이때 신념대로 살지 못한다는 생각에 무거운 죄의식을 가슴에 안게 되었다는 이야기를 털어놓기도 했다. 르블롱 씨는 전체 학생 가운데 이민자 자녀인 아동의 비율이 매우 높다는 사실을 지적하면서 지역 내 학교의 교사들이 이들 학생을 지원하고 교육활동을 원활히 수행하는 데 여러 가지 어려움을 겪고 있다고 말했다. 그는 이민자 자녀의 학교 적응을 돕기 위한 학부모 모임에 적극적으로 참여하는 과정에서 이와 같은 사실을 알게 되었다.

르블롱 씨가 지켜온 정통과 신념은 이민자와 함께 살면서 겪는 여러 실질적인 문제들에 부딪히면서 매일매일 시험대에 오르게 되었다. 인터뷰 중 알제리인 동료들에 대해 유보적 판단("알제리인 동료 중 한 사람은 대단해요. 아랍인치고는 대단한 사람이에요.")을 드러내고 라마단* 동안 알제리인 동료들이 받은 특혜에 대해 비판적인 시각을 드러낸 그의 발언이 이와 같은 정황을 짐작하게 한다. 사실상 그는 문화적 차이를 존중하고 때로는 이를 적극적으로 장려할 필요도 있다는 생각을 가지고 있었다. 이와 같은 그의 신념은 프랑스 사회의 교육 전통과 사회 분위기에 의해 형성되고 여러 정치적 참여 활동을 통해 강화된 것이었다.

인종차별주의에 반대하는 프랑스인답게 관용의 가치, 아니 더 적절하게 표현한다면 이해의 가치(그는 몇 번이나 "그들 입장에서 보면"이라고 말했다.)를 실천하기 위해 르블롱 씨가 노력했다는 사실은 명백하다. 아마도 인터뷰 상황이나 주변의 시선 때문에, 그가 잘 보이기 위해서 그렇게 말했다고 생각하는 것은 명백한 오류일 것이다. 하지만 라마단이 그에게 얼마나 '끔찍했는지' 말하는 그의 말에도 귀를 기울여야 한다. "맙소사…. 음, 정말 끔찍했죠. 왜냐하면, 음, 나는 끔찍했다고 말할 겁니다. 물론 어른들은 낮에 잡니다. 그들은 조용하지만, 애들은…. 사내들은 길에 나와 놀죠. 그 녀석들은 소리를 질러대지요. 그 녀석들이 투덜대는 소리를 들어야 합니다. 그러다 우리가 잠자리에 드는 밤 10시 반쯤 떠들썩해지기 시작해요. 음 그리고, 그때부터 진짜 소음을 듣기 시작하는 겁니다."

라마단* 이슬람력으로 9월 한 달간 진행되는 성스러운 기간. 이

> 기간에 무슬림들은 해가 뜰 때부터 해가 질 때까지 음식 섭취, 흡연, 음주, 성행위 따위를 금한다.
>
> 출처: 《세계의 비참》 중 〈종키 거리〉, 부르디외 지음, 내용 일부를 번역하고 출제 의도에 맞게 수정한 글

이 글을 보면 문제 제기, 예시적 사례, 근거(전제), 주장(결론)만 들어 있다. 첫째 문단은 글의 실마리인 도입 문단이다. 르블롱 씨 부부는 자신들과 알제리인들 간에 문화적 차이를 인정하며 서로가 존중해 주기를 바란다. 하지만 르블롱 씨 부인은 존중받지 못한다. 둘째 문단도 도입 문단이다. 르블롱 씨는 알제리인들에게 주어진 문화적 특혜로 인해 자신들의 삶은 고통스럽다고 호소한다. 셋째 문단은 중심 문단이다. 르블롱 씨는 라마단 기간에 벌어진 일을 근거로 들면서 관용은 덕목이지만 불평등한 방식으로 행사된다면 옳지 않다고 주장한다.

글의 목적을 어떻게 드러내는가

글쓴이에게 글을 쓰는 목적은 중요하다. 글을 쓰는 동기를 유발하는 가장 큰 관심거리이며, 글을 기술하는 방법까지 결정한다. 예컨대 요리사가 요리할 음식을 정하면 어떤 그릇에 요리를 담아낼지까지 정해지는 것에 비유할 수 있다. 글을 쓰는 목적은 글쓴이에게만 중요하지 않다. 독자는 글쓴이가 글을 쓴 목적, 즉 왜 글을 썼는가를 반드시 알아야 한다. 그래야만 책을 읽는 중에도 자신이 읽는 책이 목적에 맞게 골랐는가를 의심하지 않고 끝까지 읽게 된다. 무엇보다도 글이 전개된 기술 방법이 무엇인지를 알면 글의 전체적인 틀에 기대면서 책을 읽으므로 문해력을 높일 수 있다.

흔히 글을 기술하는 방법을 '설명' '논증' '서사' '묘사'로 구분한다. 설명과 논증은 독자에게 특정한 정보를 전달하려는 기법으로 사실을 정확하게 전달하고 자기 의견을 논리적으로 전개하는 방식이 중요하다. 서사와 묘사는 글쓴이가 개인적 경험, 상상, 느낌을 글로써 드러내려는 기법으로 주관적 감정이나 태도 등을 어떻게 외부로 잘 드러낼 수 있는지가 중요하다.

○ 설명

설명은 글로써 사물이 무엇인가를 밝히는 방법이다. 예컨대 "그것이 무엇이냐?"라는 질문에 대해 "그것이 어떤 것이다."라고 대답하는 방식이 바로 설명이다. 그러므로 설명은 완벽하지는 않더라도, 글쓴이가 주관적 판단을 하지 않고 사실적이어야 한다. 또한 책에 저자의 선입견이나 편견이 들어가 있지 않으므로 책 내용이 정확하다면 글쓴이가 받아들일 수 있으며, 그 내용을 삼자에게 전달하더라도 큰 문제가 없다.

설명하는 방법은 지정, 정의, 예시, 비교, 유추, 분류로 나눠진다. 지정은 설명의 방법에서 가장 단순하지만 가장 널리 쓰이는데 바로 곁에 있는 것을 그대로 설명하는 것이다. 예컨대 어떤 것을 손가락으로 가리키며 설명하거나, "이 꽃이 무엇이냐" 또는 "이 사람이 누구냐?"라고 물었을 때 "이것은 국화꽃이다." 또는 "이 사람은 김철수다."라고 대답하는 것이다. 그러므로 지정으로 설명하는 글은 대개 불필요한 수식어가 없다.

정의는 어떤 단어나 구의 의미를 그 속성을 보여줌으로써 뚜렷하게 서술하는 방식이다. 예컨대 "인간이란 무엇인가?"에 대한 답이 바로 인간의 정의이다. 정의에는 정의하는 부분과 정의되는 부분이 있다. "인간은 사회적 동물이다."에서 '인간'은 피정의항이며 '사회적 동물'은 정의항이다.

정의는 여러 방식으로 할 수 있고, 각각 다른 목적으로 사용된다. 외연적 정의는 대상을 직접 보여주거나 언어를 사용하여 가리키는 정의이다. 이 중에 글을 읽을 때 유의미한 정의는 낱말이 가리키는 대상들, 즉 외연의 이름을 약간 열거하는 정의이다. 예컨대 인간을 정의할 때 철수, 영희, 정민 등 개인 이름을 나열하는 방식이다. 그리고 이 정의는 이제 글자를 배우기 시작하여 아직 어휘력이 부족한 초기 언어학습 단계의 아이들에게 매우 유용하다. 그러나 이 정의는 엄밀하게 보면 정의항이 피정의항의 특징, 즉 속성을 보여주지 않으므로 정의라고 하지 않는다. 하지만 난해한 토론이나 하나의 낱말을 너무 다양하게 해석하는 상황을 끝낼 경우에 무척 요긴하다.

내포적 정의는 가장 보편적으로 쓰는 정의 방식이다. 대표적으로 '유와 종 차에 따른 정의'가 있다. 즉, 피정의항의 상위개념인 '유(genus)'로 정의항을 만들고, 정의항에 피정의항의 고유한 특징을 설명하여 정의하는 방식이다. 예컨대 '인간은 사회적 동물이다.'에서 인간의 상위개념인 동물로 정의항을 만들고, 짐승이 갖고 있지 않은 '사회성'으로 차이를 두어 정의하는 것이다.

조작적 정의는 추상적인 개념이나 용어를 측정할 수 있도록 수치화해서 의미를 나타내는 방식이다. 예컨대 '효(孝)'를 정의한다고 가정하자. 효는 추상적 개념이므로 측정할 수 있어야만 도덕적 판단을 할 수 있다. 그러므로 효의 기준을 아이들이 아침에 등교할 때마다 한 달에 최소 20번 이상 인사한 횟수로 수치화하는 정의이다. 그러나 조작적 정의는 취약한 정의이다. 위의 예에서 보듯이 정의를 내린 당사자들을 제외한 제삼자는 효와 불효의 기준을 등교 인사 20번으로 한 것에 대해 쉽게 동의하지 않을 것이다. 즉, 19번 인사한 것을 불효라고 볼 수 없다고 반박할 수 있다. 그러므로 조작적 정의는 그 내용이 보편적으로 동의할 수 있는 수준이어야 하며 남용하지 않아 야 한다.

예시는 추상적 개념을 구체적인 예를 들어 설명하는 방식이다. 예컨대 남의 말, 저서에서의 인용, 자기의 체험, 통계자료 등이 예시의 대상이다. 특히 독자는 글쓴이가 제시한 통계자료에 주의하며 글을 읽어야 한다. 통계자료는 강렬한 설득 효과를 지니지만 교묘하게 편집되어 편향적인 정보만을 제공할 수 있다. 그러므로 독자는 평소에 통계자료를 꼼꼼히 살피는 데이터 문해력을 높여야 한다.

비교는 같은 범주에 속하는 둘 이상의 대상 간에 유사점이나 차이점을 설명하는 방식으로 반드시 비교 기준이 있어야 한다. 특히 차이점을 설명하는 방식을 대조라고 한다.

다음은 2008년도 이화여대 모의 논술시험에서 나왔던 지문이다.

(가)

한 마을에 아주 좋은 목초지가 있었다. 그 마을에는 10가구가 있었고 목초지에서 양을 키우며 생계를 유지했다. 한 집당 10마리의 양을 키웠으며 그 목초지는 양 100마리를 키우기에 적당한 크기였다. 어느 날 한 집에서 남들 모르게 양을 한 마리 더 키웠다. 그 집은 한 마리의 양을 더 키움으로써 더 많은 소득을 가지게 되었다. 그런데 어느 날 마을 사람들을 놀라게 하는 사건이 발생하였다. 그 좋은 목초지가 완전히 황폐되어버려 마을 사람들의 삶의 터전이 사라진 것이다. 마을 사람들은 목초지가 황폐된 이유를 조사하였고 그 결과 집집마다 남들 모르게 양을 한두 마리 더 키우고 있었다는 사실을 알게 되었다. 그 결과 양들이 풀뿌리까지 먹어버렸고 목초지는 황폐되는 지경에 이르렀던 것이다.

(나)

인간은 어떤 순간에도 많은 사람의 협력과 원조가 요구되는 상황에 놓이지만, 그가 전 생애를 다하여도 겨우 몇몇 사람의 우정을 얻기도 어렵다. 인간은 거의 항상 형제들의 도움이 필요한데, 단순히 그들의 자비심에 의해서 도움을 얻고자 기대하는 것은 소용없다. 그보다는 상대편의 이기심을 자극해서 자기의 이익이 되게 할 수 있고, 자기를 위해서 해주는 것이 또한 상대편의 이익임을 보여줄 수 있다면 보다 효과적일 것이다. 우리들은 그들의 자비심에 호소하는 것이 아니라 그들의 이기심에 호소하는 것이며, 우리 자신의 필요를 그들에게 말하는 것이 아니라 그들 자신의 이익을 그들에게 말하는 것이다.

그러므로 자기 자본을 될 수 있는 대로 많이 근로 활동의 유지에 사용하고 그 생산물이 최대의 가치를 가지도록 노력한다면, 각 개인은 필연적으로 사회의 수입을 최대로 하려고 노력한 것이 된다. 물론 그는 사회 공공의 이익을 촉진하려 한 것도 아니고, 그가 어느 정도 사회 공공의 이익을 촉진했는지조차 모른다. 그가 생산물이 최대의 가치를 가지도록 운영하는 것은 오로지 자신의 이익만을 추구하는 것이다. 그리하여 그는 이 경우에 '보이지 않는 손'에 이끌려 의도하지 않았던 목적을 촉진하게 된다. 그것이 그가 의도한 바가 아니라는 것이 반드시 사회에 나쁜 것은 아니다. 그가 진심으로 사회의 이익을 추구하는 경우보다는 오히려 자기 자신의 이익을 추구함으로써 좀 더 효율적으로 사

회의 이익을 증진하는 경우가 많기 때문이다.[2]

두 글이 무엇을 설명하기 위한 비교의 글이라면, (가),(나)에서 공통 화제와 비교 기준을 찾을 수 있어야 한다. (가)는 어떤 추상적 개념을 구체적으로 설명하는 예시문이다. (가)에서 마을 주민들은 자신의 이익을 위해 한두 마리의 양을 더 키운 탓에 목초지 전체는 황폐해졌다. 예시는 추상적 개념을 설명하는 방법이고 공통 화제나 비교 기준은 추상적 개념이므로 (나)를 분석하면 (가), (나)와 관련된 공통 화제나 비교 기준을 추론할 수 있다. (나)에 따르면 인간은 원래 이기적 존재이지만 이기적 행동이 오히려 사회 전체의 이익을 늘린다. 그렇다면 (가), (나)의 공통 화제는 '이기심' 또는 '이기심과 공익의 관계'라고 볼 수 있으며 이와 관련된 비교 기준을 정할 수 있다. 첫째, 이기심의 근원이다. (가)에서 마을 사람은 처음부터 이기적인 존재는 아니었다. 한 집마다 남들 모르게 한 마리씩 양을 늘리기 전까지는 타인을 배려하면서 균등하게 양을 키웠다. 반면에 (나)에서 인간은 본성적으로 이기적인 존재이다. 타인에게 자비심을 기대하는 일은 오직 헛수고일 뿐이다. 그러므로 (가)에서 이기심은 후천적으로 학습된 것이지만 (나)에서는 생득적이다. 둘째, 이기심의 영향이다. (가)에서는 목초지 전체를 황폐하게 만들었으므로 자신과 사회 모두에게 손해를 끼친다. 반면에 (나)를 보면 자신의 이익뿐 아니라 사회의 수입을 최대화했으므로 모두에게 이익이었다. 그러므로 (가)에서 이기심은 공동체의 삶에 부정적이지만 (나)에서는 긍정적이다. 요컨대 글쓴이는 (가), (나)를 비교함으로써 독자에게 이기심과 공익의 관계에 대해 상반된 입장이 있음을 알려주려고 한다.

분류는 여러 대상을 종류에 따라 나누어 서로 간에 관계나 전체에서 차지하는 위치를 보여주는 기술 방식이다. 그러므로 분류는 반드시 특정한 기준이 있어야 하며, 그 기준에 따라 대상을 나누어야 한다. 예컨대 비 오는 날 쓰는 물건 분류하기, 요리에 쓰는 도구 분류하기, 문학작품을 장르별로, 화제별로, 작가별로 분류하기 등이다. 한 작품에서도 등장인물 간 대립 구도가 형성될 때 각 편에 해당하는 사람들이 나눠진 모습이 자주 등장한다.

분류의 방식은 상위개념을 하위개념으로 나누거나, 하위개념을 상위개념으로 묶는 것인데 상위개념을 하위개념으로 나누는 방식을 '구분'이라고 부른다. 예컨대 도형을 삼각형, 사각형, 오각형 등으로 구분한다고 하며, 반면에 삼각형, 사각형, 오각형을 도형으로 분류한다고 한다. 특히 부분과 전체가 합쳐진 유기체는 기능을 기준으로 구분해야 한다. 예컨대 인간은 유기체이므로 뇌, 위, 간, 심장 등 신체 기관에 따라 구분해야 한다. 둘 이상이 모인 혼합체일 경우에는 상호 배타적인 유개념으로 구분해야 한다. 예컨대 담배 연기는 기체에 액체 또는 미세한 입자가 섞여 있는 혼합체이므로 기체와 액체 또는 기체와 미세한 입자로 분류한 후에 각각에서 기준을 설정하여 다시 구분해야 한다. 그러므로 독자가 분류로 쓰인 글을 읽을 때는 글쓴이가 정한 기준이 무엇인지를 이해해야만 글을 이해할 수 있다.

다음은 고등학교 교과서에서 발췌한 지문이다.

제시문 (가-1)

우리는 법을 어기면 형벌을 받고, 도덕을 어기면 사회적으로 비난을 받는다. 다른 사람과 어울려 살 수밖에 없는 인간이 법이나 도덕, 관습 같은 사회 규범을 지키지 않는다면 사회의 기본적 규칙이 깨지고 사회구성원 모두는 불편해질 수밖에 없다. 사회 규범이 정상적으로 작동하는 사회는 개인의 사회적 정체성에 대한 인식과 공동체와 맺는 관계를 안정적으로 구축할 수 있다. 또한 사회구성원은 규칙이 잘 만들어진 사회에서 자신의 잠재력을 제대로 발휘할 수 있다. 개인들의 방종으로 사회 규범이 무너지면, 사회구성원은 사회의 유지 가능성에 회의를 느끼게 되고, 생산적인 일에 안정적으로 참여하는 것조차 힘들게 느끼게 된다.

제시문 (가-2)

한 사회에서 비일상적이고 비관례적인 행동, 개인감정이나 자유의지를 바탕으로 한 행동을 '일탈'이라고 억압한다면 그 사회는 획일화되고 경직된 사회로 생동감을 잃어버릴 수 있다. 개인의 욕구나 자유의지를 제한하여 개인의 자율성을 억압한다면 사회가 발전하기 위한 중요한 원동력까지 사라질 수도 있다. 어린아이의 호기심, 발명가의 창의성, 예술가의 창작력처럼 사회 구성원에 익숙한 것들의 경계선을 넘나드는 일탈적 사고나 행동은 새로운 아이디어를 낳고, 유용한 결과를 가져다줄 수 있다. 한 지역에 문학, 음악, 예술, 디자인 등 창조적 작업에 종사하는 사람이 많을수록, 그리고 성소수자 비율이 높을수록 그 지역의 국내총생산 수준이 높다는 연구 결과도 있다. 일탈은 어떤 사회 질서나 사회적 규범이 변화에 부딪혔을 때 기존 질서를 바꾸는 긍정적 힘으로 작용하기도 한다.

(나)

'ㅋㄷㅋㄷ(키득키득)' 'ㄱㅅㄱㅅ(감사감사)' '방가(반가워)' 'ㄴㄱ(누구)' '갠전(개인이 게임을 하는 것)' '강추(강력 추천)' '추카추카(축하축하)' '시러(싫어)' '어솨요(어서 오세요)' '글쿤(그렇군)' '손주병(맞벌이하는 자녀를 대신해 조부모가 손자, 손녀를 돌봐주다가 생긴 정신적, 건강상의 문제)' '삼포시대(三抛時代 · 경제 상황이 좋지 않아 연애, 결혼, 출산을 포기하는 시대)' '타조세대(맹수에게 위협을 받으면 땅속에 머리를 파묻는 타조에 빗대어 노후에 대한 불안이 있지만 대책은 없는 세대)' '직따(직장에서 동료를 따돌리는 일)' '월급루팡(일 없이 월급만 축내는 직원)' '돌직

> 구남, 돌직구녀(상대방 입장을 고려하지 않고 직설적으로 말하거나 행동하는 남녀)' '운도남, 운도녀(운동화를 신고 출퇴근하는 도시 남녀)'[3]

(나)는 우리 사회에서 이전에 없던 새로운 언어 현상인 다양한 신조어를 나열한다. 그런데 이 신조어들을 제시문 (가-1), 제시문(가-2)와 관련해 분류한다고 가정하자. (가-1), (가-2)의 주제를 보면 다음과 같다. (가-1)에 따르면 사회 규범이 정상적으로 작동할 때 개인은 사회적 정체성을 확립하고 잠재력을 발휘한다. (가-2)에 따르면 개인은 자율적 존재이므로 일탈 행동은 사회의 경직성을 탈피하고 구성원에게 생동감을 준다. 이렇게 보면 두 글의 공통 화제는 '사회규범'이다.

그런데 신조어인 (나)의 단어들은 개인의 삶에 영향을 끼치므로 기존의 언어 규범을 따르는가, 무시하는가를 분류 기준으로 정할 수 있다. 예컨대 '어솨요' 'ㅋㄷㅋㄷ' 등은 맞춤법과 상관없이 소리 나는 대로 표기한다거나, 한글의 철자 구조를 따르지 않고 초성만을 따서 표기하는 므로 기존의 언어 규범을 파괴하면서 나타난 신조어이며, '삼포시대' '돌직구남·돌직구녀' 등은 한자 조어를 통해 압축적으로 상황을 전달하거나 비유를 통해 우회적으로 대상을 표현하므로 기존의 언어 규범을 지키면서 나타난 신조어이다.

이로 보듯 우리가 책에서 다양한 신조어들을 만나게 되었을 때 분류(구분)라는 설명 기법을 알고 적용하면서 책을 읽으면 문해력을 높일 수 있다. 즉, 글쓴이가 신조어를 단지 예로 들었다는 것을 아는 데 그치지 않고, 어떤 분류 기준을 쓰는지, 쓰인 분류 기준이 옳은 것인지, 글쓴이가 신조어로 제시한 예가 글쓴이의 의도와 어긋나지 않는가를 확인해 봄으로써 문해력을 높이고 글의 가치를 짐작할 수 있다. 마치 요리사가 요리를 돋보이는 그릇을 선택하여 테이블 위에 올렸을 때 눈으로 음식과의 조화를 구별하는 음식 큐레이터가 되듯이 말이다.

○ 논증

글쓴이는 책에서 무엇을 주장하지만, 항상 확실한 근거로 뒷받침되어 있지는 않다. 어떤 책은 가짜 뉴스 등 신빙성 없는 정보로 가득 차 있으므로 그런 글을 읽을수록 잘못된 믿음만 갖게 된다. 예컨대 화제에서 벗어났거나, 애매한 단어를 무분별하게 사용하거나, 동정심이나 대중 감정이나 여론에 호소하거나, 의심스러운 권위에 기대거나, 거짓된 내용으로 자신의 주장을 정당화하거나, 몇 개의 대안만 제시하면서 특정한 대안만이 옳다고 하는 글이다. 그래서 독자는 글에서 사실적이고 객관적인 지식, 추론, 추론을 뒷받침하는 근거 등을 구별하고 글의 진위 여부 등 타당성을 꼼꼼하게 따져보는 논증, 즉 논리적 사고에 능숙해야 한다. 그래야만 글쓴이가 논리적 비약과 강요하는 태도로 독자를 설득할 때 글쓴이의 의견을 비판하면서 객관적으로 글을 읽을 수 있는 것이다.

논증은 주장과 근거 또는 전제와 결론으로 이루어진 말 묶음이다. 어떤 주장을 참이라고 볼 수 있는 증거로 뒷받침하여 논리적으로 제시한 것이다. 그러므로 독자가 논증, 즉 논리적으로 사고하려면 글쓴이가 무엇에 대한 글을 썼으며, 주장하는 내용이 무엇이며, 어떤 증거로 자신의 주장을 뒷받침했는가 등 핵심적인 정보를 꼼꼼하게 살펴야 한다.

특히, 글쓴이는 무엇을 화제로 삼아 어떤 결론을 내리든지 간에 다음 세 가지 조건을 갖추어야만 독자가 수용하는 것을 잊지 않아야 한다. 첫째, 전제가 틀림없이 옳거나 인정할 수 있어야 한다. 즉, 제시된 증거들이 정확하고 믿을 수 있어야 한다. 상식, 개념, 진리, 통계수치, 목격자의 증언, 전문가의 의견 등 출처가 분명한 사실적 지식이거나 개념적 지식이어야 한다. 둘째, 전제가 결론과 밀접하게 관련되어 있어야 한다. 전제가 모두 옳거나 인정할 수 있더라도 결론이 반드시 옳은 것은 아니다. 예컨대 전구가 양호하다면 전구에 불이 켜질 수 있다. 그러나 전구에 불이 켜지지 않는다고 해서 전구가 꼭 불량인 것은 아니다. 전구는 양호하지만, 전선의 문제일 수 있다. 셋째, 결론을 뒷받침하는 전제의 종류, 수, 질 등 근거가 매우 충분해야 한다. 즉, 극히 예외적인 사례를 주장의 근거로 내세

우지 않아야 한다. 소수나, 일회적이거나, 개인적 경험이 아닌, 다른 증거를 충분히 대표하는 자료여야 한다.

그러므로 독자는 이 세 가지 조건을 염두에 두고 독서를 해야만 문해력, 즉 글을 이해하고, 추론하고, 분석하고 종합하며, 평가하는 능력을 높일 수 있다.

다음은 2009학년도 성균관대학교 모의 논술시험에서 나왔던 지문이다.

> 영국의 경우, 특별히 가증스럽다고 여겨지는 범죄가 사람에 의해 저질러졌을 때는 태형으로 처벌할 수 있다. 이를테면 여자가 부도덕한 방법으로 벌어오는 소득으로 살아가거나 여자를 폭행하는 경우가 여기에 속한다. 태형을 명하는 판사들은 판결 내용을 발표하면서 뚜렷한 만족감을 과시한다. 그들은 그것을 미덕이라고 생각하지만, 사실은 잔인한 본능의 배출일 뿐이다.
> 최근에 런던 〈타임스(The Times)〉지에 한 성직자가 보내온 편지가 실렸는데, 건강에 심각한 타격을 줄 가능성이 있을 때는 교도소 의사의 소견에 따라 이 형벌을 가할 수 없다는 규정에 대해 몹시 유감스러워하는 내용이었다. 이 훌륭한 기독교 목사는 자신이 '피에 굶주렸거나 특별히 앙심이 있는' 사람은 절대 아니라고 공언한 다음 이렇게 주장한다. "타인들에게 폭력을 가하는 사람은 본인의 건강 상태가 어떠하든 자기 행위의 결과를 철저히

> 감수해야 한다."
> 범죄에 대해 분개하는 것은 자연스러운 감정이며, 가혹한 처벌을 바람직한 것으로 생각하게끔 만든다. 그러나 벌을 가하는 사람들에게 쾌감을 주는 것만이 목적이 아니고 범죄를 막는 것이 목적이라면 보다 과학적인 태도가 바람직하다. 모든 폭력과 잔인성은 그 답례로 다시 폭력과 잔인성을 초래하는 경향이 있다. 반드시 직접 보복의 형태는 아니더라도 전반적으로 가혹하고 잔인한 형태로 말이다. 맹목적인 분노 상태에서는 이 어려운 문제를 바람직하게 다룰 수 없다. 육체적 형벌을 지지하는 모든 주장이 과학적 이해가 아니라 분노에 근원을 두고 있다. 인간이 지금보다 과학적으로 변하면 그런 야만적인 관행은 더 이상 용인되지 않을 것이다.[4]
>
> 출처: 《실전논술의 기예》 이상하, 조관영 지음, 파워LEET

이 글은 논증형식으로 쓰인 글로서 글쓴이는 첫째 문단에서, 영국이 법으로 태형을 허용하는 현실에 대해 인간의 잔인한 본능을 배출할 뿐이라고 문제를 제기한다. 둘째 문단에서, 타인들에게 폭력을 가했던 범죄자는 본인의 건강 상태와 무관하게 응분의 책임을 져야 한다는 목사의 편지를 예로 든다. 셋째 문단에서, 형벌의 목적은 범죄 예방에 있고, 폭력은 또 다른 폭력을 초래하고, 분노는 상황을 오판해서 육체적 형벌을 지지하므로 태형 등 가혹한 처벌을 더 이상 용인해서는 안 된다고 결론을 맺는다. 즉, 글의 결론은 범죄자라도 태형 등 가혹한 처벌을 해서는 안 된다는 것이며, 근거로서 형벌의 목적은 범죄 예방이며 가혹한 처벌에 따른 폭력의 악순환, 분노의 맹목성이라는 문제를 들고 있다. 그러므로 논설문이나 설명문 등 비문학적인 글을 읽을 때 논리적으로 사고하면서 글의 쟁점, 논지, 논거를 파악하며 읽어야만 글쓴이의 의도를 정확하게 이해할 수 있다.

특히, 독자는 글을 읽을 때 주의할 점이 있다. 글쓴이가 책에서 말하고자 하는 논지, 즉 핵심 개념이 글에 직접적으로 나타나 있지 않을 수 있다. 그러므로 글에서 논지를 추론하는 힘을 길러야 한다.

다음의 글을 보자.

> 코페르니쿠스가 살았던 시대에는 망원경이 없었지만, 금성의 크기를 측정하기 위한 많은 관찰이 이루어졌다. 코페르니쿠스를 추종하는 천문학자나 그렇지 않은 천문학자들 모두가 관찰을 근거로 하여 "지구에서 관측되는 금성의 겉보기 크기는 일 년 내내 조금도 변하지 않는다."라는 명제를 받아들였다. 당대에 코페르니쿠스의 주석자인 오지안더는 못마땅했지만, 코페르니쿠스의 우주 구조가 옳다면 연중 금성의 겉보기 크기는 변화하지 않는다고 동의했다. 그가 금성의 겉보기 크기가 연중 변하지

> 않는다는 관찰 명제를 받아들인 것은 다른 이들과 마찬가지로 발광체의 크기는 육안으로 정확하게 측정할 수 있다는 이론을 전제로 삼고 있었기 때문이다. 오늘날 이것은 틀린 이론임이 밝혀졌고 현대 이론들은 왜 육안에 의한 발광체의 측정이 잘못되었는가를 포함해서 왜 육안보다는 망원경에 의한 천체 관찰이 정확한가를 설명하고 있다.[5]

이 글은 코페르니쿠스를 비롯한 당대의 모든 천문학자나 오지안더 같은 주석자는 육안으로 금성의 겉모습을 관찰한 후에 그 크기가 전혀 변하지 않는다고 했던 사실을 예로 들고 있다. 그러면서 현대 이론들에 따르면 그들의 주장이 잘못되었으며, 육안보다 망원경으로 천체를 관찰하고 측정하는 것이 정확하다는 사실을 밝히고 있다. 하지만 글쓴이가 글을 쓰게 된 의도나 논지가 글에 직접적으로 드러나 있지 않다.

글을 보니, 코페르니쿠스나 오지안더 등이 금성을 잘못 판단한 까닭은 금성 관찰에 있지 않고, 관찰의 토대였던 이론이 옳지 않았기 때문이다. 즉, 부정확한 이론에 따라 관찰했으므로 관찰 결과에 오류가 생긴 것이다. 그러므로 "과학적 이론에 기반을 둔 관찰만이 정확한 결과를 얻을 수 있다."라는 논지를 추론할 수 있다.

○ 연역 논증

연역 논증은 전제로부터 결론이 반드시 따라 나오는 논증이다. 즉, 대전제와 소전제로부터 개별적인 사례들을 추출하는 방법으로 전제가 옳거나 인정할 수 있고 전제로부터 결론을 끌어낼 수 있으면 좋은 논증 또는 타당한 논증이라고 부른다. 예컨대 "모든 사람은 죽는다(대전제)."라고 하고, "철수는 사람이다(소전제)."라고 전제하면, "철수는 반드시 죽는다."라는 결론이 나올 수밖에 없다.

대전제나 소전제 중 하나를 생략하고 논증할 때도 있다. 이런 유형은 우리 주변에서 흔히 경험할 수 있으며 '잠재적 논증'이라고 하고, 생략된 전제를 '숨은 전제'라고 부른다. 독자가 글에서 숨은 전제를 찾아내는 일은 매우 중요하다. 숨은 전제가 무엇이냐에 따라 글쓴이의 논증이 '좋은 논증' 혹은 '나쁜 논증'으로 갈라지기 때문이다.

다음의 글을 보자.

> 우리는 유럽에 주둔해 있는 군대를 철수시켜야 한다. 악의 한 축이었던 소련이 붕괴했고 러시아의 위협 또한 사라졌다. 유럽의 안전을 위협하던 요소도 많이 줄어들었으니 이제 유럽인들도 자신을 지킬 수 있고 유럽은 부강하다. 미국 경제가 붕괴하지 않기 위해서는 연방정부의 적자를 시급히 줄여야 한다.[6]

글쓴이는 미국은 유럽에 주둔한 군대 대부분을 즉시 철수시켜야 한다고 주장한다. 그러나 이 주장을 옳다고 할 수 있을까? 그렇게 되려면 유럽에 주둔한 군대를 대부분 철수시킴으로써 연방정부의 적자 폭을 실제로 줄일 수 있어야 한다. 반면에 연방정부의 적자 폭을 줄일 수 없으면 글쓴이의 논지를 옳다고 할 수 없다. 예컨대 반례로서 연방정부가 금리 조절 실패 등 경제정책의 오류 때문에 재정적자가 확대되었다면 유럽에 주둔 중인 대부분의 군대를 철수한다고 해도 연방정부 재정은 더욱 나빠질 것이다. 다시 말하면 글쓴이의 주장은 옳거나 그를 수 있으므로 맹목적으로 받아들여서는 안 된다.

잠재적 논증에 숨은 전제를 보충해 주면 부당한 논증도 타당한 논증으로 바꿀 수 있다. 그러므로 글쓴이는 자신의 주장에 대한 반례 등을 생각해 보고, 숨은 전제를 추가할 때 글의 신뢰도를 높일 수 있다. 특히 독자가 글쓴이 대신에 숨은 전제를 보충하여 글쓴이의 주장을 받아들이면 '호의의 원리(the Principle of Charity)'를 보여줬다고 부른다. 호의의 원리는 논증을 분석하는 사람조차 자신의 논증이 부당할 수 있으므로 논증을 제시한 자를 이해하고 존중해 주는 배려이다.

다음의 글을 보자.

예술적 활동을 표현 활동으로 인식하는 관점이 있다. 이런 관점을 표현론이라고 한다. 표현론자들은 자신의 주장을 근거로, 예술가들은 예술작품을 창작하는 동안에 어떤 강렬한 감정에 사로잡혀 있다는 점을 지적하곤 한다. 또한 이런 감정에 사로잡힌 예술가들은 그 감정을 예술작품을 통해서 표현할 수밖에 없다고 한다.
표현론에 의하면, 이렇게 창작된 예술작품을 감상하는 사람들 또한 어떤 감정 상태에 사로잡히게 되며, 바로 이것이 예술작품이 갖는 표현적 성질을 증명하는 것이라고 한다. 뭉크의 〈절규〉라는 작품이 있다. 이 그림에는 섬뜩하게 묘사된 사람이 그의 얼굴을 감싸며 절규하는 장면이 있다. 그런데 뭉크가 별다른 감정의 동요 없이, 아니 내내 즐거운 마음으로 이 그림을 그려냈다고 하자. 그러나 이 그림을 보는 사람들은 공포를 느낄 수 있다. 이런 점에서 표현론은 받아들이기 힘든 입장이다.[7]

글쓴이는 예술에서 표현론은 옳지 않다고 주장한다. 뭉크는 〈절규〉를 그릴 때 즐거웠지만, 그 작품을 본 관객은 공포를 느낄 수 있다. 이런 글쓴이의 주장을 쉽게 받아들일 수 없다. 글을 보면 표현론자들은 창작자가 작품을 만들 때나 관객이 작품을 감상할 때 어떤 감정에 사로잡힌다고 했을 뿐, 둘이 느끼는 감정이 일치하는지, 다른지에 대해 나와 있지 않다. 그런데도 글쓴이는 표현론을 쉽게 받아들일 수 없다고 말한다. 그러므로 글쓴이가 자신의 주장을 독자들에게 받아들이도록 하려면 숨은 전제를 보충해야 한다. 즉, 글에 "표현론자들은 예술가는 창작할 때 드는 감정과 관객이 작품을 감상할 때 드는 감정이 서로 일치한다고 본다."라는 내용을 보충해 줘야 한다.

다음은 2008학년도 서강대 수시 논술시험에서 나왔던 지문이다.

> 패스트푸드점에는 전문화된 작업을 하는 많은 사람이 배치되어 있다. 버거킹에서 제공하는 햄버거 고기의 지름은 정확히 9.84cm이고 빵의 지름은 8.89cm이다. 한쪽 끝에 올려진 냉동 상태의 햄버거 고기가 컨베이어를 따라 서서히 불 속으로 이동하고 약 94초가 지나면 고기가 완전히 조리되어 다른 끝으로 모습을 드러낸다. 패스트푸드를 만드는 것은 점을 잇기, 번호대로 색칠하기 등의 간단한 놀이와 같다. 정해진 순서만 따라가면 요리의 불확실성은 대부분 제거된다. 어떤 의미에서 패스트푸드점의 목표는 종업원이 인간 로봇의 수준으로 기능하도록 하는 것이다. 맥도날드는 종업원을 통제하기 위해 다양한 기계들을 개발해 왔다. 종업원이 일일이 음료수통에 컵을 대고 채우고 잠그고 해야 한다면 조금만 방심해도 컵이 넘치기 일쑤일 것이다.

> 이러한 문제를 해결하기 위해 음료수가 컵에 가득 차면 자동으로 멈추게 하는 센서가 개발되었다. 패스트푸드 업계는 미국의 산업에서 가장 높은 연간 약 300%의 이직률을 기록하고 있다. 이것은 패스트푸드점 종업원의 평균 근속기간이 4개월이고, 패스트푸드 업계의 전체 노동력이 1년에 세 번 꼴로 바뀐다는 뜻이다.[8]
>
> 출처:《맥도날드 그리고 맥도날드화》 조지 리처 지음, 풀빛, 2017

이 글을 통해 숨은 전제를 한 번 더 찾아보자. 글쓴이는 패스트푸드점이 생산 공정에서 불확실성을 없애기 위해 전문화와 자동화 공정을 도입하였고, 종업원들은 각 공장에서 로봇처럼 일할 수밖에 없으므로 패스트푸드 업계의 이직률이 높다고 결론을 내린다.

글쓴이의 결론을 반드시 옳다고 할 수 없다. 생산 공정의 전문화나 자동화가 이직률을 높게 만든 한 원인이라고 볼 수 있지만 반례가 있을 수 있다. 그러므로 글쓴이가 자신의 결론을 독자에게 받아들이도록 하려면 숨은 전제를 보충해 줘야 한다. 고용은 임금, 노동환경, 복리후생, 사내 분위기 등 여러 요인에 의해 결정된다. 그런데 임금, 복리후생 수준이 낮다면 이직은 늘어날 수밖에 없다. 예컨대 패스트푸드 업계가 다른 직종에 비해 평균임금이 매우 낮다면 얼마든지 이직할 수 있다. 그러므로 노동자가 꼭 자동화, 전문화로 인해 일자리를 그만두었다고 볼 수 없다. 즉, 임금수준이 타 직종에 비해 높고, 지루한 생산 공정에 따른 정신적 고통을 줄이는 복리후생제도도 잘 갖춰져 있는 등 다른 고용 요인이 양호하다는 내용을 숨은 전제로 보충해야 한다. 그래야만 독자들이 "패스트푸드 업계의 전문화와 자동화로 인해 이직율이 높다."라는 글쓴이의 주장을 받아들일 수 있다.

○ 귀납 논증

귀납 논증은 전제의 의미를 넘어서서 결론이 옳다고 보이려는 논증이다. 그러나 결론은 항상 어느 정도 옳을 가능성만 있을 뿐이지 확실하지 않다. 귀납 논증으로 결론이 옳다는 것을 인정받으려면 전제로부터 결론에 연결되기까지, 많은 개별 증거를 모아야 한다.

귀납 논증에는 귀납적 일반화, 통계적 삼단논법, 유비, 가설추리가 있다. 귀납적 일반화는 개별적인 것들을 관찰하여 일반적인 결론을 끌어내는 귀납 추론이다. 예컨대 까마귀 100마리를 관찰하였더니 모두 검정색 까마귀인 것을 확인한 후에 까마귀는 검정색일 것이라고 추측하는 방식이다. 특히 통계적 일반화는 통계수치를 들어 결론을 끌어내는 방법으로 글쓴이가 의견을 설득할 때 자주 쓰기 때문에 독자는 글을 읽을 때도 책에 나온 통계자료를 꼼꼼히 살펴야 한다. 예컨대 선거 여론조사에서 1,000명을 조사했을 때 갑을 지지한 사람이 700명, 을을 지지한 사람이 300명이라면 이를 토대로 여론조사를 했던 기관은 갑 후보의 지지율이 70%이고, 을 후보의 지지율이 30%라고 결론을 내린다.

통계적 삼단논법이 있다. 이 논증은 특히 주의 깊게 들여다보고 잘 기억해야 한다. 얼핏 보면 일반적 사실로부터 구체적인 사실을 추론하는 것처럼 보이므로 연역 논증처럼 보인다. 하지만 전제는 결론이 옳을 개연성을 높게 할 뿐이다. 예컨대 한국에서 10대의 80%는 근시라고 하고 철수는 우리나라의 10대 청소년이라고 하자. 그러므로 철수는 근시일 것이라고 결론을 내렸다고 하자. 그런데 이 귀납 논증을 타당하다고 할 수 없다. 철수는 10대 중에 근시가 아닌 20%에 속할 수 있으므로 옳을 개연성이 높을 뿐이다.

유비 논증은 두 종류의 대상이 유사한 특성들을 갖고 있다는 것을 근거로 다른 특성도 유사할 것이라고 결론을 내리는 논증이다. 특히 신약 개발이나 치료법에서 신약후보나 여러 치료법을 인간과 유사한 동물에 먼저 실험하고 그 결과물을 비교하여 인간에 적용할 때 쓴다. 유비의 예를 들면, 흡연과 폐암의 인과관계나 상관관계를 밝히기 위해 일부 과학자들은 사람 대신 생리학적으로 몇 가지 유사점을 갖는 쥐를 실험한다. 우선, 밀폐된 용기 속에 쥐를 집어넣고 담배 연기를 주입한다. 장기간에 걸쳐 담배 연기를 흡입한

쥐 중에 상당수 쥐에게 폐암을 비롯한 폐 질환이 발생한 것을 확인한다. 이 사실을 근거로 과학자들은 흡연이 인간에게도 비슷한 증상을 일으킬 수 있다는 결론을 내린다.[9]

유비 논증에서 조심할 점이 있다. 유비로 얻는 결론을 어느 만큼이나 신뢰할 수 있느냐이다. 그러므로 글쓴이가 유비로 제시한 결론을 독자들이 받아들이도록 하려면 비교되는 두 대상 간에 유사성이 높아야 한다. 독자는 유사성이 높을수록 글쓴이의 생각을 수용하지만 낮을수록 글쓴이의 생각을 의심한다.

다음의 글을 보자.

> 세계는 거대한 기계이다. 일반적으로 기계는 무수히 많은 작은 기계로 이루어져 있다. 이런 작은 기계들과 부분들을 찬찬히 관찰해 본 사람이라면 모든 사람이 감탄하고 황홀해질 만큼 서로 조화를 이루고 있는 것을 발견할 수 있다. 수단이 목적에 맞게 교묘히 적응하는 세계의 모습을 보면 인간이 만들어 놓은, 즉 사상, 지혜, 지성, 그 밖의 수많은 창작물의 기능과 똑같이 닮았다. 그러므로 원인 역시 서로 닮았다고 추리할 수밖에 없다. 즉, 인간의 창작물들을 만들어 낸 인간이 존재하듯이 세계를 만들어 낸 창조주도 존재한다.[10]

이 글은 창조주의 존재를 보여주려는 유비 논증이지만 나

뻔 논증이다. 인간이 만든 창작물과 창조주가 만든 창작물, 즉 세계의 기능이 같다고 보고, 인간이 존재하므로 세계를 창조한 신도 존재할 것이라고 추론한다. 하지만 이 유비 논증은 신뢰할 수 없다. 인간이 사상, 지혜, 지성 등과 같은 창작물을 만든 것은 확인할 수 있지만, 창조주가 세계를 만들었다는 주장을 신뢰할 만한 증거를 찾을 수 없다. 그러므로 이 글을 읽으면서 세계를 창조주가 만들었으며 지금도 창조주가 세계를 만들었다는 주장을 확인할 수 있는 객관적인 증거를 찾을 수 없다.

다음의 글을 보자.

> 당신은 소수자에 대한 어느 정도의 차별은 피할 수 없다고 말하지만 나는 그렇게 생각하지 않습니다. 당신이 고귀한 생명을 유지하기 위해 하루의 음식을 먹듯이 그들 역시 하루의 음식을 먹고, 당신에게 고된 하루를 위로해 줄 가족이 있듯이 그들에게도 가족이 있습니다. 당신에게 분별력이 있다면 그들에게도 분별력이 있으며, 당신이 부당한 억압에 대해 노여워하듯이 그들 역시 부당한 억압에 대해 노여워합니다. 그러므로 당신이 고귀한 존재로서 존중받아야 한다면 그들 역시 존중받아야 합니다.[11]

글쓴이는 소수자는 차별받을 수밖에 없다는 주장을 유비 논증으로 반박한다. 근거는 소수자나 비소수자 모두가 생명을 유지하려면 음식을 먹어야 하며, 고된 노동을 위로해 줄 가족과 사물을 판단하는 분별력이 있으며, 억압에 대해 분노한다는 것이다. 즉, 두 대상 간에는 유사성이 높다. 그러므로 이 논증은 좋은 논증으로 볼 수 있다.

○ 가설추리

어떤 사실이 발생한 원인을 설명하는 가설을 추론하는 것이다. 예컨대 과거의 자연현상에 대한 관측 사례들이나 여러 법칙을 근거로 하여 관측되지 않은 자연현상의 원인을 추론한다.

다음의 글은 가설추리 논증을 보여준다.

> 잠시 도로변 슈퍼에 들렀다가 주차된 자기 승용차로 돌아온 승우는 차도 쪽의 차체 한가운데가 움푹 찌그러진 것을 보았다. 찌그러진 자국의 크기, 깊이, 모양, 위치 등을 자세히 살펴본 후 그는 다른 어떤 차가 후진하다가 자기 차를 들이받고 사라졌다고 생각했다. 그리고는 이어서 만일 후진하던 차가 자기 차에 이런 자국을 낸 것이라면 누군가 목격자가 있을 것이고, 사고를 낸 그 사람이 정직하다면 메모를 남겼을 것이고, CCTV에 그 장면이 녹화되어 있을 것이고, 그 사람의 차를 검사해 보면 뒷부분에 상당히 훼손된 흔적이 있을 것이라고 추리한 다음, 실제로 조사해 보니 자기의 차 앞 유리에 전화번호와 자기의 급한 사정을 알리

는 메모가 있었다.[12]

이 글을 보면 내 차의 차도 쪽 차체 한가운데가 움푹 찌그러졌다. 그러면 "어떤 차가 후진하다가 내 차를 들이받았다."라는 가설을 세울 수 있다. 그리고 이 가설은 누군가가 차 앞유리에 전화번호와 급한 사정을 알리는 메모를 놓아두었으므로 충분한 설득력이 있다.

○ 서사

서사는 사물의 이동이나 변화 등 지금 우리 주변에서 일어나거나 과거에 일어났던 일을 시간의 흐름에 따라 사실적이고 구체적인 이야기로 기술하는 방법이다. 예컨대 신문의 사건 기사와 취재 일지, 그리고 역사의 기록물, 의사가 쓴 환자의 병상 기록, 과학자의 실험 일지, 예술가의 공연 일지 등 많은 글이 모두 서사에 속한다.

글쓴이가 서사 형식을 자주 사용하는 것은 당연하다. 독자에게 글쓴이의 의도를 가장 잘 받아들이게 하는 방법이 서사이다. 즉, 뇌는 타인의 감정이나 필요한 정보를 이야기로 듣는 것을 본능적으로 좋아하고 잘 기억한다. 심지어 독자가 너무 비관적인 처지라면 실제보다 허구적 이야기를 더 듣기를 원한다. 그래서 아이든, 어른이든 이야기를 좋아하며, 이야기를 듣다 보면 자신이 마치 이야기 속의 주인공이 된 듯 착각하는 모습은 낯설지 않다. 더 나아가 글쓴이에게 열광하거나 이야기에 나오는 특정 인물의 불행에 대해 깊은 연민을 보이기도 한다.

독자들이 이야기에 푹 빠지면 뇌의 패턴이 실제로 화자의 뇌 패턴을 모방한다. 즉, 당사자 간에 정서적으로 친밀하게 해주는 옥시토신을 뇌에서 많이 분비하게 해주므로 서로 간에 신경결합이 나타난다.[13] 그러므로 독자와 글쓴이는 서로에게 주의를 집중하고, 호감을 느끼므로 독자는 글쓴이의 의도나 글의 주제를 잘 이해할 수 있다.

서사는 일반적으로 사실과 경험을 다루는 경험적 서사보다 작가의 상상력에 의해 만들어지는 문학적 서사를 의미한다. 문학적 서사는 허구를 통해 미적 아름다움을 드러내려고 하므로 사실적으로 정보를 드러내려는 경험적 서사와 다르다. 즉, 문학작품은 글에 일부 사실이 있을 수 있지만, 대부분은 허구적으로 조작된 내용이다.

서사의 대표적인 예로 소설을 들 수 있다. 소설은 언제나 시간과 공간이 필요하다. 때와 장소는 이야기의 구성과 그 진행에 구체성을 부여하므로 시간과 공간의 결합이 없이는 이야기, 즉 서사의 성립 자체가 불가능하다. 그러므로 소설에서 보듯이 서사는 가상의 인물을 만들고 구체적인 시간과 공간을 조작하여 실제처럼 어떤 행위를 꾸며낸다.

서사의 과정은 순차적인 진행과 역행적인 진행이 있다. 순차적인 진행은 사건이 일어난 시간의 순서에 따라 이야기를 전개하는 것이다. 예컨대 발단, 전개, 갈등으로 전개한다. 역행적인 진행은 시간의 순서를 바꿔 기술함으로써 독자의 흥미를 돋우는 서술 형태이다. 사건의 결과를 먼저 보여준 후에 그 결과에 이르게 되는 과정을 역으로 풀어서 쓴다.

특히 플롯은 소설에서 중요하다. 뇌는 이야기를 좋아하지만 사건이 단순히 시간 순서를 따르거나 장소를 이동하는 방식으로 쓰여진 이야기는 별로 좋아하지 않는다. 즉, 뇌가 이야기를 들었을 때 짜릿하고, 충격적이고, 조마조마하고, 만족스러운 방식이라고 느껴야만 흥미를 보인다. 그래서 플롯이 소설의 핵심이라고 불리며, 글쓴이는 사건을 인과적으로 재배열하는 것이다.

서사, 즉 이야기가 글쓴이의 의도를 항상 효과적으로 전달하지는 않는다. 어떤 주제에 대한 지식이나 경험이 없는 사람에게 이야기는 분명 효과가 있다. 미국 미시간대학교에서 흥미로운 실험을 했다. 한 그룹은 가볍고 재미있는 수다, 다른 한 그룹은 심각한 토론을 30여 분간 나누게 했다. 그 후에 두 그룹의 뇌를 촬영한 결과 가벼운 수다를 나눈 그룹의 전전두엽은 빨갛게 활성화되어 있었지만, 심각한 토론을 나눈 그룹에는 거의 변화가 없었다.[14] 하지만 주제에 대한 기본적 지식을 갖고 있거나 주제를 분명히 이해한 사람에게 별 도움이 되지 않을 수 있다. 특히 전문가들은 대체로 서사가 아닌 객관적 사실 등 순수한 형태의 정보를 좋아하며, 이야기의 활용을 과잉으로 간주하기까지 한다. 그들에게 소설이나 수다 등의 이야기는 뇌에 흩어져서 존재하는 서술기억, 맥락 의존적 기억, 의미기억, 일화기억 등을 연결하는 표지판 역할을 할 수 없다.[15] 만약 미시간대학교의 실험이 전문가를 대상으로 했다면 심각한 토론을 한 그룹에 속한 피실험자들의 전두엽이 오히려 더 활성화될 수 있다. 그러므로 글쓴이는 독자의 성향과 경험 수준에 맞춰서 서사의 골격은 유지하면서도 그 깊이나 범위 등을 적절하게 조절하거나 객관적 사실을 중시하는 논증 등 글을 쓰는 다양한 방법을 고민해야 한다.

○ 묘사

묘사는 추상적인 느낌을 직접 보거나 만지는 것처럼 글로 표현하는 방법이다. 사람, 배경, 장면 등 대상의 형태, 색채, 감촉, 향기, 소리, 맛 등 감각적인 것을 생생하게 그려내어 독자가 같은 인상을 받거나 상상적 체험을 할 수 있도록 한다. 그러므로 글쓴이는 자신의 느낌이나 경험을 독자의 마음이나 감정에 맞춰 묘사해야 한다. 그래야만 독자가 직접 보지 못한 것을 볼 수 있게, 느끼지 못한 것을 느낄 수 있게 할 수 있다. 특히 묘사는 대상을 그대로 드러내는 사진이 아닌, 대상에 대한 느낌을 표현한 그림과 같으므로 독자에게 독특한 인상과 특이한 감각적 체험을 줄 수 있도록 전체와 부분을 고려하여 조화롭게 표현해야 한다.

다음은 인물의 초상과 심리, 배경, 장면을 묘사한 글이다.[16]

노파는 그의 앞에 말없이 서서 묻는 듯한 눈초리로 그를 쳐다보고 있었다. 예순 살쯤 되어 보이는 왜소하고 깡마른 노파는 날카롭고 심술궂은 작은 눈에 코는 작고 뾰족했으며, 머리에는 아무것도 쓰고 있지 않았다. 희끗희끗 세어 색깔이 연한 머리털은 기름을 듬뿍 발라 번질번질했다. 닭발처럼 가늘고 긴 목에는 플란넬 넝마 조각을 두르고, 이렇게 더운데도 어깨에는 누렇게 바랜 너덜너덜한 털조끼를 걸치고 있었다. 노파는 연방 기침을 해 대면서 가르랑거리는 소리를 내고 있었다.

출처:《죄와 벌》 도스토예프스키, 을유문화사, 2012

그레고르는 기겁하여 멈춰 섰다. 아버지가 그에게 폭탄을 던지기로 결심한 이상, 계속 뛰어 봤자 소용없는 일이었다. 아버지는 식기장 위의 과일 접시에 있던 사과로 주머니를 가득 채우고는 일단은 별로 정확히 조준하지 않은 채 사과를 연달아 던져 댔다. 이 작고 빨간 사과들은 마치 전기 충격이라도 받은 듯이 바닥을 이리저리 굴러다니며 서로 부딪혔다. 약하게 던져진 사과 하나가 그레고르의 등을 스쳤지만 상처를 입히지는 않고 그냥 미끄러져 떨어졌다. 하지만 그 즉시 뒤이어 날아온 사과는 그레고르의 등에 정통으로 박혔다. 그레고르는 발을 질질 끌며 나아가려 했다. 갑자기 찾아온 믿을 수 없는 고통이 장소를 옮김으로써 사라질 수 있기라도 하다는 듯이. 그러나 그는 마치 못에 단단히 박미해진 채 뻗어 버렸다.

출처:《변신, 선고 외》 카프카, 을유문화사, 2015

길은 지금 긴 산허리에 걸려 있다.

밤중을 지난 무렵인지 죽은 듯이 고요한 속에서 짐승 같은 달의 숨소리가 손에 잡힐 듯이 들리며, 콩 포기와 옥수수 잎새가 한층 달에 푸르게 젖었다. 산허리는 온통 메밀밭이어서 피기 시작한 꽃이 소금을 뿌린 듯이 흐뭇한 달빛에 숨이 막힐 지경이다.

출처 :《메밀꽃 필 무렵》 이효석, 1936

아직 오월이건만, 이 근방에는 벌써 모기가 심하다. "철썩!" 하고, 윤초시가 제 넓적다리를 때린 것이 자리에 누운 뒤로 이번이 네 번째다. 그는 자리 위에 몸을 비스듬히 일으키어 앉으며, 남포불에다 손바닥을 갖다 대어보았다. 그러나 이번에도 애꿎은 다리만 부질없이 후려갈긴 모양이다. 손바닥을 아무리 상고하여 보아도 마땅히 눈에 띄어야 할, 으끄러진 모기의 시체와 같은 것은 아무 곳에서도 찾을 수 없었다. "쩝, 쩝." 입맛을 다시고, 그는 다시 목침을 고쳐 베고, 자리에 누워, 모기에 물린 다리를 북북 긁었다.

출처:《윤 초시의 상경》 박태원, 1939

비판적 읽기는 논증이다

비판적 사고가 어떤 생각을 분석하고 평가하여 더 나은 대안을 제시하는 정신활동이라고 하면 비판적 사고인 탐색, 분석, 평가에 맞춰 글을 분석하면서 책을 읽어야 한다. 탐색 독서란 읽어야 할 글의 전체를 살펴보며 책을 읽는 방법이다. 글의 전반적인 내용, 저자의 목적이나 의도, 글의 주제, 중심 내용과 부수적 내용 간의 관계, 논란이 될 만한 이야깃거리, 글을 정확하게 이해하기 위해 좀 더 알아보아야 할 숨겨진 정보 등을 개략적으로 점검하는 읽기이다. 즉, 조경사가 숲의 경치를 아름답게 하려고 할 때 하나하나의 나무(문장)의 수준이 아니라 숲(글) 전체의 수준에서 조경을 살펴보는 행위에 빗댈 수 있다. 분석 독서는 글을 꼼꼼히 따져 그 내용을 이해하는 읽기이다. 글의 주요 개념들의 의미를 파악하고 각 문단의 소주제와 이를 뒷받침하는 이유나 근거들을 찾아 구체적인 연관 관계 등을 확인하는 읽기이다. 평가 독서는 말 그대로 분석 독서를 한 후에 이루어지며 글의 의의와 가치를 판단하는 읽기이다. 독자의 목적에 따라 글에서 취할 것과 버릴 것을 결정하거나 반론, 반박이나 수정 보완 또는 대안을 마련하는 읽기이다.

비판적 읽기의 방법은 논증이다. 독자는 글의 논리적 구조를 파악하여 논증의 핵심인 전제와 결론 혹은 근거와 주장, 전제로부터 결론으로 나아가는 이유를 먼저 찾아서 분석해야 한다. 하지만 모든 글에 논증이 들어 있지는 않는다. 논증이 들어 있는 글은 주로 단계적 구성에 해당하는 글이다. 단계적 구성이란 3단 구성은 '서론-본론-결론' 혹은 '도입-전개-정리'처럼 글의 구조를 세 개로 나누는 방법이다. 3단 구성인 글은 서술이 명료하고 간결한 처리를 할 수 있는 점에서 독자들을 설득하는 데 장점이 있지만, 문장의 변화가 적고 개념어를 많이 사용하므로 글을 읽고 이해하기가 쉽지 않다. 예컨대 대입 수능 국어영역에서 '불수능'으로 논쟁거리가 되는 지문은 논증이 들어간 3단 구성의 지문이 많다. 4단 구성은 기-승-전-결 네 개로 나누는 방법이다. 큰 차이가 없으며 독자들에게 보다 흥미를 유발하거나 글쓴이의 의견을 더욱 확실하게 하기 위해 새로운 문단을 추가하는 것이다.

다음은 3단 구성인 서론, 본론, 결론에 자주 쓰이는 구성요소들이다. 독자는 이런 세부 요소를 잘 알고 글을 읽으면 맥락 의존적 기억에 의존하여 문해력을 높일 수 있다.

서론은 자신의 주장을 펼치기 위한 사전 작업을 하는 부분이다. 독자가 나의 입장을 받아들이도록 문제가 무엇인지, 그 범위가 어떤 것인지, 얼마나 심각한지, 과거에 어떤 식으로 다뤄왔는지, 주장에 연관된 개념을 무엇으로 정의하는지 등을 소개하는 부분이다. 그러므로 글쓴이의 주장을 독자가 받아들이게 하는 일종의 사전 작업이다. 서론에서 다음의 방법들이 선택적으로 사용된다.[17]

1. 주장에 맞는 심각한 상황을 구체적으로 보여줌으로써 문제를 제기한다. 주제문에 대한 배경을 설명하고, 배경이 어디까지인지를 밝혀서 한정한다.
2. 놀랄 만한 통계 숫자를 제시한다.
3. 주장에 연관된 중요한 개념들을 정의한다.
4. 주장을 대표할 수 있는 예를 든다.
5. 권위가 있는 사람의 말을 인용한다.
6. 본론에서 다룰 주제의 범위를 한정한다.
7. 나의 입장에서 문제의 역사적 배경을 소개한다.

8. 문제의 성격을 한정한다. 정치적인지, 경제적인지, 사회적인지, 법적인지.
9. 주장과 연관된 사회관, 세계관, 철학을 소개한다.
10. 연역 논증을 하려면 결론인 주장을 한다.

본론은 주장을 증명하는 장으로 정확성, 타당성, 신빙성을 갖춘 최적의 증거를 가능한 한 많이 제시하는 부분이다. 본론에는 자신의 주장을 뒷받침하는 근거만이 아니라 예상될 수 있는 타인의 반론에 대해 약점을 잡아 공격하는 내용도 있다. 본론에서 다음의 방법들이 선택적으로 사용된다.[18]

1. 각 문단은 보통 하나의 근거 또는 이유만을 제시한다.
2. 이유 중에도 서열이 있으므로 최적의 증거를 효과적으로 소개한다.
3. 반론이 필요할 때 먼저 상대방 주장의 가장 강한 이유를 객관적으로 소개한다.
4. 상대방의 이유를 논리적으로 분석하고 이유가 성립하지 않음을 반박한다.
5. 반박할 때는 독자에게 반박한다는 암시를 해야 한다. 예컨대 반박 전에 '하지만' '그런데도' '사실은' 등과 같은 부사를 사용한다.

결론은 글쓴이가 서론과 본론에서 제시한 요점만 다시 소개함으로써 독자의 생각을 마무리하도록 도와주는 부분이다. 주장을 다시 상기시키거나, 글에서 다룬 잊어서는 안 될 중요한 이슈들을 재차 확인하거나, 자신의 주장을 받아들이지 않을 때 독자에게 어떤 결과가 나올지를 시나리오나 다른 권위자의 말 등을 통해 넌지시 알려줌으로써 독자가 지금까지의 주장을 받아들일 수밖에 없도록 강조한다.[19]

3단 구성이나 4단 구성과는 다르게 논증이 없는 글도 많다. 예컨대 서사나 묘사로 쓰인 글에는 논증이 없으며 설명문은 경우에 따라 다르다. 특히 글의 화제나 책에서 장, 절의 소제목을 보면 논증이 들어 있을 것처럼 보이지만 실제로는 그렇지 않다.

다음 글은 논증이 들어 있는 것처럼 보이지만 논증이 없다.

> 대부분 범죄는 스무 살 이하의 사람들이 저지른다. 그러나 스물한 살 이상의 사람들은 대부분 범죄자가 아니다. 스물한 살 이상의 사람들 가운데 일부는 상습범이다.

글쓴이는 범죄와 관련된 통계를 근거를 제시하면서 독자를 설득하려고 한다. 그러나 세 개의 문장, 어느 것도 다른 주장을 뒷받침하지 않는다. 글에는 범죄와 관련된 정보는 제시되어 있지만, 논증을 찾을 수 없다. 독자는 이런 글을 보게 되면 통계가 거론되고 있으므로 언뜻 논증으로 생각하기 쉽다. 하지만 논증은 단순히 정보를 제공하는 서술 방식이 아니라, 전제로 제시된 정보로서 결론으로 제시된 정보를 뒷받침하는 사고 기술이다.

숨은 전제나 맥락을 고려하여 읽어야 한다

독자는 논증적 글을 읽을 때 숨은 전제나 맥락을 찾아 염두에 두고 읽어야 한다. 즉, 글쓴이의 주장이 옳은지, 옳지 않은지를 판단하려면 감춰진 필수적인 정보나 의견들은 고려해야 한다.

다음의 글을 보자.

> 납세자들이 철도청에 제공하는 보조금이 줄어들어도 이전과 마찬가지로 좋은 서비스를 유지하는 것은 어려운 일이다. 최근 몇 년 동안 철도청에 대한 보조금이 줄어들었다. 그러나 철도 승객의 수는 계속 증가해 온 것을 보면 철도청 서비스에 대하여 승객들이 만족하고 있다고 판단한다.[20]

글쓴이는 철도청의 서비스에 대하여 승객들이 만족하고 있다고 판단한다. 철도청에 들어오는 보조금이 줄어들면 좋은 서비스를 제공할 수 없는데도 철도 승객의 수는 오히려 증가했기 때문이다. 이 논증은 귀납 논증에서 어떤 결과가 발생했는데 그 결과에 대한 원인 가설을 짐작하는 가설추리이다. 즉, 철도 승객의 수는 계속 증가했는데 원인이 철도청의 충분한 고객서비스 탓이다. 하지만 철도청의 고객서비스에 불만족하더라도 철도 승객의 수는 늘어날 수 있다. 예컨대 철도 이외의 대중교통수단이 줄어들었거나 대중교통 요금이나 자동차 유류비가 크게 인상되었거나 등이다. 그러므로 독자에게 글쓴이의 결론을 받아들이게 하려면 "사람들은 다른 대중교통수단이 줄거나 유류비나 대중교통 요금이 오르더라도, 철도청 서비스에 만족하지 않는다면 철도를 이용하지 않는다." 등의 숨은 전제를 글에 보충해 줘야 한다.

다음의 글을 보자.

> 변호사 강 씨는 정치 비자금 마련으로 물의를 일으킨 모 재벌의 변호를 맞게 되었다. 강 씨는 의뢰인인 재벌의 변호를 위해 정보를 수집하던 중 의뢰인에게 불리한 문서를 발견하였다. 재벌과의 긴밀한 관계를 유지한다면 법률 사무소는 많은 이익을 낼 수 있다. 하지만 강 씨가 문서를 공개한다면 그는 대중의 주목을 받게 될 것이다. 강 씨가 대중의 주목을 받게 되면 국회의원에 출

> 마할 수 있게 될지도 모른다. 의뢰인에 불리한 문서를 숨기든 공개하든, 그 어떤 경우에도 강 씨에게 불리하지는 않다. 강 씨의 법률 사무소가 번창하게 되거나 강 씨가 정계에 입문하게 될지도 모르기 때문이다. 결국 강 씨는 문서 공개를 할지 말지를 놓고 고민에 빠졌다.[21]

글을 보면 변호사 강 씨는 문서 공개를 두고 고민에 빠져 있다. 재벌과 친밀한 관계를 유지하면 많은 돈을 벌 수 있고, 문서를 공개하면 대중의 주목을 받아서 정계에 입문할 수 있다. 그러므로 이 글에는 "강 씨가 재벌과 친밀한 관계를 맺으려면 문서를 공개하지 않아야 한다."라는 숨은 전제가 생략되어 있다. 그가 재벌과 친밀한 관계를 유지하면 많은 돈을 벌 수 있지만 어떤 재벌도 자신에게 불리한 문서를 공개할 때 상대에게 많은 돈을 벌 기회를 주지 않기 때문이다.

다음의 글을 보자.

> 예전에는 천연두로 사망한 사람이 엄청나게 많았지만 일부 부모들은 아이에게 예방접종을 하지 않는다. 왜냐하면 지금의 아이들은 천연두에 걸릴 위험이 낮다고 생각하기 때문이다. 어떤 부모들은 백신이 부작용을 일으킬 확률도 있다고 생각한다. 그들이 보기에 예방접종을 하지 않는 건 합리적인 일이다. 하지만 천연두 예방접종을 하지 않는 사람들이 많아진다면 면역력이

> 없는 사람들이 증가하면서 천연두가 감당하기 힘들 만큼 확산할 수도 있다는 점을 그들은 깨닫지 못하고 있다.[22]

글쓴이는 천연두 예방접종을 해야 한다고 주장한다. 많은 아이가 천연두 예방접종을 하지 않으면 면역력을 갖지 못하므로 몇 년 주기로 팬데믹이 나타날 것이라고 보기 때문이다. 하지만 요즘도 아이들은 천연두에 잘 걸리며, 예방접종 이외에는 다른 대안이 없으며, 백신이 안전하며, 개인의 선택권이 제한되더라도 공익을 위해 받아들여야 한다는 내용을 숨은 전제로서 보충해 줘야 한다. 그래야만 독자들이 천연두 예방접종을 해야 한다는 글쓴이의 결론을 받아들일 수 있다. 만약 글쓴이가 이런 숨은 전제를 보충해 주지 않으려면 독자는 글쓴이가 결론을 낸 맥락을 알고 있어야 한다. 즉, 소수만 천연두 예방접종을 하지 않았는데도 심각한 팬데믹이 있었다는 사실을 알고 있어야 하며, 다수의 이익을 우선시하는 공리주의자여야 한다.

다음은 1798년 토마스 맬서스(Thomas Malthus)가 《인구론》에 쓴 유명한 논증이다.

> 인구는 제한하지 않으면 기하급수적으로 늘어나고 식량은 산술급수적으로 증가한다. 수를 조금이라도 아는 사람은 후자보다

> 전자가 훨씬 빠르게 증가한다는 걸 알 수 있다. 사람이 살아가는 데는 식량이 필수이며 그것은 자연의 법칙이므로 서로 다른 힘의 차이는 계속 같게 유지되어야 한다. 이는 식량 문제 때문에라도 인구를 강력히 제한해야 한다는 것을 의미한다. 식량 문제는 어디엔가 나타날 수밖에 없으며, 많은 사람들이 이를 경험할 수밖에 없다. 그러므로 다음 같은 사회는 존재할 수 없다는 것을 보여주는 결정적 이유로 보인다. 즉, 사회의 구성원이 모두 편안하고 행복하며 여가를 즐기며 살고 자신이나 가족의 생존 수단을 마련하는 일에 걱정을 하지 않고 살아가는 사회는 존재할 수 없다.[23]

맬서스는 인구는 기하급수적으로 늘어나지만, 식량은 산술급수적으로 늘어나므로 인구를 강력히 제한하지 않으면 모든 사람은 행복한 삶을 누릴 수 없다고 주장한다. 그러나 현재는 그의 주장을 받아들이기는 어렵다. 식량 생산 기술이 발달함으로써 인구 증가율에 비해 식량 증가율이 낮다고 할 수 없으며 단지 식량은 지구촌에 편재되어 있을 뿐이다.

그렇다면 맬서스의 주장은 설득력이 아예 없는 것일까? 그렇지 않다. 맬서스의 논증을 옹호하지 않지만, 이 유명한 논증을 이해하려면 그가 살던 당시의 영국의 상황 등 역사적 맥락을 고려해야 한다. 당시 영국 사회의 생산력 수준은 근대 이전보다는 높은 수준이었지만, 가족 모두가 생계를 걱정하지 않고 여가를 누릴 만큼 풍요롭지 않았다. 그러므로 이 논증을 해석하고 평가하려면 당시 영국이나 유럽의 상황을 살펴봐야 하며 이런 맥락을 고려하면 독자는 맬서스의 주장을 받아들일 수도 있다.

좋은 논증이 갖춰야 할 규칙

지금까지 논증 몇 가지를 사례로 들어 독자가 글쓴이의 의도를 받아들일 수 있는가를 확인해 봤다. 더 나아가 글쓴이는 자신의 주장을 독자들이 받아들이도록 여러 가지 방법으로 정당화하려는 것을 알 수 있었다. 즉, 논증적 글에는 귀납 논증, 연역 논증 등 다양한 형태의 논증이 들어 있을 수 있고, 논증의 구조도 하나의 근거로써, 둘 이상의 근거를 합쳐서, 둘 이상의 근거를 독립적으로 해서 하나의 주장을 지지하는 등 여러 구조가 있다. 그러므로 글쓴이의 논증에 대해 장점과 약점을 밝히는 논증 평가는 독자에게 필수적이다.

좋은 논증은 논증의 종류에 따라 달라진다. 연역 논증은 전제가 참이고, 전제로부터 결론이 필연적으로 따라 나와야 하므로 전제가 조금이라도 결론을 보장하지 않으면 나쁜 논증이다. 귀납 논증은 전제들의 참에 의해서 결론이 어느 정도 참일 수 있으면 좋은 논증이라고 할 수 있다. 또한 귀납 논증에서 결론은 개연적으로 신뢰할 수 있을 뿐이며, 어느 정도라는 범위가 기준에 따라 달라지므로 언제나 타당하다고 할 수 없다.

좋은 논증이 되려면 연역 논증이든 귀납 논증이든 꼭 갖춰야 할 요소가 있다. 그러므로 글쓴이가 이런 규칙을 따르지 않으면서 독자에게 자신의 의견을 받아들이라고 강조하면 의심하고 또 의심해봐야 한다.

첫째, 언어를 명확하고 일관되게 사용하고 있는가를 확인해야 한다. 즉, 글에서 모호한 언어를 쓰지 않고, 특정한 언어가 하나의 논증에서는 같은 의미로 늘 쓰여야 한다. 예컨대 유기농식품이 있다고 하자. 표준국어대사전에 나온 유기농은 '화학비료나 농약을 쓰지 아니하고 유기물을 이용하는 농업 방식, 또는 화학비료, 유기 합성 농약, 생장 조정제 등 모든 합성 화학물질을 사용하지 않고 유기물과 미생물 등 자연적인 자재만을 사용하는 농업'이라는 뜻이다. 글쓴이가 논증에서 유기농을 화학비료나 농약을 쓰지 않는 농업 방식이라고 정의하면 유전자변형식품은 유기농식품이 될 수 없다. 그러므로 글쓴이가 논증에서 쓰는 유기농이 사전에 있는 의미 중에 무엇에 해당하는가를 글로 분명하게 드러내야 한다. 예컨대 법 앞의 평등에 대해 글쓴이가 기회의 평등인지, 결과의 평등인지, 실질적 평등인지를 구분하지 않고 혼용하여 쓰면 독자는 글쓴이의 의견을 제대로 평가할 수 없다.

다음의 글을 보자.

> 과거에 지도자의 책임을 맡은 사람들과 다르게 노역의 수행이 우선적인 역할인 사람들의 주된 행동양식은 지도자들이 부과하는 의무에 응하는 것이었다. 수행돼야 할 의무는 그 공동체 또는 그 하위 단위에서 차지하는 지위에 따라 다양하게 부과됐다. 오늘날 이와 가장 비슷한 것은 일반 시민들이 수행하는 군 복무다. 다른 점이 있다면 이집트 관료 체제의 지도자는 법에 정해진 의무를 공동체 구성원들에게 부과되기 위해 특별한 비상사태가 필요하지 않다는 것이다.[24]
>
> 출처:《논증의 기술》 엔서니 웨스턴 지음, 이보경 옮김, 필맥, 2010

글쓴이는 과거 이집트 관료제와 오늘날 관료제를 비교하면서 현대의 일반 시민들이 군 복무를 받아들여야 한다고 주장한다. 하지만 이를 받아들이려면 공동체에서 우선 노역을 수행할 사람들을 분명하게 정의해야 한다. 그런데 글쓴이의 결론처럼 현대의 관료제에서 군에 복무할 의무가 시민에게 부여되었다면 동일한 기준을 적용해야 하므로 고대 이집트에서 노역의 대상은 노예에게만 있다고 볼 수 없다. 예컨대 평민도 노역의 대상이어야 한다. 그러나 글쓴이는 첫째 문장에서 노역을 수행하는 의무는 노예에게만 있다고 했으므로 이 논증에서 용어는 명확하게 쓰이고 있지 않다.

둘째, 전제가 옳아야 한다. 글쓴이가 무엇을 주장하든지 간에 전제가 객관적 사실이거나 승인할 만한 전제여야 한다.

다음의 글을 보자.

> 매년 영국에서는 300,000명 정도가 심장병으로 사망하지만, 55,000명 정도는 폐암으로 사망한다. 흡연을 하면 심장병으로 죽을 확률이 약 두 배 증가하지만, 폐암으로 죽을 확률은 약 열 배나 증가한다. 대부분의 사람은 흡연이 폐암을 일으킬 확률이 심장병보다 높다고 생각하며, 영국이나 다른 나라도 이 가설을 바탕으로 흡연 반대 운동을 펼치고 있다. 그러나 이것은 틀렸다. 심장병의 사망자가 더 많다는 점을 고려할 때, 폐암에 걸리는 흡연자가 한 명이라고 한다면 심장질환으로 죽는 사람은 두 명이 넘는다고 봐야 한다.[25]

글쓴이는 흡연은 폐암 사망률보다 심장병 사망률을 높게 할 것이라고 결론을 내린다. 근거로서 심장병으로 인한 빈도가 폐암 사망자의 두 배 이상이라고 본다. 그러나 이 논증이 올바른지 아닌지는 첫째 문장에서 심장병과 폐암의 연간 사망자 수와 둘째 문장에서 흡연이 심장병과 폐암에 확률이 객관적 사실인가에 달려 있다. 그러므로 이 글이 보여주는 논증만으로는 글쓴이의 결론이 타당한지를 판단할 수 없다.

다음의 글을 보자.

> 미래에 부모가 되고자 하는 사람은 대부분 아들을 선호한다. 만약 부모가 자식의 성을 선택할 수 있다면 여자보다 남자가 훨씬 많아질 것이다. 이것은 심각한 사회문제를 초래할 수 있다. 그러므로 부모가 자식의 성을 선택할 수 있는 기술은 사용할 수 없도록 해야 한다.[26]

글쓴이는 첫째 문장에서 예비 부모들이 아들을 선호한다고 전제한다. 하지만 모호하다. 중국이나 인도 등에서는 그럴지 몰라도 보편적 현상이라고 할 수 없다. 그러므로 글의 결론인, "자식의 성을 선택할 수 있는 기술은 사용할 수 없도록 해야 한다."라는 주장을 받아들일 수 없다.

셋째, 결론이 전제들로부터 잘 이끌어졌는지를 검토해야 한다. 그렇게 되려면 전제와 결론이 밀접한 관련이 있어야 한다. 즉, 과거의 경험, 유사한 경우에 결론이 받아들여졌다는 사실, 과학에서 실험 결과, 심리학이나 사회학에서 통계수치, 일반적 원리 등을 전제로 한 논증이어야 한다.

다음의 글을 보자.

> 다른 사람에게 이식한 장기에 대한 거부 반응을 줄일 수 있는 신약이 개발되었다. 이전에 심장이식수술 직후 사망한 사람들은 대부분 거부 반응 때문에 사망했다. 그러므로 신약이 심장 이식 환자의 생존율을 높일 수 있다.[27]

글쓴이는 신약이 심장이식수술에 따른 거부반응을 줄일 수 있으므로 심장이식환자의 생존율을 높일 것이라고 주장한다. 그런데 심장이식으로 인한 사망이 거부반응 때문이었다는 신뢰할 만한 증거가 없다. 그러므로 사망한 환자 대부분에게 거부반응이 있었다는 사실이 객관적인 통계 수치로 뒷받침되어야만 이 논증을 받아들일 수 있다.

다음의 두 글은 2016학년도 한 대학교의 논술시험에서 나왔던 지문이다.

> **제시문 (가)**
>
> ① 인간은 개인의 자격만으로는 선을 탐구할 수도 없고 덕을 실천할 수도 없다. ② 좋은 삶을 산다는 것이 상황에 따라 변하기

> 때문이다. ③ 기원전 5세기 아테네 장군에게 좋은 삶과 중세 수녀 혹은 17세기 농부에게 좋은 삶은 같지 않다. ④ 나는 다양한 개인들이 다양한 사회적 상황 속에 산다는 것만을 말하고 있는 것이 아니다. ⑤ 우리 모두를 하나의 특수한 사회적 정체성의 담지자로서 파악하는 것이 중요하다. ⑥ 나는 누군가의 아들 또는 딸이고, 누군가의 사촌 혹은 삼촌이다. ⑦ 나는 이 도시 또는 저 도시의 시민이며, 이 동업 조합 또는 저 직업 집단의 구성원이다. ⑧ 나는 이 씨족에 속하고, 저 부족에 속하며, 이 민족에 속한다. ⑨ 그래서 나에게 좋은 것은 이러한 역할을 담당하는 누구에게나 좋아야 한다. ⑩ 이러한 역할들의 담지자로서 나는 가족, 도시, 부족, 민족으로부터 다양한 부채와 유산, 정당한 기대와 책무들을 물려받는다. ⑪ 그것들은 삶의 도덕적 출발점을 구성하며 나의 삶에 그 나름의 도덕적 특수성을 부분적으로 제공한다.[28]

①은 개인만 고려하면 선을 찾을 수 없으며, 찾는다고 해도 실천할 수 없다고 주장한다. ②는 도덕적 삶은 시대에 따라 다르다는 ①을 뒷받침한다. ③은 ②의 예시이다. ④는 ②와의 차이를 드러내며 ②를 보충하고, 해석한다. 그러므로 ⑤는 ①의 결론이다. ⑥, ⑦, ⑧은 ⑤의 예시이다. ⑨, ⑩, ⑪은 ⑥, ⑦, ⑧의 결론이지만 예시의 결론, 즉 예시 속에서 자연스럽게 따라오는 부연일 뿐이다. 이 글에

서 보듯이 예시적 사례, 부연은 글쓴이의 논증을 도와주는 보조적 역할을 할 뿐이다.

글쓴이는 인간이 선을 찾고 실천하려면 인간을 특수한 사회적 정체성의 담지자로서 파악해야 한다고 주장한다. 도덕적 삶은 상황에 따라 늘 변하기 때문이다. 그렇다면 독자는 글쓴이의 논증을 받아들일 수 있을까? 나는 받아들일 수 있다고 본다. 도덕은 문화인데 문화는 개인의 삶을 구속하며, 시대와 장소에 따라 상대적이기 때문이다.

제시문 (나)

① 사람들이 다른 사람들과 서로 결합하여 공동사회를 조직하는 목적은 각각 자기네들의 재산을 안전하게 유지하며, 그 공동사회에 속하지 않는 자의 침해에 대해 더 공고한 안전성을 보장받음으로써 서로 평안하고 안정된 생활을 하려는 데 있다. ② 이와 같은 합의는 사람 수의 많고 적음에 관계없이 가능하다. ③ 왜냐하면, 서로 그와 같이 합의한다고 할지라도 나머지 다른 사람들의 자유를 조금도 침해하는 것은 아니기 때문이다. ④ 즉, 나머지 다른 사람들은 종전과 마찬가지로 자연 상태의 자유를 그대로 보유하는 것이다. ⑤ 사람들이 하나의 공동사회나 정부를 형성할 것에 동의한다면, 그들은 곧 서로 결합하여 하나의 정치체제를 결성하게 되는 것이다.

①은 전제로서 글쓴이는 개인이 공동사회를 조직하는 목적은 재산을 보전하며, 외부의 침해로부터 안전성을 보장받는 등 행복한 삶을 누리기 위해서라고 주장한다. ②도 전제로서 ①과 대등하며 구성원들의 합의는 숫자의 문제는 아니라는 것이다. ③은 ②의 근거이고 ④는 ③의 부연이다. ⑤는 ①, ②의 결론이다.

이 논증에서 전제인 ①, ②는 보편적이고 일반적인 개념이므로 받아들일 수 있다. 그리고 ⑤에서 사람들 사이에 하나의 공동사회나 정부 형성에 동의한다고 했고, 하나의 정치체제만 결성한다고 했으므로 글쓴이의 주장을 받아들일 수 있다. 즉, 좋은 논증이다.

그러나 제시문과 다르게 ⑤에서 하나의 공동정부나 정부 형성이 아니라 공동사회나 정부를 형성한다고 되어 있으면 글쓴이의 주장을 받아들일 수 없다. 정치체제는 국체(군주제, 공화제), 정체(민주제. 독재제, 입헌제, 전제 정체, 연방제, 단일제), 정부 형태, 의회와 사법부 제도, 정당제도(일당제, 양당제, 다당제) 등을 모두 포괄하는 매우 넓은 개념으로 공동사회 구성원들이 편을 갈라 복수의 정치체제를 만들 수 있기 때문이다.

논증을 어떻게 학습해야 하는가

논증은 쉬운 일은 아니다. 그러므로 논증을 제대로 하려면 하나의 문단인 글부터 분석하면서 차츰 복잡한 글을 읽도록 해야 한다. 글이 하나의 문단이라면 다음의 원리를 따라서 글을 분석해야 한다.

첫째, 글의 기본 단위는 문장이므로 문장에서 주어와 서술어를 찾아내고, 대개는 이것만으로 문장이 완벽하게 구성되지 않으므로 목적어 등 필수적인 문장 요소를 찾는 동시에, 관형어나 부사어 등은 논증하는 데 굳이 없어도 된다면 고려하지 않아도 된다. 특히 문장 속에 절, 구, 문장이 들어 있는 긴 문장의 경우에 이해하기 쉬운 형태로 분해하여 주장과 근거를 찾아내야 한다.

다음의 글을 보자.

> 그러한 말은 예술이 헛된 가상이거나 감성적 도취 또는 광기의 산물이어서 정신의 최고 목표인 진리 매개가 절대 불가능하다는 플라톤의 판정으로부터 예술을 방어할 수 있는 매력적인 논변일 수 있다.

이 글에서 글쓴이는 플라톤의 판정으로부터 예술을 옹호할 수 있으므로 그 논변이 매력적이라고 주장한다. 플라톤의 주장은 예술이 진리를 매개할 수 없다는 것으로 예술이 헛된 가상이거나 감성적 도취 또는 광기의 산물이기 때문이다. 그러므로 이 글은 논증의 전형이다.

둘째, 하나의 문장이 있을 때 뒤 문장이 왜 따라서 나오는지를 물어야 한다. 즉, 논리적 관계를 파악해야 한다. 글쓴이는 자신의 의도를 여러 문장을 통해 드러냄으로써 독자에게 독자를 설득하려고 한다. 그런데 한 문장은 하나의 완결된 의미를 지니고, 다른 문장도 다른 하나의 완결된 의미를 지니므로 서로 간에 관계가 성립할 수밖에 없다. 그러므로 글쓴이는 독자에게 자신이 전달하려는 내용을 완결되고, 통일되고, 일관되게 표현해야만 독자는 글쓴이의 의도를 이해할 수 있고, 독자는 글에서 화제에 대해 중심 문장과 나머지 문장이 어떤 관계인지를 살펴봄으로써 글쓴이의 논증이 타당한지, 부당한지를 찾아낼 수 있다.

다음은 2011학년도 성균관대 모의 논술시험에서 나왔던 지문이다.

> ① 경쟁은 이기적이고 자기 본위적이라는 비난이 있다. ② 경쟁의 목적이 무엇이든 (부, 권력, 명성, 혁신을 불문하고) 모든 경쟁의 바탕에는 이기적인 동기가 존재한다. ③ 시장경쟁의 다른 측면에 향해져야 할 비난도 경쟁 동기에 대한 비난과 혼동되는 경우가 많다. ④ 그러나 사회관계 속에서 이기심을 충족하려면 예사롭지 않은 노력이 필요하다. ⑤ 헤겔은 그 과정을 도야의 과정(the Process of Education)이라고 불렀다. ⑥ 경쟁은 개인에 있어서는 자발성, 자율, 자기실현과 발전을 위한 노력의 발로이며, 사회로서는 활력의 원천이고 합리적 조직의 기초다. ⑦ 경쟁은 자애심이라고 하는 인간 본성에 불을 붙여 자기 이익을 추구하는 원동력이 된다. ⑧ 또 경쟁은 자유의지와 결합해 사회에 활력과 효율을 보장하고 인습, 나태와 방종을 억제하고 진보와 혁신을 고취한다.[29]
>
> 출처:《국부론》 애덤 스미스

윗글을 보면 ①은 경쟁을 이기적으로 보고 비난하는 의견이 있다는 것이다. 그러면 글쓴이는 ①에 대한 근거를 설명하거나, ①을 예시, 부연으로 자세하게 설명하거나, ①을 인정하거나, 부정하는 등의 문장이 따라 나오게 해야 한다. 그래야만 문장 간의 관계에서 일관성이 있다. ②를 보니, 글쓴이도 ①에 대해 긍정한다.

그런데 ③을 보면 경쟁에 대한 문제를 경쟁 동기의 문제로만 오해한다고 문제를 제기한다. 즉, 글쓴이는 경쟁 동기인 이기심에 대한 비난이 지나치다고 본다. 예컨대 글에는 나오지 않았지만, 경쟁이 소득불평등 같은 문제를 가져올 수 있지만, 경쟁 동기 탓으로만 볼 수 없다. 이기심으로 인한 소득불평등은 누진세, 공적 부조 등을 통해 완화할 수 있으므로 복지제도의 부족이 진짜 문제일 수 있다. 더 나아가 이기심으로 인해 전체 소득은 늘어날 때 생산, 소비, 분배 간에 선순환이 일어날 수 있다

④를 보면 주의할 점이 있다. 접속사 '그러나'가 잘못 쓰이고 있다. 우리는 통념적으로 문장과 문장, 문단과 문단을 연결하는 접속사가 제대로 쓰였다고 생각하지만, 그렇지 않은 경우도 많다. 즉, 글에 들어 있는 '만약' '그러나' '그래서' 등 전제나 결론을 보여주는 지시어들이 항상 제대로 쓰이지는 않는다. ④에서 '그러나'는 역접의 접속사이므로 ③과 대립 관계여야만 한다. 그런데 ④를 보면, 개인이 이기심을 이루려면 큰 노력을 해야 한다고 주장한다. 즉, 이기심이 있다고 해서 추구하는 목적이 자동으로 실현되지 않으므로 경쟁으로 인한 문제를 경쟁 동기 탓으로만 돌려서는 안 된다는 것이다. 그렇다면 ④는 ③과 대립하지 않고 오히려 ③을 뒷받침해 주

는 근거라고 볼 수 있다. 즉, '그러나'는 ③ 앞에 쓰여야 한다. ⑤는 인용으로 ④를 설명함으로써 ③을 뒷받침하는 근거이며 ⑥은 ③, ④, ⑤에 대한 결론이다. ⑦, ⑧은 ⑥을 부연 설명한다.

윗글에서 중심문장은 ⑥이며 전제는 ③, ④이다. 즉, 개인에게 경쟁 동기인 이기심이 실현되려면 최대한 노력해야 하므로 경쟁 동기에 대한 비난은 지나치다. 또한 경쟁은 개인적으로 자아완성을 위한 노력의 발로이며 사회적으로 사회발전의 토대라고 볼 수 있다.

제시문을 요약하면 다음과 같다.

> 경쟁 동기인 이기심에 대한 비난은 지나치다. 경쟁은 소득불평등 같은 문제를 가져올 수 있지만, 경쟁 동기 탓으로 볼 수 없다. 경쟁 동기인 이기심을 충족하려면 큰 노력이 수반되어야 하므로 경쟁은 개인에 있어서는 자아 완성을 위한 노력의 발로이며, 사회발전의 토대이다.

독자가 글쓴이의 결론을 받아들일 수 있느냐는 확실하지 않다. 개인이 최고로 노력해도 사회적 가치의 희소성으로 인해 권력, 지위, 부를 얻지 못하는 일은 흔하므로 경쟁동기인 이기심을 비난할 수만은 없다. 그러나 지나친 이기심이 극심한 소득불평등 같은 경제문제를 일으키는 것 또한 사실이다. 그러므로 이기심이

지배적인 사회에서는 개인의 자아 완성이나 사회발전을 기대할 수 없다.

다음은 2006학년도 고3 교육청 모의고사에서 나왔던 지문이다.

> ① 각 개인이 최대한 자신의 이익에 충실하면 모든 자원이 효율적으로 분배되어 사회적으로도 이익이 극대화된다는 것이 고전 경제학의 주장이다. ② 그러나 개인의 합리적 선택이 반드시 사회적인 합리성으로 연결되지는 못한다는 주장도 만만치 않다. ③ 이른바 '죄수의 딜레마' 이론에서는, 서로 의사소통을 할 수 없도록 격리된 두 용의자가 각각 개인 수준에서 가장 합리적으로 내린 선택이, 오히려 집합적인 결과에서는 두 사람 모두에게 비합리적인 결과를 초래할 수 있다고 설명하고 있다. ④ 즉, 다른 사람을 고려하지 않고 자신의 이익만을 추구하는 개인적 차원의 합리성만을 강조하면, 오히려 사회 전체적으로는 비합리적인 결과를 초래할 수 있다는 것이다. ⑤ 죄수의 딜레마 이론을 지지하는 쪽에서는, 심각한 환경오염 등 우리 사회에 광범위하고 보편적으로 존재하는 문제 대부분을 이 이론으로 설명하고 있다.[30]

윗글을 보면 ①은 고전 경제학에서 개인의 이익과 사회적 이익의 관계를 설명한다. 즉, 개인이 자신의 이익을 추구하면 모든 자원이 효율적으로 배분되어 사회적 이익도 극대화된다는 것이다. ②는 ①과 반대되는 주장이다. 그렇다면 글쓴이는 어떤 것이 고전 경제학의 입장과 다른지를 설명해야 한다. ③은 ②의 예시로 죄수의 딜레마 이론을 들고 있다. ④는 ③을 덧붙여 설명하는 부연이다. ⑤는 ④의 예시이다.

제시문을 요약하면 다음과 같다.

> 고전 경제학에서는 개인 자신의 이익을 추구하면 효율적으로 사회적 이익도 극대화된다고 본다. 하지만 개인의 이익과 사회적 이익은 대립할 수 있다. 예컨대 죄수의 딜레마에서 보듯이 개인적 차원에서 합리적 행위, 즉 자신의 이익만 추구하면 사회 전체적으로는 비합리적 결과를 가져올 수 있다.

이 글은 조심해서 분석해야 한다. 글에는 글쓴이 자신의 주장이나 이를 뒷받침하는 근거가 없다. 글쓴이는 단지 개인적 이익과 사회적 이익의 관계에 대한 두 입장을 설명할 뿐이지 논증을 하지 않는다.

다음은 2014학년도 한국교육과정평가원 모의고사에서 나온 지문이다.

> ① 데카르트가 찾은 이러한 존재의 확실성의 토대는 그리 튼튼

> 한 것 같지 않다. ② 그의 결론대로 생각하는 내가 존재한다고 하더라도, 생각하는 '나'가 항상 같은 '나'라는 보장이 있을까? ③ 생각하는 '나'가 존재한다고 하면 지금 생각하는 '나'와 5분 전에 생각하던 '나'는 똑같은 사람으로 존재해야 한다. ④ 그러나 지금, 이 순간의 생각은 내가 하는 것이 확실하지만 5분 전에도 '지금의 나'가 생각했다는 것이 확실하지 않으므로, 지금 생각하는 '나'와 5분 전에 생각하던 '나'가 같지 않을 수도 있다. ⑤ 데카르트의 체계적 의심에 따르면 절대적으로 확실한 것은 오직 지금, 이 순간의 나의 존재일 뿐이다. ⑥ 그러나 좀 더 철저히 의심하면 영속적인 나의 존재는 보장되지 않는다. ⑦ 그는 회의를 시작했지만 철저한 회의론자는 되지 못했다.[31]

윗글을 보면 글쓴이는 ①에서 데카르트가 세운 존재의 확실성에 대한 근거는 타당하지 않다고 주장한다. 그렇다면 글쓴이는 데카르트를 반박하는 근거를 제시해야 한다. ②는 문제를 제기한다. 즉, 내가 생각함으로써 존재하지만, 항상 같은 존재가 아닐 수 있다는 것이다. ③, ④는 ②에 대한 예시로 근거 역할을 하며 ③은 전제이고 ④는 ③의 결론으로 지금 내가 생각하는 것은 확실하지만 5분 전에 내가 생각했다는 불확실하므로 나를 같은 존재라고 단정할 수 없다는 것이다. ⑤는 ③, ④에 대한 결론이다. ⑥에서 '그러나'는 접속어가 잘못 쓰였다. ⑥과 ⑤의 문장 관계를 보면 ⑥은 결론이어야 한다. 즉 접속어는 '그러므로' 혹은 '따라서' 로 바뀌어야 한다. ⑦은 ⑥의 결론이다. 요컨대 이 글에서 중심 문장은 ⑦로서 데카르트는 회의했지만 철저한 회의론자는 아니라는 주장이다. 그리고 ⑦을 뒷받침하는 핵심 근거는 데카르트가 확실하다고 본 영속적인 나의 존재는 보장되지 않는다는 ⑥이다.

제시문을 요약하면 다음과 같다.

> 데카르트는 존재의 확실성에 대한 근거는 확실하다고 말했지만, 의심을 떨칠 수 없다. 그의 의견처럼 지금 생각하는 주체가 나라고 하더라도 다른 시점에서 내가 생각하는가를 분명하다고 단정할 수 없다. 즉, 생각하는 존재라는 정체성이 시간이 흘러도 나에게 지속된다고 볼 수 없다. 그러므로 그가 회의한 것은 맞지만 철저한 회의론자라고 볼 수 없다.

독자는 글쓴이의 결론을 받아들일 수 없다고 본다. 즉, 글쓴이의 논증은 나쁜 논증이다. 내가 '생각하는 나'로서 지금 존재한다면 5분 전에도 생각하고 있어야 한다. 생각은 인간에게 고유한 정신활동으로 존재는 사고보다 선차적이기 때문이다. 진화의 역사를 보면, 인간은 전두엽이 발달한 호모사피엔스로부터 고도의 사고력을 가질 수 있었다. 그런데 인간의 기준을 데카르트처럼 '생각하는 주체'로 받아들이면 딥 러닝에서 보듯이 인공지능 또한 낮은 수준의 지적 사고를 하므로 인간일 수 있다. 그러나 현대 인지과학에 따르면 우리는 뇌에 대해 정확하게 알지 못하므로 딥 러닝의 한계는 명확하며 인공지능을 인간처럼 생각하는 존재로 볼 수 없다. 그러므로 '나'는 인간에서 다른 종(Species)이나 인간 이외의 사물로 바뀌거나 대체할 수 없으며 지금 생각하는 나와 5분 전에 생각하던 나는 같은 존재일 수밖에 없다.

글이 두 개 이상의 문단이라면 다음의 원리를 따라서 글을 분석해야 한다. 문단 사이에 논리적 구조를 파악해야 한다. 즉, 각 문단의 핵심 내용, 문단마다 결론인 주장, 이 주장을 뒷받침하는 근거를 파악한 후에 그렇게 파악된 핵심 내용 간에 논리적 관계를 생각해 보아야 한다. 예컨대 논리적 관계로서 원인과 결과, 비교와 대조, 전제와 결론, 다른 의견과 반박, 문제 제기와 대안 등을 들 수 있다.

다음은 2018학년도 한양대학교 논술시험에서 나왔던 지문이다.

(가)

① 흄(Hume, D.)은 행위를 자극하는 동기를 이성에서 찾기보다는 고통, 공포심, 증오, 사랑과 같은 감정에서 구했다. ② 흄에 따르면 이성은 참과 거짓을 밝혀낼 수 있을 뿐, 어떤 의욕도 불러일으킬 수 없다. ③ 이성만으로는 어떤 행동도 유발할 수 없으

며 이성은 다만 감정이 이끄는 대로 따르는 도구적인 능력에 불과하다. ④ 흄에게 도덕의 원천은 쾌락과 고통이지만 그렇다고 해서 모든 쾌락과 고통이 도덕적 의미를 갖는 것은 아니다. ⑤ 오직 특별한 종류의 쾌락과 고통, 즉 개인적인 차원을 넘어서 타인과 함께하는 보편적인 차원의 쾌락과 고통의 감각만이 도덕심의 핵심이다. ⑥ 모든 인간에게는 다른 사람의 고통을 함께 아파하고 다른 사람의 행복을 함께 즐거워할 수 있는 공감(共感)의 능력이 있으며 이 공감 능력이 인간 도덕성의 기초이다. ⑦ 흄에 따르면 이 능력으로 인해 우리는 모든 사람에게 유용한 것에 쾌감을 느끼게 되며 그것이 바로 선(善)이다. ⑧ 윤리적 실천에서 공감 능력의 중요성은 배려하는 사고에서 잘 드러난다. ⑨ 배려하는 사고는 다른 사람의 필요 욕구나 감정이 무엇인지에 관심을 두고, 그의 처지에서 생각해 보고, 그의 욕구나 감정을 존중해주는 것을 말한다. ⑩ 배려하는 사고를 위해서는 도덕적 감수성과 공감 능력을 갖추어야 한다. ⑪ 도덕적 감수성에서 기본적인 것은 도덕적 문제 상황에 민감하게 반응하는 능력이다. ⑫ 예컨대 인권침해 상황을 도덕적 문제 상황으로 지각하고 이에 민감하게 반응한다면, 인권에 대한 도덕적 감수성이 높다고 말할 수 있다. ⑬ 한편 공감 능력은 다른 사람의 고통이나 필요 요구가 있을 때, 그 사람의 처지에서 생각해 보는 역지사지의 능력에 해당한다.[32]

윗글을 보면, 첫째 문단은 인간에게 공감 능력이 있고 도덕성의 기초라고 주장한다. ①~③은 감정이 행위를 자극하며 이성은 감정의 도구라는 흄의 입장을 설명한다. 하지만 ④에서 모든 감정이 도덕적 행위를 자극하지는 않는다고 하면서, ⑤에서 타인과 함께하는 감정만이 도덕성의 토대라고 설명한다. 즉, 모든 도덕에는 타인과 함께하려는 속성이 있다는 것이다. ⑥에서 그것을 '공감 능력'이라고 한다. ⑦에서 공감 능력으로 인해 타인에게 좋은 것을 기뻐하며 그 감정이 곧 선이라고 한다. 그러므로 첫째 문단은 결론인 ⑤와 이를 덧붙여 설명하는 ⑥과 근거인 ⑦로 이루어진 논증이다.

둘째 문단은 첫째 문단에서 흄이 제시한 공감 능력의 중요성을 예시인 '배려하는 사고'를 들어 뒷받침한다. ⑧은 둘째 문단의 중심문장이며, ⑨는 ⑧에 나온 배려하는 사고를 정의한다. ⑩은 ⑧을 덧붙여 설명하는 부연이며, ⑪은 ⑩의 배려하는 사고의 핵심이 공감 능력임을 밝힘으로써 공감 능력의 중요성을 강조하며, ⑫는 ⑪의 예시이다. ⑬을 주의 깊게 볼 필요가 있다. 글에서 접속어가 제대로 쓰이지 않을 수 있으며 ⑬은 이를 보여준다. '한편'은 지금까지 말한 것과 다른 내용을 말할 때 쓰는 접속부사이다. 그런데 ⑬은 ⑧, ⑨를 덧붙여 설명하는 부연이다. 그렇다면 '한편'은 잘못 쓰이고 있으므로 '즉'으로 바꿔줘야 한다. 다시 말하면 ⑬은 배려하는 사고인 역지사지(易地思之)는 공감으로 공감 능력의 중요성을 강조할 뿐이다. 요컨대 둘째 문단은 흄이 제시한 첫째 문단의 ⑤, ⑥을 둘째 문단의 ⑧에 나온 배려하는 사고라는 예로 뒷받침하여 긍정적으로 평가한다.

제시문을 요약하면 다음과 같다.

> 흄은 인간에게 공감 능력이 있으며 도덕성의 기초라고 했다. 즉, 이성과 감정의 관계에서 감정이 행동을 유발하며, 이성은 감정에 복종하는 도구적 능력일 뿐이며 타인과 함께하는 감정인 공감 능력만이 도덕적으로 행동하게 한다. 공감 능력의 중요성을 타인에 대한 배려에서 찾아볼 수 있다. 타인의 고통이나 그의 요구가 있을 때 역지사지하려면 먼저 도덕적 감수성과 공감 능력을 갖춰야 한다. 그러므로 공감 능력에 대한 흄의 입장을 받아들일 수 있다.

글쓴이의 결론을 받아들일 개연성이 높다. 인간에게 외부의 자극이 들어올 때 뇌에서 감정이 새겨지는 편도체를 먼저 자극하고, 편도체에 의해 해석된 '쾌'와 '불쾌'의 느낌이 해마로 전달되고, 이 신호가 다시 전전두엽에 전달됨으로써 운동신경을 자극하여 행동한다. 그러므로 감정이 이성에 비해 선차적으로 볼 수 있다. 또한 도덕은 타인과 함께 살기 위한 공동체의 규범이므로 개인의 도덕적 행위 동기는 타인의 처지에서 그의 감정을 공유할 때 유발된다. 그렇다면 글쓴이가 흄의 이성과 감정의 관계를 토대로 공감 능력의 중요성에 대해 논증한 것을 타당하다고 볼 수 있다.

특히 우리가 염두에 두어야 할 것은 대부분 글이 두세 개의 문단으로 이루어진 것이 아니라, 그 이상이며 한 문단의 길이도 무척 길다는 것이다. 그러므로 각 문단 간에 논리적 관계를 잘 규명해야 한다. 예컨대 같은 내용이 반복되는 문단은 논리적으로 불필요한 부연 문단일 뿐이므로 과감히 생략하면서 중심 문단과 근거 문단을 잘 파악할 수 있어야 한다.

다음은 서울대학교 2005학년도 모의논술시험에서 나왔던 지문이다.

> 정교한 기계는 매우 비싸서 대량의 상품 생산이 이루어지지 않는다면 거래되지 못한다. 그것은 상품의 판매가 적절하게 보장되고 기계에 투입할 원료가 중단 없이 공급될 수 있을 때만 손실 없이 작동될 수 있다. 상인의 처지에서 보자면 이것은 모든 생산 요소가 구매 가능하다는 것, 즉 돈만 내면 얼마든지 이것들을 사들일 수 있어야 한다는 것을 의미한다. 이러한 조건이 충족되지 않는다면 대규모 전문화된 기계를 이용한 생산은 자기 자금을 투입하는 상인의 관점에서나 수입·고용·공급을 지속적 생산에 의존하게 된 사회 전체의 관점에서나 상당한 위험을 떠안게 될 것이다.

그런데 농업사회라면 그러한 조건들을 당연하게 주지는 않는다. 그것들은 창조되어야만 할 것이다. 그리고 그 조건들이 비록 점진적으로 창조된다고 해도 거기에 포함된 놀랄 만한 변화의 본질은 여전히 같다. 이때의 변화는 사회 성원들의 행위 동기의 변화를 요구한다. 즉, 생산의 동기가 이윤 동기로 대체되어야 한다. 모든 거래는 화폐 거래로 바뀌고 또 교환의 매개체가 경제생활의 모든 마디 속에 끼어들 것을 요구한다. 모든 소득은 무엇인가의 판매로부터 나오게 된다. '시장 체계'라는 용어 속에는 이 말에서 느껴지는 단순한 의미 이상의 것이 함축되어 있다. 그러나 이 체계의 가장 놀라운 독특성은 일단 이것이 성립되면 외부간섭 없이 기능하도록 내버려 두어야 한다는 사실에 있다. 이익은 더 이상 자동으로 보장되지 않으므로 상인은 그의 이익을 시장에서 만들어 내야 한다. 가격은 스스로 규제되도록 허락되어야 한다. 이 같은 시장의 자기 조절적(self-regulating) 체계야말로 우리가 '시장 체계'라는 용어로서 의미하고자 하는 것이다.

이전의 경제로부터 이러한 체계로의 전환은 지극히 완벽한 것이어서 지속적인 성장과 발전이라는 말로서 표현하기보다도 차라리 애벌레의 탈바꿈으로 표현하는 것이 나아 보인다. 여기에서 생산자의 행위를 생각해 보라. 그는 판매를 위해서 구매자를 직접 찾을 필요가 없다. 그는 단지 시장에 상품을 내놓으면 된다. 한편 그가 구매하는 것은 원료와 노동, 즉 자연과 인간이다. 이 역시 시장에서 얻을 뿐이다. 상업 사회에서 기계제 생산은 결과적으로 사회의 자연적·인간적 실체를 상품으로 전환하는 것을 의미한다.

그러나 토지나 노동 같은 것은 분명 상품이 아니다. 매매되는 것들은 모두 판매를 위해 생산된 것일 수밖에 없다는 가정이 이 두 가지에 관한 한 적용될 수 없다. 다시 말해 상품에 대한 경험적 정의를 따르자면 이것들은 상품이 아니다. 노동이란 인간 활동의 다른 이름일 뿐이다. 인간 활동은 인간의 생명과 함께 붙어 다니는 것이며, 판매를 위해서가 아니라 전혀 다른 이유에서 생산되는 것이다. 게다가 그 활동은 생명의 다른 영역과 분리할 수 없으며, 비축할 수도 없고, 사람과 떼어 내어 동원될 수도 없다. 그리고 토지란 단지 자연의 다른 이름일 뿐인데, 자연은 인간이 생산할 수 있는 것이 아니다. 그러므로 노동과 토지를 상품으로 묘사하는 것은 전적으로 허구이다.

그렇다 하더라도 노동과 토지가 거래되는 현실의 시장들은 바로 그러한 허구의 도움을 얻어 조직된다. 이것들은 시장에서 실제로 판매되고 구매되고 있으며, 그 수요와 공급은 현실에 존재하는 수량이다. 어떤 법령이나 정책이든 그러한 생산 요소 시장이 형성되는 것을 억제한다면, 결과적으로 시장 체계의 자기 조정을 위태롭게 만든다. 따라서 이러한 상품 허구는 사회 전체와 관련하여 결정적인 조직 원리를 제공하는 셈이며, 이 원리를 사회의 거의 모든 제도에 매우 다양한 방식으로 영향을 미친다.[33]

출처:《거대한 변환》 칼 폴라니 지음, 도서출판 길, 2009

이 글을 문단과 문단의 관계를 고려하여 읽어보면,

첫째 문단 분석

① 정교한 기계는 매우 비싸서 대량의 상품 생산이 이루어지지 않는다면 거래되지 못한다. (주장)

② 그것은 상품의 판매가 적절하게 보장되고 기계에 투입할 원료가 중단 없이 공급될 수 있을 때만 손실 없이 작동될 수 있다. (①의 근거)

③ 상인의 처지에서 보자면 이것은 모든 생산 요소가 구매 가능하다는 것, 즉 돈만 내면 얼마든지 이것들을 사들일 수 있어야 한다는 것을 의미한다. (①과 대등)

④ 이러한 조건이 충족되지 않는다면 대규모 전문화된 기계를 이용한 생산은 자기 자금을 투입하는 상인의 관점에서나 수입·고용·공급을 지속적 생산에 의존하게 된 사회 전체의 관점에서나 상당한 위험을 떠안게 될 것이다. (①, ②, ③의 결론)

글쓴이는 ①, ②, ③을 전제로 하여 ④의 결론을 내린다. 즉 글쓴이는 "기업가가 고도의 성능을 갖춘 기계를 대량으로 생산하려면 항상 생산 요소를 구매할 수 있고 상품을 판매하여 적절한 이윤을 남길 수 있어야 한다."라고 말한다.

둘째 문단 분석

① 그런데 농업사회라면 그러한 조건들을 당연하게 주지는 않는다. (주장)

② 그것들은 창조되어야만 할 것이다. (①의 부연)

③ 그리고 그 조건들이 비록 점진적으로 창조된다고 해도 거기에 포함된 놀랄 만한 변화의 본질은 여전히 같다. (②의 부연, 강조)

④ 이때의 변화는 사회 성원들의 행위 동기의 변화를 요구한다. (③의 부연, 강조)

⑤ 즉, 생산의 동기가 이윤 동기로 대체되어야 한다. (④의 상술)

⑥ 모든 거래는 화폐거래로 바뀌고 또 교환의 매개체가 경제생활의 모든 마디 속에 끼어들 것을 요구한다. (④, ⑤의 결론)

⑦ 모든 소득은 무엇인가의 판매로부터 나오게 된다. (④, ⑤의 결론)

⑧ '시장 체계'라는 용어 속에는 이 말에서 느껴지는 단순한 의미 이상의 것이 함축되어 있다. (⑥, ⑦의 부연, 강조)

⑨ 그러나 이 체계의 가장 놀라운 독특성은 일단 이것이 성립되면 외부 간섭 없이 기능하도록 내버려 두어야 한다는 사실에 있다. (⑧의 부연)

※ '그러나'는 적절한 접속어가 아니다. '즉'으로 바꿔야 한다.

⑩ 이익은 더 이상 자동으로 보장되지 않으므로 상인은 그의 이익을 시장에서 만들어 내야 한다. (⑨의 상술)

⑪ 가격은 스스로 규제되도록 허락되어야 한다. (⑨의 상술)

⑫ 이 같은 시장의 자기 조절적 체계야말로 우리가 '시장 체계'라는 용어

로서 의미하고자 하는 것이다. (④~⑪의 결론)

글쓴이는 ①을 전제로 해서, ④~⑪을 전제에서 결론으로 끌어가는 근거로 하여 ⑧인 결론을 도출한다. 특히 ①은 첫째 문단 ④에서 제시한 고도의 성능을 갖춘 기계를 생산할 때의 사회적 조건이 농업사회에서는 불가능하다는 것을 보여주려고 한다. 그러므로 ①에서 '그런데'는 적절한 접속어가 아니므로 '예컨대'로 바뀌어야 한다. 또한 ⑨는 ⑧을 부연하고 강조하므로 '그러나'는 적절한 접속어가 아니라 '즉'으로 바꿔야 한다.

글쓴이는 둘째 문단에서 고도의 성능을 갖춘 기계를 대량으로 생산하려면 농업사회는 불가능하며 생산의 목적이 이윤추구이며, 화폐를 매개로 경제활동인 생산, 소비, 판매가 이루어져야 하며, 소득은 판매로부터 나오는 시장체계로 사회가 바뀌져야만 가능하다고 본다. 특히 "시장체계는 외부의 간섭 없이 자신을 조정하고 유지하는, 즉 가격은 자동으로 정해지며 기업가는 스스로 이윤을 창출하는 자기 조절적 체계라는 함축을 지닌다."라고 말한다.

셋째 문단 분석

① 이전의 경제로부터 이러한 체계로의 전환은 지극히 완벽한 것이어서 지속적인 성장과 발전이라는 말로서 표현하기보다도 차라리 애벌레

의 탈바꿈으로 표현하는 것이 나아 보인다. (주장)

② 여기에서 생산자의 행위를 생각해 보라. (①의 예시)

③ 그는 판매를 위해서 구매자를 직접 찾을 필요가 없다. (①의 예시)

④ 그는 단지 시장에 상품을 내놓으면 된다. (①의 예시)

⑤ 한편 그가 구매하는 것은 원료와 노동, 즉 자연과 인간이다. (①의 예시)

⑥ 이 역시 시장에서 얻을 뿐이다. (①의 예시)

⑦ 상업 사회에서 기계제 생산은 결과적으로 사회의 자연적·인간적 실체를 상품으로 전환시키는 것을 의미한다. (①의 부연)

①을 주장으로 하고 뒤 문장은 ①을 뒷받침하는 예시이다. 특히 ①은 둘째 문단 ⑫의 자기 조절적 체계를 전제로 해서 내린 결론이다. 즉, 글쓴이는 농업사회에서 시장의 자기 조절적 체계로의 전환은 경제체제의 완전한 변신으로 생산자는 상품을 시장에 공급하기만 하면 되며, 노동과 원료는 시장에서 사들일 수 있으므로 상업 사회에서 기계제 생산은 자연과 인간이 상품으로 바뀐 새로운 경제 체계를 의미한다고 주장한다.

넷째 문단 분석

① 그러나 토지나 노동 같은 것은 분명 상품이 아니다.(주장)

② 매매되는 것들은 모두 판매를 위해 생산된 것일 수밖에 없다는 가정

이 이 두 가지에 관한 한 적용될 수 없다. (①의 근거)

③ 다시 말해 상품에 대한 경험적 정의를 따르자면 이것들은 상품이 아니다.(②의 부연)

④ 노동이란 인간 활동의 다른 이름일 뿐이다.(③의 예시)

⑤ 인간 활동은 인간의 생명과 함께 붙어 다니는 것이며, 판매를 위해서가 아니라 전혀 다른 이유에서 생산되는 것이다. (②의 근거)

⑥ 게다가 그 활동은 생명의 다른 영역과 분리할 수 없으며, 비축할 수도 없고, 사람과 떼어내어 동원될 수도 없다. (②의 근거)

⑦ 그리고 토지란 단지 자연의 다른 이름일 뿐인데, 자연은 인간이 생산할 수 있는 것이 아니다.(③의 예시)

⑧ 그러므로 노동과 토지를 상품으로 묘사하는 것은 전적으로 허구이다.(①의 부연)

글쓴이는 ①의 주장으로 결론을 내리고 ⑧로 부연하며 ②를 비롯한 근거로써 ①을 뒷받침한다. 특히 ①은 셋째 문단 ①에 대한 부정적 평가이다. 즉, 글쓴이는 노동이나 토지는 판매를 위해 생산된 것이 아니다. 노동은 인간과 분리할 수 없는 활동이며, 토지는 자연의 다른 이름일 뿐이다. 그러므로 "노동과 토지는 상품이거나 거래의 대상이 아니다."라고 말한다.

다섯째 문단 분석

① 그렇다 하더라도 노동과 토지가 거래되는 현실의 시장들은 바로 그러한 허구의 도움을 얻어 조직된다. (주장)

② 이것들은 시장에서 실제로 판매되고 구매되고 있으며, 그 수요와 공급은 현실에 존재하는 수량이다. (①의 상술, ①의 근거)

③ 어떤 법령이나 정책이든 그러한 생산 요소 시장이 형성되는 것을 억제한다면, 결과적으로 시장 체계의 자기 조정을 위태롭게 만든다. (①의 근거)

④ 따라서 이러한 상품 허구는 사회 전체와 관련하여 결정적인 조직 원리를 제공하는 셈이며, 이 원리를 사회의 거의 모든 제도에 매우 다양한 방식으로 영향을 미친다. (①, ②, ③의 결론)

글쓴이는 ①에서 현실은 넷째 문단 ⑧과 반대인 상황이며 근거로서 ②, ③을 들고 있고, ④에서 결론을 맺고 있다. 즉, 글쓴이는 “노동시장이나 토지시장에서 노동과 토지에 대한 수요와 공급이 실제로 존재하고 매매가 이루어지므로 법령이자 정책으로 거래를 통제하면 시장 체계의 자기 조정은 위태로워질 것”이라고 본다. 그러므로 “이러한 상품 허구는 사회 전체를 조직하는 원리로서 기능하며 거의 모든 사회제도에 영향을 미친다.”라고 말한다.

각 문단의 관계를 보면,

첫째 문단은 도입문단으로 고성능 기계를 대량 생산하기 위한 조건을 소비자와 생산자 관점에서 설명한다. 둘째 문단은 농업사회를 예로 들면서 농업사회에 없고, 자본주의 시장 체계만이 가진 자기 조절적 체계를 설명한다. 그러므로 첫째 문단을 전제로 한 결론 문단이라고 볼 수 있다. 셋째 문단은 시장의 자기 조절적 체계를 평가하는 문단이다. 상업 사회, 즉 자본주의는 기존의 농업경제와는 완전하게 다르며 기계제 생산은 자연과 인간이 생산 요소로 바뀐 것을 보여준다고 주장한다. 넷째 문단은 셋째 문단에 나온 시장 체계의 문제점을 지적한다. 즉, 노동이나 토지를 생산과정에 투입되는 생산 요소로서 볼 수 없다는 것이다. 다섯째 문단은 시장 체계의 문제점을 인정하더라도 시장 체계의 특징, 즉 노동과 토지가 현실에서 생산 요소로 간주되는 것을 억제하면 시장 체계의 자기 조정이 어려워진다고 말한다. 즉, 노동과 토지가 생산 요소로 바뀐 것이 시장 체계의 본질이다. 더 나아가 시장 체계에서 노동과 토지를 상품으로 간주한 것이 허구이지만, 사회 전체를 조직하는 원리로서 거의 모든 사회제도에 영향을 끼친다고 본다.

요컨대 이 글은 자본주의 시장 체계를 자기 조절적 체계라고 규정하면서 시장 체계의 특징이 경제제도뿐 아니라 타 사회제도에도 영향을 준다는 점을 밝히고 있다. 3단 구성으로 보면 첫째 문단은 서론, 둘째 문단은, 셋째 문단, 넷째 문단은 본론, 다섯째 문단은 결론으로 볼 수 있다.

제시문을 요약하면 다음과 같다.

> 기업가는 정교한 기계를 대량 생산하려면 항상 생산 요소를 구매할 수 있고, 생산물을 판매하여 적절한 이윤을 남길 수 있어야 한다. 즉, 농업사회는 생산의 목적은 이윤 추구로, 경제활동은 화폐를 매개로 한 생산, 소비, 판매로, 소득은 판매로부터 나오도록 바뀌어야 한다. 특히 시장 체계는 외부의 간섭 없이 자신을 조정하고 유지하는, 즉 가격은 자동으로 정해지며 기업가는 스스로 이윤을 창출한다는 자기 조정적 체계라는 함축을 지닌다. 전통 경제에서 시장의 자기 조절적 체계로의 전환은 토지와 노동을 생산과정에 투입하는 생산요소로 바꾼 것이지만, 노동이나 토지는 판매를 위해 생산된 상품이 아니다. 노동은 인간과 분리할 수 없는 활동이며, 토지는 자연의 다른 이름일 뿐이다. 그렇다 하더라도 현실의 노동시장이나 토지시장에서 실제로 노동과 토지에 대한 수요와 공급이 존재하며, 매매가 이루어지므로 거래를 법령이나 정책으로 통제하면 시장 체계의 자기 조정은 위태로워진다. 즉, 노동과 토지가 생산 요소로 바뀐 것이 시장 체계의 본질이며 허구적이지만, 사회 전체를 조직하는 원리로서 기능하며 모든 사회제도에 영향을 미친다.

글쓴이가 제시하는 시장 체계의 문제점, 즉 노동이나 토지가 상품 허구로 바뀌었다는 주장을 승인하려면 노동이나 토지의 성격에 대해 생각해 봐야 한다. "노동이나 토지가 근본적으로 상품이냐?"는 것이다. 상품은 인간의 경제적 삶을 위해 생산되고, 특히 판매를 위해 만들어진 물건을 의미한다. 더 나아가 인류가 등장한 이래 노동과 토지는 생산 요소로 쓰이고 있었지만, 시장에서 판매를 목적으로 하는 상품을 생산하려고 쓰이지는 않았다. 예컨대 자급자족경제에서 노동과 토지는 판매를 위한 상품 생산 요소는 아니었다. 그러므로 노동과 토지를 근원적 상품이라고 볼 수 없으므로 시장 체계의 문제점, 즉 상품 허구에 대한 글쓴이의 논증을 받아들일 수 있다.

다음은 2009학년도 고려대학교 수시 논술시험에서 나왔던 지문이다.

> 계몽이란 인간이 의타적 상태에서 벗어나는 것이다. 의타적 상태에 처한 인간은 남이 이끌어주지 않으면 자신의 지성을 사용하지 못한다. 그러한 상태는 그가 스스로 초래한 것이다. 의타적 상태는 지성의 결핍이 아니라 남의 도움 없이 지성을 사용하려는 결단과 용기의 결핍에서 비롯한다. "과감히 알려고 하라!", "지성을 사용할 용기를 가져라!"가 바로 계몽의 구호이다.
>
> 대부분 사람은 일생토록 의타적인 상태에 머물고 다른 사람이 그들의 후견인 노릇을 한다. 그러한 상태는 나태와 비겁에서 기

인한다. 의타적 상태에 머무는 것은 매우 편안하다. 책이 나 대신 지적인 활동을 하고, 성직자가 내 양심을 지키고, 의사가 내 건강을 위해 식단을 짜준다면, 나는 굳이 수고할 필요가 없다. 돈만 낼 수 있다면 나는 생각하지 않아도 된다. 다른 사람들이 나를 위해 번거로운 일들을 기꺼이 떠맡을 것이다. 후견인들은 사람들이 성숙으로의 과정을 힘겨워할 뿐 아니라 매우 위험하게 여기도록 하고서는 그들의 감독자 역을 자청한다. 후견인들은 우선 피보호자를 입 다물게 한 후 잠자코 있는 그 피보호자에게 그가 보행기 없이는 한 걸음도 감히 떼어 놓을 수 없다고 분명하게 주지시킨다. 그러고 나서 후견인들은 피보호자가 혼자 걸으려고 시도할 때 당면하게 될 위험들을 알려준다. 그렇지만 후견인들의 강조와 달리 그 위험은 실제로 크지 않다. 몇 번 넘어지고 나면 혼자 걷는 법을 끝내 익힐 수 있다. 그러나 실패의 사례들이 제시되면 피보호자는 겁을 먹어서 더 이상의 시도를 하지 않게 된다.

개인이 의타적인 상태에서 벗어나는 것은 매우 어렵다. 그는 자신에게 거의 천성이 되어버린 의타적인 상태를 선호하게 되어 당장은 그의 지성을 정말로 사용하지 못한다. 그동안 아무도 그에게 지성을 사용하도록 하지 않았다. 법령과 규칙들, 개인의 타고난 재능을 합리적으로 사용하거나 잘못 사용하는 저 기계적 작용들은 의타적 상태를 영속화하는 족쇄들이다. 누군가 그 족쇄들을 벗어던진다고 하더라도 그는 단지 좁은 도랑을 겨우 건

넌 데 불과하다. 그는 아직 그런 유의 움직임에 익숙하지 않다. 무능력에서 벗어나 꾸준히 전진할 수 있도록 자신의 마음을 단련하는 데 성공하는 사람은 매우 드물다.

자유 이외에 계몽을 위해 필요한 것은 없다. 자유라는 이름으로 부를 수 있는 그 모든 그것 중에서 이성을 공적으로 사용하는 자유가 가장 중요하다. 그러나 사방에서 "따지지 말라"는 소리가 들린다. 장교는 "따지지 말고 그저 훈련하라"라고, 세무원은 "따지지 말고 그저 세금을 내라"고, 성직자는 "따지지 말고 그저 믿으라."라고 말한다. 곳곳에서 자유는 제한된다. 그렇다면 어떠한 제한이 계몽을 방해하고 어떠한 제한이 계몽을 촉진하는가? 나는 이성의 공적인 사용은 언제나 자유로워야 하며 그것만이 인간들에게 계몽을 가져온다고 대답하고자 한다. 그에 반해 이성의 사적인 사용은, 계몽의 진전이 방해되지 않고도, 크게 제한될 수 있다. 이성의 공적 사용이란 가령 개인이 한 사람의 학자로서 독서 대중에게 이성을 사용하는 경우를 일컫는다. 이성의 사적 사용은 그 개인이 자신에게 주어진 시민적 지위나 공직에서 이성을 사용하는 경우이다. 공공 조직에서 수행되는 많은 일은 어떤 구조를 필요로 한다. 조직의 구성원들은 그 구조를 일방적으로 따라야 하므로, 정부는 그들이 공공의 목적을 지향하도록 하거나 그렇지 않다면 적어도 그들이 공공의 목적을 망치지 못하도록 할 수 있다. 여기에는 다만 복종이 있을 뿐 논란의 여지는 없다. 그러나 개인은 공적 조직의 구성원이면서 세계 시민 사회와 전체 공동체의 일원이기도 하다. 그는 한 사람의 학자로서 저술을 통해 독서 대중에게 진술하기도 한다. 그 경우 그는 공적 조직원으로서 그가 맡은 책무를 침해하지 않으면서 논의를 펼칠 수 있다. 장교가 근무 중에 상관의 명령을 받고서 그 명령의 적합성이나 유용성 여부에 대해 따지는 것은 터무니없는 짓일 것이다. 그는 명령에 복종해야만 한다. 그러나 그가 학자로서 독서 대중에게 병역의 의무가 지닌 문제점들을 지적하고 설명하는 것을 막을 수는 없다. 시민은 납세의 의무를 거부하지 못한다. 할당된 세금에 대해 염치없이 불평을 늘어놓는다면 징벌의 수치를 피하지 못한다. 그러나 바로 그 사람이 학자로서 과세의 부당성에 대한 자신의 견해를 독서 대중에게 발표한다고 하더라도 그는 시민적 의무에 반하는 행동을 한 것이 아니다.
누군가 "우리는 지금 계몽된 시대에 살고 있는가?"라고 질문한다면 아니라고 대답해야 한다. 우리는 지금 계몽 중인 시대에 살고 있다. 사람들이 여러 면에서 외부의 도움 없이 자신들의 이성을 확고하고 자유롭게 사용할 수 있도록 하는 여건이 현재로서는 갖추어지지 않았다. 그러나 사람들이 자유롭게 활동할 수 있는 장이 열리고 있다는 명백한 조짐들을 우리는 본다. 계몽을 가로막고 의타적인 상태로부터의 해방을 가로막는 장애들이 조금씩 제거되고 있다. 이 시대는 계몽 중인 시대이다.[34]

출처:〈계몽이란 무엇인가〉 칸트

이 글을 문단과 문단의 관계를 고려하여 읽어보면,

첫째 문단 분석

① 계몽이란 인간이 의타적 상태에서 벗어나는 것이다. (주장, 정의)

② 의타적 상태에 처한 인간은 남이 이끌어주지 않으면 자신의 지성을 사용하지 못한다. (주장)

③ 그러한 상태는 그가 스스로 초래한 것이다. (주장)

④ 의타적 상태는 지성의 결핍이 아니라 남의 도움 없이 지성을 사용하려는 결단과 용기의 결핍에서 비롯한다. (①, ②, ③의 결론)

⑤ "과감히 알려고 하라!", "지성을 사용할 용기를 가져라!"가 바로 계몽의 구호이다. (④의 결론)

글쓴이는 계몽에 대해 ④를 전제로 들면서 ⑤의 결론을 내린다. 즉, ①에서 계몽을 정의하고, ①에 나온 의타적 상태에 대해 ②, ③에서 주장하며, ④에서 ①, ②, ③에서 사람들이 이타적 상태로 된 원인을 제시하면서 결론을 맺으며, ⑤에서 과감히 알려고 하고 지성을 사용할 용기를 가지라는 계몽의 구호가 타당하다고 결론을 내린다.

둘째 문단 분석

① 대부분 사람은 일생토록 의타적인 상태에 머물고 다른 사람이 그들의 후견인 노릇을 한다. (주장)

② 그러한 상태는 나태와 비겁에서 기인한다. (①의 근거)

③ 의타적 상태에 머무는 것은 매우 편안하다. (②의 근거)

④ 책이 나 대신 지적인 활동을 하고, 성직자가 내 양심을 지키고, 의사가 내 건강을 위해 식단을 짜준다면, 나는 굳이 수고할 필요가 없다. (③의 예시)

⑤ 돈만 낼 수 있다면 나는 생각하지 않아도 된다. (④의 부연)

⑥ 다른 사람들이 나를 위해 번거로운 일들을 기꺼이 떠맡을 것이다. (⑤의 근거)

⑦ 후견인들은 사람들이 성숙으로의 과정을 힘겨워할 뿐 아니라 매우 위험하게 여기도록 하고서는 그들의 감독자 역을 자청한다.(②의 근거)

⑧ 후견인들은 우선 피보호자를 입 다물게 한 후 잠자코 있는 그 피보호자에게 그가 보행기 없이는 한 걸음도 감히 떼어놓을 수 없다고 분명하게 주지시킨다. (⑦의 예시)

⑨ 그러고 나서 후견인들은 피보호자가 혼자 걸으려고 시도할 때 당면하게 될 위험들을 알려준다. (⑦의 예시)

⑩ 그렇지만 후견인들의 강조와 달리 그 위험은 실제로 크지 않다. (⑧, ⑨와 반대인 사실)

⑪ 몇 번 넘어지고 나면 혼자 걷는 법을 끝내 익힐 수 있다. (⑩의 근거)

⑫ 그러나 실패의 사례들이 제시되면 피보호자는 겁을 먹어서 더 이상의 시도를 하지 않게 된다. (⑪과 반대인 사실)

글쓴이는 ②, ③, ⑦을 전제로 해서 ①이라고 결론을 내린다. ③, ⑦은 ②의 주장을 뒷받침하는 하위 근거이다. 다른 문장들은 주장과 근거를 뒷받침하는 예시나 부연 문장일 뿐이다. 즉, 글쓴이는 대부분 사람은 의타적 상태에 머무르는 것을 매우 편안하다고 여기고 후견인의 간섭에 순응하는 나태하고 비겁하게 살기 때문에 평생 주체적으로 살아가지 못한다고 말한다.

셋째 문단 분석

① 개인이 의타적인 상태에서 벗어나는 것은 매우 어렵다. (주장)

② 그는 자신에게 거의 천성이 되어버린 의타적인 상태를 선호하게 되어 당장은 그의 지성을 정말로 사용하지 못한다. (①의 근거)

③ 그동안 아무도 그에게 지성을 사용하도록 하지 않았다. (②의 근거)

④ 법령과 규칙들, 개인의 타고난 재능을 합리적으로 사용하거나 잘못 사용하는 저 기계적 작용들은 의타적 상태를 영속화하는 족쇄들이다. (②의 근거)

⑤ 누군가 그 족쇄들을 벗어던진다고 하더라도 그는 단지 좁은 도랑을

겨우 건넌 데 불과하다. (②의 근거)

⑥ 그는 아직 그런 유의 움직임에 익숙하지 않다. (⑤의 근거)

⑦ 무능력에서 벗어나 꾸준히 전진할 수 있도록 자신의 마음을 단련하는 데 성공하는 사람은 매우 드물다. (①의 근거)

글쓴이는 ①을 결론으로 주장하면서 나머지 문장을 근거로 들고 있다. 전형적인 논증의 글이다. 글쓴이는 "어떤 사람도 자신에게 지성을 사용하라고 말하지 않았으며, 지성이 잘못 쓰이고 있는 법령이나 규칙은 의타적 상태를 영속화했고, 설령 법령이나 규칙을 따르지 않더라도 지성을 쓰는데 서투르며, 이타적 상태를 벗어나려는 굳은 의지를 지속하기란 어려우므로 개인이 이타적 상태를 벗어나기란 어렵다."라고 말한다.

넷째 문단 분석

① 자유 이외에 계몽을 위해 필요한 것은 없다. (주장)

② 자유라는 이름으로 부를 수 있는 그 모든 그것 중에서 이성을 공적으로 사용하는 자유가 가장 중요하다. (주장)

③ 그러나 사방에서 "따지지 말라"는 소리가 들린다. (①,②와 반대인 사실)

④ 장교는 "따지지 말고 그저 훈련하라."라고, 세무원은 "따지지 말고 그저 세금을 내라."고, 성직자는 "따지지 말고 그저 믿으라."라고 말한다.

(③의 예시)

⑤ 곳곳에서 자유는 제한된다. (③의 결론)

⑥ 그렇다면 어떠한 제한이 계몽을 방해하고 어떠한 제한이 계몽을 촉진하는가? (⑤와 관련된 문제 제기)

⑦ 나는 이성의 공적인 사용은 언제나 자유로워야 하며 그것만이 인간들에게 계몽을 가져온다고 대답하고자 한다. (⑥의 대답)

⑧ 그에 반해 이성의 사적인 사용은, 계몽의 진전이 방해되지 않고도, 크게 제한될 수 있다. (⑥의 대답)

⑨ 이성의 공적 사용이란 가령 개인이 한 사람의 학자로서 독서 대중에게 이성을 사용하는 경우를 일컫는다. (이성의 공적 사용에 대한 예시)

⑩ 이성의 사적 사용은 그 개인이 자신에게 주어진 시민적 지위나 공직에서 이성을 사용하는 경우이다. (이성의 사적 사용에 대한 예시)

⑪ 공공 조직에서 수행되는 많은 일은 어떤 구조를 필요로 한다. (⑧의 근거)

⑫ 조직의 구성원들은 그 구조를 일방적으로 따라야 하므로, 정부는 그들이 공공의 목적을 지향하도록 하거나 그렇지 않다면 적어도 그들이 공공의 목적을 망치지 못하도록 할 수 있다. (⑧의 근거)

⑬ 여기에는 다만 복종이 있을 뿐 논란의 여지는 없다. (⑧의 근거)

⑭ 그러나 개인은 공적 조직의 구성원이면서 세계 시민 사회와 전체 공동체의 일원이기도 하다. (⑫, ⑬과 반대인 사실)

⑮ 그는 한 사람의 학자로서 저술을 통해 독서 대중에게 진술하기도 한다.

(⑭의 예시)

⑯ 그 경우 그는 공적 조직원으로서 그가 맡은 책무를 침해하지 않으면서 논의를 펼칠 수 있다. (⑭의 결론)

⑰ 장교가 근무 중에 상관의 명령을 받고서 그 명령의 적합성이나 유용성 여부에 대해 따지는 것은 터무니없는 짓일 것이다. (⑬의 예시)

⑱ 그는 명령에 복종해야만 한다. (⑰의 부연)

⑲ 그러나 그가 학자로서 독서 대중에게 병역의 의무가 지닌 문제점들을 지적하고 설명하는 것을 막을 수는 없다. (⑯의 예시)

⑳ 시민은 납세의 의무를 거부하지 못한다. (⑬의 예시)

㉑ 할당된 세금에 대해 염치없이 불평을 늘어놓는다면 징벌의 수치를 피하지 못한다. (⑳의 근거)

㉒ 그러나 바로 그 사람이 학자로서 과세의 부당성에 대한 자신의 견해를 독서 대중에게 발표한다고 하더라도 그는 시민적 의무에 반하는 행동을 한 것이 아니다. (⑯의 예시)

글쓴이는 ①, ②를 전제로 하여 ⑤를 결론으로 내리면서, ⑤를 전제로 하여 ⑥으로 문제를 제기하고 ⑦, ⑧로 대답을 함으로써 결론을 내린다. 그리고 이후의 문장들은 예시와 부연 등을 통해 ⑦, ⑧의 근거를 제시한다. 넷째 문단은 길고 복잡하지만, 전형적인 논증의 글이다.

그러나 아쉬운 점이 있다. 글의 구성 원리인 완결성, 통일성에 따르면 한 문단에는 하나의 일관된 내용이 들어가야 하므로 넷째 문단을 두 문단으로 분리하는 것이 좋다. 즉, ①~⑤를 한 문단으로 하고, ⑥~㉒를 다른 문단으로 하는 것이 바람직하다. 하지만 책에서 이처럼 두 내용이 같이 들어 있는 글을 보는 일은 비교적 흔하므로 독자들은 길고 복잡한 논증을 한다고 생각하고 글을 분석해야 한다.

넷째 문단에서 글쓴이는 "계몽에서 자유가 필요하며, 특히 이성을 공적으로 사용하는 자유가 가장 중요하므로 제한되지 않아야 하고, 개인이 공적 조직에서 맡은 소임이나 시민의 책무를 다하기 위해 이성을 사적으로 쓰는 자유를 제한할 수 있다."라고 말한다.

다섯째 문단 분석

① 누군가 "우리는 지금 계몽된 시대에 살고 있는가?"라고 질문한다면 아니라고 대답해야 한다. (주장)

② 우리는 지금 계몽 중인 시대에 살고 있다. (①의 부연)

③ 사람들이 여러 면에서 외부의 도움 없이 자신들의 이성을 확고하고 자유롭게 사용할 수 있도록 하는 여건이 현재로서는 갖추어지지 않았다. (①, ②의 근거)

④ 그러나 사람들이 자유롭게 활동할 수 있는 장이 열리고 있다는 명백한 조짐들을 우리는 본다. (③과 반대인 사실)

⑤ 계몽을 가로막고 의타적인 상태로부터의 해방을 가로막는 장애들이 조금씩 제거되고 있다. (④의 부연)

⑥ 이 시대는 계몽 중인 시대이다. (②의 강조)

글쓴이는 ①을 주장으로 하고, ②로써 ①을 부연하면서 ③을 근거로 들고 있다. 이후의 문장은 ①, ②를 강조한다. 즉, 글쓴이는 "개인이 주체적으로 이성을 사용할 여건이 충분치 않으므로 조금씩 나아지더라도 아직, 계몽 중인 시대에 살고 있다."라고 말한다.

각 문단의 관계를 보면,

첫째 문단은 계몽의 구호가 합당하다고 하면서 근거를 제시한다. 둘째 문단은 대부분의 개인은 미계몽 상태이며 그 원인은 개인의 나태와 비겁이라고 한다. 셋째 문단은 미계몽의 원인을 꼭 개인 탓이라고만 볼 수 없으며 사회 제도적인 측면도 있다고 주장한다. 넷째 문단은 첫째 문단에서 셋째 문단까지 나온 미계몽의 원인을 해결하는 대안을 제시한다. 다섯째 문단은 미계몽 상태에서 벗어나는 중이지만, 아직 부족하다고 평가한다.

결국, 이 글은 미계몽의 문제를 제기하며 계몽의 대안을 제시한 글이다. 글을 구분하면 첫째 문단, 둘째 문단, 셋째 문단을 서론으로, 넷째 문단을 본론으로, 다섯째 문단을 결론으로 볼 수 있다.

제시문을 요약하면 다음과 같다.

계몽은 인간이 스스로 지성을 사용하지 못하는 의타적 상태에서 벗어나는 것이므로 과감히 알려고 하고 지성을 사용할 용기를 내라는 구호는 옳다. 대부분 사람은 지성을 사용할 용기가 없이, 나태하고 후견인의 간섭에 순응하므로 평생 주체적인 삶을 살지 못한다. 하지만 개인의 탓으로만 돌릴 수 없다. 어떤 사람도 자신에게 지성을 사용하라고 말하지 않았으며, 지성이 잘못 쓰이고 있는 법령이나 규칙은 의타적 상태를 영속화했고, 설령 법령이나 규칙을 따르지 않더라도 지성을 쓰는 데 서투르며, 이타적 상태를 벗어나려는 굳은 의지를 지속하기란 어려우므로 계몽이 쉽지 않다. 이 문제를 자유, 특히 이성을 공적으로 사용하는 자유로 해결할 수 있다. 개인이 공적 조직에서 맡은 소임이나 시민의 책무를 다하기 위해 이성을 사적으로 쓰는 자유를 제한할 수 있으며 그 조치는 타당하지만, 공적으로 사용하는 자유를 항상 허용하면 된다. 예컨대 학자로서 대중에게 자신의 의견을 자유롭게 전달하도록 하는 것이다. 지금은 개인이 주체적으로 이성을 사용하는 여건이 조금씩 나아지더라도 아직 충분치 않은 여전히 계몽 중인 시대이다. 그러므로 이성을 공적으로 사용하는 자유를 제한하지 않고 확대해야 한다.

글쓴이의 결론은 받아들일 개연성이 높다. 개인이 미계몽의 상태에서 벗어나지 못하는 원인은 원래 지성을 갖고 태어나지만 개인적으로 나태하거나 수동적인 삶을 살거나 사회적으로 계몽을 억누르는 제도 탓에 발현되지 못한 탓이다. 그러므로 사회가 이성을 공적으로 사용하는 언론, 출판, 사상 등을 표현할 자유를 허용하고 확대할 때 사회 성원은 지식과 정보를 비판적으로 사고할 기회를 갖게 되며, 지성이 발현될수록 지성을 억누르던 사회제도에 저항하는 용기 또한 발휘되기 때문에 더욱더 미계몽에서 벗어날 수 있다.

지금까지 보듯이 비판적 읽기를 통해 글쓴이의 주장이 설득력이 있는가를 논증으로써 확인하는 일은 쉽지 않다. 특히 긴 글일수록 독자는 글을 읽고 정확하게 이해하려면 어휘력 등 많은 배경지식이 있어야 하며 논증의 원리도 이해하고 있어야 한다. 하지만 논증을 분석하고 평가하는 기술은 글의 분량과 관계없이 똑같고, 글의 구성이나 서술방식 또한 비교적 정형화되어 있으므로 독자는 이런 원리들에 따라 다양한 분야의 책을 반복하여 읽어야 한다. 즉, 전체 글을 개략적으로 읽어보고, 글의 결론이 무엇인가를 찾고, 중요한 근거를 중심으로 논증을 구성한 후에, 전제가 명료한지, 전제가 옳다는 증거가 있는지, 전제로 제시된 근거의 출처가 분명한지, 근거의 양은 충분한지, 근거는 대표성을 띠는지, 반대 사례는 없는지, 전제가 모두 옳다면 결론도 옳다고 할 수 있는지를 평가하면서 글을 읽어야만 문해력을 높일 수 있다.

참고 문헌

서문

1 EBS 다큐프라임 제작진, 《다시, 공부 다시, 학교》 EBS BOOKS, 2020, p19

2 EBS 다큐프라임 제작진, 《다시, 공부 다시, 학교》 EBS BOOKS, p19

3 EBS 다큐프라임 제작진, 《다시, 공부 다시, 학교》 EBS BOOKS, p19

1장

1 윤준재, 문해력의 개념과 국내외 연구 경향, 〈새 국어 생활〉 제19권 제 2호, 2009, pp 5~6

2 최성만, 문해력은 상상력이 키우고 상상력은 독서가 키운다, 〈이대 학보〉 2020.2.26.

3 김아란, MZ세대 문해력 저하 심각 수준…. 책 대신 스마트폰 즐겨보니 글 읽어도 "이게 무슨 뜻?", 시빅뉴스, 2021.6.3.

4 양서정, 아이들의 문해력, 이대로 괜찮을까요?, 〈한글문화연대 누리집〉 2021.5.27.

5 교육부 보도자료, 〈OECD 국제학업성취도 비교연구 결과 발표〉 2019, 12.4

6 최시형·정성희, AI에게 분석력이 있다면 우리에게 문해력이 있다, 경대뉴스, 2020. 06. 01.

7 윤기쁨·이재연, 읽어도 이해 안 돼 낫 놓고 기역 자 모르는 사람들, 〈머니투데이〉 2017.4.16.

8 경상북도 교육청 연구원, 서투른 독자에서 진실한 작가가 되기까지, 〈좋은 Goy 6 나눔〉 2021.3월호

9 EBS 다큐프라임 제작진, 《다시, 공부 다시, 학교》 EBS BOOKS, 2020, p146

10 윤광은, 한국인의 문해력이 나쁘다는 건 오해, 〈미디어스〉 2020.1.26.

11 윤광은, 한국인의 문해력이 나쁘다는 건 오해, 〈미디어스〉 2020.1.26.

12 장은수, "이동진 어려운 말, 잘 난 체" 기생충 평 논란…심각한 韓 문해력, 〈중앙일보〉 2019.7.8.

13 이상준, 문해력 학업 성취도 향상의 열쇠, 〈조선에듀〉 2021.08.05.

14 홍정민, 4차 산업혁명 시대 무엇을 어떻게 배워야 하는가? 디지털 리터러시는 필수이다, 〈한국경제〉 2018.10.21.

15 구본권, 피싱 메일 몰라? 한국 청소년 디지털 문해력 OECD 바닥 충격, 〈한겨레〉 2021. 5. 16.

16 남미영, 《자기주도적 학습능력을 길러주는 독서 기술》 21세기 북스, 2010, p36

17 김성우 외, 《유튜브는 책을 집어삼킬 것인가》 따비, 2020, p32

18 김성우 외, 《유튜브는 책을 집어삼킬 것인가》 따비, 2020, p150

19 김성우 외, 《유튜브는 책을 집어삼킬 것인가》 따비, 2020, pp 143~147

20 김성우 외, 《유튜브는 책을 집어삼킬 것인가》 따비, 2020, p128

21 박노성 외, 《대치동 독서법》 일상과 이상, 2020, p54

22 백금산, 《책 읽는 방법을 바꾸면 인생이 바뀐다》 부흥과개혁사, 2002, pp 139~140

23 EBS 다큐프라임 제작진, 《다시, 공부 다시, 학교》 EBS BOOKS, 2020, p173
24 김성우 외, 《유튜브는 책을 집어삼킬 것인가》 따비, 2020, p34
25 윤준재, 문해력의 개념과 국내와 연구 경향, 〈새 국어 생활〉 제19권 제 2호, 2009, p15
26 김세연, 《책을 삼키는 가장 완벽한 방법》 봄풀, 2016, p24
27 이권우, 《책 읽기의 달인 호모 부커스》 오도스, 2022
28 김세연, 《책을 삼키는 가장 완벽한 방법》 봄풀, 2016, pp 26~30
29 정호승, 《외로우니까 사람이다》 창비, 2021
30 박응서, 현재와 미래경로 실시간 바꾸는 뇌 GPS에서 상상력 실마리 얻어, 〈MTN NEWS〉 2020.1.
31 김옥희, 책 읽는 시간에 공부하라고, 〈광주드림〉 2014.10.23.
32 스티븐 코틀러, 이경식 옮김, 《멘탈이 무기다》 세종, 2021, pp 227~230
33 스티븐 코틀러, 이경식 옮김, 《멘탈이 무기다》 세종, 2021, pp 231~233
34 스티븐 코틀러, 이경식 옮김, 《멘탈이 무기다》 세종, 2021, pp 258~259
35 통선생, 창의성 교육 똑바로 알고 접근하자, 네이버 블로그, 2018.6.24.
36 박제원, 《미래교육의 불편한 진실》 EBS BOOKS, 2021, p143
37 박제원, 《미래교육의 불편한 진실》 EBS BOOKS, 2021, p144
38 폴 블룸, 《공감의 배신》 시공사, 2019, p32
39 폴 블룸, 《공감의 배신》 시공사, 2019, p37
40 폴 블룸, 《공감의 배신》 시공사, 2019, p39
41 김선, 《교육의 차이》 혜화동, 2020, pp 55~60
42 전병규, 《문해력 수업》 알에이치코리아, 2021, pp 60~61

2장

1 백금산, 《책 읽는 방법을 바꾸면 인생이 바뀐다》 부흥과개혁사, 2002, p25
2 고영성, 《어떻게 읽을 것인가》 스마트북스, 2015, pp 8~9
3 박노성 외, 《대치동 독서법》 일상과 이상, 2020, p47
4 이찬승, 학습과학의 이해와 적용(1) - 학습과학이란 무엇이고 어떤 도움을 주나? 〈교육을 바꾸는 사람들〉 2020.12.03.
5 데이비스 A.수자, 《공부하는 우리 아이들 머릿속의 비밀》 한국 뇌 기반 교육연구소, 2013, pp 25
6 데이비스 A.수자, 《공부하는 우리 아이들 머릿속의 비밀》 한국 뇌 기반 교육연구소, 2013, pp 26~28
7 신성욱, 《조급한 부모가 아이 뇌를 망친다》 어크로스, 2014, p148
8 신성욱, 《조급한 부모가 아이 뇌를 망친다》 어크로스, 2014, p151

9 한재은, 《독서! 뇌 발달과 미래력을 만든다》 드림위드에스, 2021. p15

10 한재은, 《독서! 뇌 발달과 미래력을 만든다》 드림위드에스, 2021. p17

11 양은우, 《처음 만나는 뇌과학 이야기》 카시오페아, 2016, pp 177~178

12 신성욱, 《조급한 부모가 아이 뇌를 망친다》 어크로스, 2014, pp 173~174

13 신성욱, 《조급한 부모가 아이 뇌를 망친다》 어크로스, 2014, pp 172~173

14 Kathleen Scalise, Marie Felde, 김정희 옮김, 《교육과 뇌과학》 시그마프레스. 2018, p97

15 대니얼 윌링햄, 문희경 옮김, 《왜 학생들은 학교를 좋아하지 않을까》 부키, 2011, pp 22~23

16 쿠니 호바스, 김나연 옮김, 《사람은 어떻게 생각하고 배우고 기억하는가》 토네이도, 2020, p84

17 이찬승, 학습과학의 이해와 적용(17) - 〈원리 16〉 효과적인 기억(학습)은 부호화의 깊이와 방법에 달렸다, 〈교육을 바꾸는 사람들〉 2020.9.16.

18 장준환, 《하루 5분 뇌과학 공부법》 슬로디미디어, 2019, p167

19 트레이시 패키암 앨로웨이, 로스 G. 앨로웨이, 이찬승 외 1인 옮김, 《학습 어려움의 극복, 작업기억에 달려 있다》 한국 뇌기반 교육연구소, 2017, p19

20 이찬승, 학습과학의 이해와 적용(17) - 〈원리 16〉 효과적인 기억(학습)은 부호화의 깊이와 방법에 달렸다, 〈교육을 바꾸는 사람들〉 2020.9.16.

21 김윤정, 《당신의 문해력》 EBS BOOKS, 2021, pp 159~160

22 지성배, "77%가 교실 수업으로 돌아갔다"…임진선 전남 기초학력 전담 장학사 "개별 지도는 낙인 아닌 권리", 〈교육플러스〉 2021.9.8.

23 미카엘 하우스켈러, 박승억 옮김, 《나는 생각한다 그렇다고 내가 존재하는 건가?》 미토, 2004, p50

24 마이클 S. 가자니가, 김효은 옮김, 《뇌는 윤리적인가》 바다출판사, 2015, p162

25 양은우, 《처음 만나는 뇌과학 이야기》 카시오페아, 2016, pp25~28

26 양은우, 《처음 만나는 뇌과학 이야기》 카시오페아, 2016, pp 25~28

27 양은우, 《처음 만나는 뇌과학 이야기》 카시오페아, 2016, pp 25~28

28 마이클 S. 가자니가, 김효은 옮김, 《뇌는 윤리적인가》 바다출판사, 2015, pp 164~165

29 양은우, 《처음 만나는 뇌과학 이야기》 카시오페아, 2016, p29

30 쿠니 호바스, 김나연 옮김, 《사람은 어떻게 생각하고 배우고 기억하는가》 토네이도, 2020, p84

31 네이버 지식백과, 망각(심리학 용어사전)

1 양순영, MZ세대 업무 동기 높이려면 게임처럼, 일에 재미를, 보상은 확실하게, 〈매경이코노미〉 2021.10.06.

2 김영훈, 《압도적인 결과를 내는 공부두뇌》 베가북스, 2018, p55

3 김윤정, 《당신의 문해력》 EBS BOOKS, 2021, p244

4 김은하, 독서교육 어떻게 할까, 〈학교도서관 저널〉 2015, p67
5 박제원, 《미래교육의 불편한 진실》 EBS BOOKS, 2021, pp 155~156
6 김영훈, 《압도적인 결과를 내는 공부두뇌》 베가북스, 2018, p194
7 매리언 울프, 이희수 옮김, 《책 읽는 뇌》 살림, 2009, p198
8 조선미 외, 《마음의 힘을 기르는 감성 수업》 살림터, 2016, p30
9 남미영, 《자기주도적 학습능력을 길러주는 독서 기술》 21세기 북스, 2010, p185
10 쿠니 호바스, 김나연 옮김, 《사람은 어떻게 생각하고 배우고 기억하는가》 토네이도, pp 214~216
11 데이비스 A.수자, 《공부하는 우리 아이들 머릿속의 비밀》 한국 뇌 기반 교육연구소, 2013, pp 55~56
12 김진수, 《행복한 수업을 위한 독서교육 콘서트》 행복한 미래, 2017, p135
13 전병구, 《문해력 수업》 알에이치코리아, 2021, p295
14 대니얼 윌링햄, 정옥년 외 옮김, 《리딩마인드》 학이시습, 2019, pp 243~244
15 김진수, 《행복한 수업을 위한 독서교육 콘서트》 행복한 미래, 2017, p134
16 전병구, 《문해력 수업》, 알에이치코리아 2021. p302
17 한재은, 《독서! 뇌 발달과 미래력을 만든다》 드림위드에스, 2021. p104
18 장준환, 《하루 5분 뇌과학 공부법》 슬로디미디어, 2019, pp 95~96
19 장준환, 《하루 5분 뇌과학 공부법》 슬로디미디어, 2019, p99

4장

1 한성범, 《배움과 뇌과학의 만남》 책과 나무, 2018, pp 85~100
2 스타니슬라스 드웬, 이광모 외 옮김, 《글 읽는 뇌》 학지사, 2017, p33
3 스타니슬라스 드웬, 이광모 외 옮김, 《글 읽는 뇌》 학지사, 2017, p35
4 스타니슬라스 드웬, 이광모 외 옮김, 《글 읽는 뇌》 학지사, 2017, p34
5 고영성, 《어떻게 읽을 것인가》 스마트북스, 2015, p130
6 고영성, 《어떻게 읽을 것인가》 스마트북스, 2015, pp 130~131
7 이권우, 《책 읽기의 달인 호모 부커스》 오도스, 2022
8 이권우, 《책 읽기의 달인 호모 부커스》 오도스, 2022
9 박노성 외, 《대치동 독서법》 일상과 이상, 2020, p61
10 김은하, 독서교육 어떻게 할까, 〈학교도서관 저널〉 2015, p69
11 가시미 이치로, 전경아 옮김, 《내가 책을 읽는 이유》 인플루엔셜, 2020, pp 210~211
12 김진수, 《행복한 수업을 위한 독서교육 콘서트》 행복한 미래, 2017, p98
13 최소희, 이승화, 《독서에도 교육이 필요하다면》 인품, 2020, pp 103~104

14 김진수, 《행복한 수업을 위한 독서교육 콘서트》 행복한 미래, 2017, p100
15 이권우, 《책 읽기의 달인 호모 부커스》 오도스, 2022
16 대니얼 윌링햄, 문희경 옮김, 《왜 학생들은 학교를 좋아하지 않을까》 부키, 2011, p250
17 김은하, 독서교육 어떻게 할까, 〈학교도서관 저널〉 2015, p66
18 대니얼 윌링햄, 문희경 옮김, 《왜 학생들은 학교를 좋아하지 않을까》 부키, 2011, p29
19 베리 코빈, 김은영 옮김, 《10대를 몰입시키는 뇌기반 수업원리 10》 교육을 바꾸는 사람들, 2020, pp 137~138
20 장준환, 《하루 5분 뇌과학 공부법》 슬로디미디어, 2019, p287
21 양은우, 《처음 만나는 뇌과학 이야기》 카시오페아, 2016, pp 189~191
22 김영훈, 《압도적인 결과를 내는 공부두뇌》 베가북스, 2018, p144
23 양은우, 《처음 만나는 뇌과학 이야기》 카시오페아, 2016, p192
24 사이토 다카시, 임해성 옮김, 《세상에 읽지 못할 책은 없다》 21세기 북스, 2016, pp 78~79
25 고영성, 《어떻게 읽을 것인가》 스마트북스, 2015, p74
26 사이토 다카시, 임해성 옮김, 《세상에 읽지 못할 책은 없다》 21세기 북스, 2016, p80

1 장현근, 《순자》 한길사, 2015
2 홍인재, 《읽고 쓰지 못하는 아이들》 에듀니티, 2017, pp 220~221
3 쿠니 호바스, 김나연 옮김, 《사람은 어떻게 생각하고 배우고 기억하는가》 토네이도, 2020, p22
4 쿠니 호바스, 김나연 옮김, 《사람은 어떻게 생각하고 배우고 기억하는가》 토네이도, 2020, pp 23~25
5 전병구, 《문해력 수업》 알에이치코리아, 2021, p33
6 김영훈, 《압도적인 결과를 내는 공부두뇌》 베가북스, 2018, pp 288~289
7 나덕렬, 앞쪽 뇌만 잘키워도 머리 짱 된다, 〈시사저널〉 2008.9.23.
8 베리 코빈, 김은영 옮김, 《10대를 몰입시키는 뇌기반 수업원리 10》 교육을 바꾸는 사람들, 2020, pp 96~97
9 베리 코빈, 김은영 옮김, 《10대를 몰입시키는 뇌기반 수업원리 10》 교육을 바꾸는 사람들, 2020, pp 96~97
10 장현근, 《순자》 한길사, 2015
11 김윤정, 《당신의 문해력》 EBS BOOKS, 2021, pp 188
12 EBS 다큐프라임 제작진, 《다시, 공부 다시, 학교》 EBS BOOKS, 2020, p154
13 소강춘 외, 《속해 독서법》 글누림, 2007, p58
14 대니얼 윌링햄, 정옥년 외 옮김, 《리딩 마인드》 학이시습, 2019, p203
15 스즈키 신이치, 양필성 옮김, 《쓰는 힘은 읽는 힘》 위즈덤하우스, 2015.

16 유호종, 《Neo LEET 문제해결을 위한 추리논증》 사피엔스, 2009, p68
17 유호종, 《Neo LEET 문제해결을 위한 추리논증》 사피엔스, 2009, pp 144~145
18 김윤정, 《당신의 문해력》 EBS BOOKS, 2021, p197
19 김윤정, 《당신의 문해력》 EBS BOOKS, 2021, pp 198~200
20 쿠니 호바스, 김나연 옮김, 《사람은 어떻게 생각하고 배우고 기억하는가》 토네이도, p118
21 박제원, 《미래교육의 불편한 진실》 EBS BOOKS, 2021, pp 148~149
22 나덕렬, 앞쪽 뇌만 잘 키워도 머리 짱 된다, 〈시사저널〉, 2008.9.23.
23 쿠니 호바스, 김나연 옮김, 《사람은 어떻게 생각하고 배우고 기억하는가》 토네이도, p87
24 김형자, 재미있는 과학, 언제 어디였더라…? 시간 장소 세포가 기억해 알려줘요, 네이버 블로그
25 쿠니 호바스, 김나연 옮김, 《사람은 어떻게 생각하고 배우고 기억하는가》 토네이도, p87
26 쿠니 호바스, 김나연 옮김, 《사람은 어떻게 생각하고 배우고 기억하는가》 토네이도, p91
27 인간의 불완전한 기억 시스템 맥락 기억, 네이버 포스트
28 백금산, 《책 읽는 방법을 바꾸면 인생이 바뀐다》 부흥과개혁사, 2002, p25
29 고이즈미 마사토시 외 공저, 《언어 인지 뇌과학 입문서》 신아사, 2019, p69
30 쿠니 호바스, 김나연 옮김, 《사람은 어떻게 생각하고 배우고 기억하는가》 토네이도, pp 379~380
31 이찬승, 학습과학의 이해와 적용(12) - 〈원리 11〉 '능동적 인출 연습'이 '수동적 복습'보다 효과적이고, '분산학습'이 '집중학습'보다 효과적이다, 〈교육을 바꾸는 사람들〉 2021.06.30
32 이찬승, 학습과학의 이해와 적용(12) - 〈원리 11〉 '능동적 인출 연습'이 '수동적 복습'보다 효과적이고, '분산학습'이 '집중학습'보다 효과적이다, 〈교육을 바꾸는 사람들〉 2021.06.30
33 쿠니 호바스, 김나연 옮김, 《사람은 어떻게 생각하고 배우고 기억하는가》 토네이도, p385
34 쿠니 호바스, 김나연 옮김, 《사람은 어떻게 생각하고 배우고 기억하는가》 토네이도, p382
35 쿠니 호바스, 김나연 옮김, 《사람은 어떻게 생각하고 배우고 기억하는가》 토네이도, p383

6장

1 네이버 지식백과, 집단사고 이론- 왜 최고의 엘리트 집단이 최악의 어리석은 결정을 할까?
2 박기복, 기쁜 것 같아요, 〈대전일보〉 2016.05.03.
3 고영성, 《어떻게 읽을 것인가》 스마트북스, 2015, p92
4 고영성, 《어떻게 읽을 것인가》 스마트북스, 2015, pp 88~90
5 이상하 외, 《실전 논술의 기예》 파워LEET, 2008, p29
6 유호종, 《Neo LEET 문제해결을 위한 추리논증》 사피엔스, 2009, p155
7 조제희, 《논쟁 VS. 언쟁》 들녘, 2011, p44
8 고영성, 《어떻게 읽을 것인가》 스마트북스, 2015, p92

9 임동우, 노동의 인간화, 노동의 참여로부터, 〈참여와 혁신〉, 2020.04.06.
10 남미영, 《자기주도적 학습능력을 길러주는 독서 기술》 21세기 북스, 2010, p201
11 박준호 외, 《비판적 사고》 신아출판사, 2013, p12
12 Alec Fisher, 《Critical Thinking : An Introduction》 Cambridge Univ Pr, 2001
13 유호종, 《Neo LEET 문제해결을 위한 추리논증》 사피엔스, 2008, p12
14 Alec Fisher, 《Critical Thinking : An Introduction》 Cambridge Univ Pr, 2001
15 유호종, 《Neo LEET 문제해결을 위한 추리논증》 사피엔스, 2009, p12
16 유호종, 《Neo LEET 문제해결을 위한 추리논증》 사피엔스, 2009, p180
17 유호종, 《Neo LEET 문제해결을 위한 추리논증》 사피엔스, 2009, p13
18 Anne Thomson, 《Critical Reasoning : A Practical Introduction》 Routledge, 2008
19 Anne Thomson, 《Critical Reasoning : A Practical Introduction》 Routledge, 2008
20 유호종, 《Neo LEET 문제해결을 위한 추리논증》 사피엔스, 2009, p13
21 Alec Fisher, 《Critical Thinking : An Introduction》 Cambridge Univ Pr, 2001
22 Anne Thomson, 《Critical Reasoning : A Practical Introduction》 Routledge, 2008
23 케리 S. 월터스, 《창의적 비판적 사고》 철학과 현실사, 2018, pp165~167
24 데이지 크리스토둘루, 김승호 옮김, 《아무도 의심하지 않는 일곱 가지 교육 미신》 2018, p142
25 데이지 크리스토둘루, 김승호 옮김, 《아무도 의심하지 않는 일곱 가지 교육 미신》 2018, p143
26 데이지 크리스토둘루, 김승호 옮김, 《아무도 의심하지 않는 일곱 가지 교육 미신》 2018, p144
27 대니얼 윌링햄, 문희경 옮김, 《왜 학생들은 학교를 좋아하지 않을까》 부키, 2011, pp 62~67
28 대니얼 윌링햄, 문희경 옮김, 《왜 학생들은 학교를 좋아하지 않을까》 부키, 2011, pp 62~67
29 데이지 크리스토둘루, 김승호 옮김, 《아무도 의심하지 않는 일곱 가지 교육 미신》 2018, p144
30 대니얼 윌링햄, 문희경 옮김, 《왜 학생들은 학교를 좋아하지 않을까》 부키, 2011, pp 62~67
31 남미영, 《자기주도적 학습능력을 길러주는 독서 기술》 21세기 북스, 2010, p202
32 원정연, 《생각하는 공부》 렛츠북, 2018, p34

7장

1 애덤 스미스, 《도덕감정론》 1759
2 애덤 스미스, 《국부론》 1776
3 고등학교 교과서에서 발췌 및 수정
4 이상하 외, 《실전논술의 기예》 파워LEET, 2008
5 유호종, 《Neo LEET 문제해결을 위한 추리논증》 사피엔스, 2009, p13
6 Alec Fisher, 《Critical Thinking : An Introduction》 Cambridge Univ Pr, 2001

7 유호종, 《Neo LEET 문제해결을 위한 추리논증》 사피엔스, 2009, p13

8 조지 리처, 《맥도날드 그리고 맥도날드화》 풀빛, 2017

9 박준호 외, 《비판적 사고》 신아출판사, 2013, p139

10 박준호 외, 《비판적 사고》 신아출판사, 2013, p140

11 유호종, 《Neo LEET 문제해결을 위한 추리논증》 사피엔스, 2009, p91

12 박준호 외, 《비판적 사고》 신아출판사, 2013, p149

13 쿠니 호바스, 김나연 옮김, 《사람은 어떻게 생각하고 배우고 기억하는가》 토네이도, p320

14 신성욱, 뇌가 좋아하는 이야기 수다와 비슷합니다, 〈시사IN〉, 2020. 4. 21.

15 쿠니 호바스, 김나연 옮김, 《사람은 어떻게 생각하고 배우고 기억하는가》 토네이도, p322

16 손홍규, 〈문장론〉

17 조제희, 《논쟁 vs. 언쟁》 들녘, 2011, pp 224~226

18 조제희, 《논쟁 vs. 언쟁》 들녘, 2011, pp 226~227

19 조제희, 《논쟁 vs. 언쟁》 들녘, 2011, p228

20 유호종, 《Neo LEET 문제해결을 위한 추리논증》 사피엔스, 2009, p66

21 이상하 외, 《논의분석의 기예》 파워LEET, p183

22 Alec Fisher, 《Critical Thinking : An Introduction》 Cambridge Univ Pr, 2001

23 Alec Fisher, 《Critical Thinking : An Introduction》 Cambridge Univ Pr, 2001

24 엔서니 웨스턴, 이보경 옮김, 《논증의 기술》 필맥, 2010, p31

25 Alec Fisher, 《Critical Thinking : An Introduction》 Cambridge Univ Pr, 2001

26 Alec Fisher, 《Critical Thinking : An Introduction》 Cambridge Univ Pr, 2001

27 Anne Thomson, 《Critical Reasoning : A Practical Introduction》 Routledge, 2008

28 알래스데어 매킨타이어, 이진우 옮김, 《덕의 상실》 문예출판사, 2021

29 애덤 스미스, 《국부론》 1776

30 이정전, 〈합리적 개인 대 비합리적 사회〉

31 〈데카르트의 회의론〉

32 고등학교 교과서 〈윤리와 사상(교학사)〉, 〈생활과 윤리(비상교육)〉에서 발췌 및 수정

33 칼 폴라니, 《거대한 변환》 도서출판 길, 2009

34 칸트, 〈계몽이란 무엇인가〉

모든 문헌의 저자와 출판사에 감사와 존경의 마음을 전합니다. 연락이 닿지 않는 등의 이유로 사전 허락을 받지 못한 경우 양해를 바라며 사후에라도 허락을 받아 사무를 처리하도록 하겠습니다.

과학적 읽기와 비판적 사고를 기르는

학교 속 문해력 수업

1판 1쇄 인쇄 2022년 7월 29일
1판 1쇄 발행 2022년 8월 10일

지은이 박제원

펴낸이 김유열 | **지식콘텐츠센터장** 이주희 | **지식출판부장** 박혜숙
지식출판부·기획 장효순, 최재진 | **마케팅** 최은영 | **인쇄** 여운성
북매니저 윤정아, 김희선, 이민애

책임편집 김민영 | **디자인** 온마이페이퍼 | **일러스트** 소라 | **인쇄** 우진코니티

펴낸곳 한국교육방송공사(EBS)
출판신고 2001년 1월 8일 제2017-000193호
주소 경기도 고양시 일산동구 한류월드로 281
대표전화 1588-1580 **홈페이지** www.ebs.co.kr
이메일 ebs_books@ebs.co.kr

ISBN 978-89-547-9997-3 (03370)